ein Ullstein Buch

W0173707

Rudolf Wagner

Weit, weit voraus liegt Antigua

Als Katsegeln noch Abenteuer war

ein Ullstein Buch

ein Ullstein Buch/maritim
Nr. 22390
Herausgegeben von J. Wannenmacher
im Verlag Ullstein GmbH,
Frankfurt/M – Berlin

Umschlagentwurf:
Hansbernd Lindemann
Umschlagfoto: Rudolf Wagner
Alle Rechte vorbehalten
Taschenbuchausgabe in
Vereinbarung mit dem
Verlag Delius Klasing & Co., Bielefeld
Copyright by Delius Klasing & Co.,
Bielefeld
Printed in Germany 1990
Druck und Verarbeitung:
Ebner Ulm
ISBN 3-548-22390-7

Januar 1991

CIP-Titelaufnahme
der Deutschen Bibliothek

Wagner, Rudolf:
Weit, weit voraus liegt Antigua: als
Katsegeln noch Abenteuer war / Rudolf
Wagner. – Frankfurt/M; Berlin: Ullstein,
1991
 (Ullstein-Buch; Nr. 22390)
 ISBN 3-548-22390-7
NE: GT

Inhalt

Ich bin ein Träumer.
Träume in die Tat umsetzen zu wollen, war schon immer
meine schwache Seite.
Nicht ruhen, bis es gelungen ist, das mag man für Stärke halten.
Soviel zu meiner Entschuldigung.

R. W.

Zwei Segel, ein Ozean –
und alles mit dem großen Löffel

Mitternacht ist lange schon vorüber. Eine sternklare, mondlose Nacht neigt sich ihrem Ende entgegen. Bald wird sich wieder ein fahler Schein über die Kimm wagen und einen neuen Tag hinter sich her ans Licht ziehen. Den wievielten schon?

Die müden Augen suchen den rötlichen Schimmer der Kompaßrose: Südwest wie schon seit Tagen. Wir liegen richtig. Ein suchender Blick über den Mast hinaus hätte mir die gleiche Peilung geschenkt. Nach wenigen Tagen auf See sind alle wieder da: Wega, Arcturus, Gemma, Antares, verläßliche Wegweiser auf früheren Fahrten, Leitsterne, an denen die Hoffnung der Seefahrer aller Zeiten hing, sobald die heimatliche Küste mit dem warmen Herd, mit Frau und Kindern, hinter die Kimm hinabgesunken war und Sorge und Einsamkeit sich ins Herz schleichen wollten.

Wild gewordene Zigarettenglut stiebt durchs Cockpit, huscht über den Kajütaufbau hinweg und verglimmt in Richtung Vordeck. Einige Funken werden von einem Windstoß am braunen Tuch des Großsegels hinaufgepreßt. Gegenüber, an Backbord, reißt uns die ausgebaumte Fock vorwärts, ohne jemals nachzulassen oder zu verschnaufen.

Die Selbststeuerung verweigert mir heute den Dienst. Windstärke fünf bis sechs, dazu diese Segelstellung und der Wind genau von achtern: Das ist zuviel für die kleine Windfahne. Ich muß selbst den Kurs halten. Katamarane haben auch einen Dickkopf.

Magisch vom Meer erleuchtet, prägen die beiden Rümpfe ihre breite Kielspur in die aufgewühlte See, einen phantastischen Kometenschweif nachschleppend, aufglühender Lebensbeweis in dieser Einsamkeit, Urform des Daseins und allgegenwärtig.

Wir loggen zwischen sechs und neun Knoten Fahrt. Manchmal scheint der nachfolgende Wellenkamm von einer unsichtbaren Faust zurückgehalten zu werden. Jedesmal beginnt dann für HOBBY und mich ein sausender Rutsch über den vorderen Hang der Welle hinunter. Gischt zischt in mächtigem Strahl unter dem Vorschiff zur Seite weg. Der Zeiger des Logs stößt dann bei zwölf Knoten an, am Ende des Meßbereichs. Wir gleiten!

Unbedingt muß ich munter bleiben. Mit breiten Beinen stehe ich hinter dem Steuerrad, damit ich leichter bei wachen Sinnen bleibe.

Aber ich schlafe auch stehend ein. Es sind jedesmal nur kurze Augenblicke. Ich würde es gar nicht glauben; aber eben träumte ich doch wirklich, ich stünde auf einem kalten, windigen Bahnsteig und ein Schnellzug raste an meinen Augen vorbei. Der Windstoß warf mich beinahe um, ich wich zurück, schwankte – und wachte wieder auf.

Es ist so leicht, einzuschlafen. Wie sehne ich mich nach Schlaf! Schon seit Stunden fallen die Augen zu. Es gibt kein Mittel dagegen. Das Achterliek weckt mich immer wieder auf, wenn es knallend backschlägt. Der Baum selbst kann nicht übergehen. Dafür sorgt das Bullentau, ein kurzes Ende, das die Baumnock mit der Klampe für den Festmacher verbindet. Aber das Segel leidet trotzdem unter diesen harten Schlägen. Ich leide mit ihm und schäme mich, weil ich nicht besser darauf achten kann. Ich darf nicht einschlafen!

Ich weiß nicht mehr, wie viele Tage und Nächte wir nun schon so über die See jagen. Die Wurzeln meiner Backenzähne schmerzen. Sie schmerzen immer, wenn ich unbewußt längere Zeit die Zähne zusammenbeiße. Wegen der Kälte?

Eine lange Zeit muß vergangen sein, an meiner Müdigkeit gemessen, seit ich das letzte Leuchtfeuer der bretonischen Küste achteraus hinter der Kimm verloren habe. War es erst gestern? Oder vorgestern? Oder vor einer Woche? Wie lange schon steuere ich in den Atlantik hinaus, allgemeine Richtung Azoren, Antillen? HOBBY und ich segeln jetzt südwestlich der Biskaya, etwa fünftausend Meter über dem Meeresgrund. Fünfhundert Seemeilen haben wir abgespult, seit wir Cherbourg verließen. Das war damals auch kurz nach Mitternacht; der 10. Juni 1967 hatte gerade begonnen. Ein Freitag.

Begonnen hatte damit auch das große Abenteuer, das ich seit Jahren erträumte, für das ich arbeitete, sparte, ja eigentlich lebte. Nur ein einziger Mensch wußte, was ich vorhatte. Für die Freunde in England segelte ich ins Mittelmeer. Über Gibraltar, weil ich eine Erklärung für die unmäßige Ausrüstung brauchte, die ich an Bord verstaut hatte. Bei der Fischsuppe in Marseille wollte ich an sie denken und eine Karte schicken.

Ich konnte niemandem erklären, worum es mir ging. Diese Reise hatte ich mit mir ganz allein abzumachen. Träumen ist eine Sache, Träume in die Tat umsetzen wollen eine andere. Nun war der Wahrheitsbeweis fällig, vor mir selbst. Es war eine Frage von Selbsterkenntnis, von Bewährung aus eigener Kraft. Alles, was ich dazu brauchte, waren ein Ozean, zwei Segel und ein großer Löffel. Segeln mit dem großen Löffel! Aber hatte ich nicht den Mund zu voll genommen?

10

Ich bin nämlich gar kein Segler im herkömmlichen Sinne, weder der Geburt nach zur See gehörig noch der Veranlagung nach für die Seefahrt geeignet. Die letzten zwanzig Jahre meines Lebens verbrachte ich in den Alpen. Mir wird schlecht vom Zuschauen, wenn sich andere Leute auf der Festwiese im Riesenrad vergnügen. Keinesfalls würde ich heil eine Fahrt auf dem Rücksitz eines Autos überstehen. Eine ererbte Zuganfälligkeit läßt mich Wind in jeder Form hassen. Beim Gedanken an die Tropen fallen mir stets die Folgen der Sonnenstiche ein, die ich in meiner Jugend erlitt. Am liebsten möchte ich durch einen kühlen, regenfeuchten Nadelwald wandern. Der mag im Gebirge sein oder in Thüringen. Dort bin ich wirklich zu Hause.

Manchmal glaube ich, daß ich zum Segeln nur deshalb gekommen bin, weil ich den schweren Rucksack nicht mehr länger schleppen wollte, ohne den eine Hochgebirgsfahrt in Fels oder Eis undenkbar ist. Vielleicht auch, weil Bergsteigen und Hochseesegeln soviel Gemeinsames haben, ein Bergsteigen mit anderen Mitteln – wenn wir unter Bergsteigen die Erreichung eines hochgesteckten Ziels verstehen. Der Erlebnisreichtum ist derselbe, das Handwerkszeug gleicht sich aufs Haar. Knoten hier und dort. (Darf ich manchmal »Seil« zu einem Ende sagen?)

Was beide Erlebniswelten am engsten verbindet, ist das Hintreten vor Gott in nackter Einsamkeit, ein Zwiegespräch, entkleidet von allem Unwesentlichen. Nein, es ist kein Zwiegespräch; nur der Wunsch ist da, es solle eins sein. Aber es ist eine Auseinandersetzung mit einer beseelten oder unbeseelten Natur, wie wir wollen. Zugegebenerweise ein Kampf mit ungleichen Waffen; aber vielleicht gerade deshalb so verlockend wie ein Systemspiel am Roulette, kein Hasardspiel, wohlverstanden. In jedem Fall ist es eine jener Quellen ungetrübten Glückes, wie sie in unserer aus den Fugen geratenen Zeit immer seltener und kostbarer werden. Hermann Buhls Alleingang auf den Nanga Parbat und Sir Francis Chichesters Parforceritt um die Welt; wo liegt da der Unterschied? Sie sind Brüder im Geiste, aus gleichem Holz. Die See ist grenzenlos weit. Keine Bergbahn und keine Gipfelstraße kann ihr den Frieden nehmen. Hier dürfen wir noch Mensch sein mit allen Tugenden und Schwächen, hier dürfen, ja müssen wir uns noch bewähren aus eigener Kraft.

Betörend rascheln Palmenkronen im Tropenwind

Während ich mich an diese aufregenden Erlebnisse der ersten Segeltage noch einmal erinnere, sitze ich bei fünfunddreißig Grad im Schatten meines Sonnensegels, das ich über das Cockpit gespannt habe. Wir liegen hier auf drei Meter Wassertiefe vor Anker, in der sogenannten Mangrovenbucht von English Harbour auf der Antilleninsel Antigua.

Pausenlos bläst der Passatwind von der Einsattelung zwischen Dow Hill und Shirley Heights herunter in die Bucht, überspringt auf kurzen Wellen die hundert Meter breite Wasserfläche und wirft Schaum und Sprühwasser vor den Bug einer Handvoll aufgeregter Boote, die darob ungeduldig an ihrer Kette zerren. Jenseits schwingt er sich über die niedrige Ufermauer, verzettelt sich auf dem alten Werftgelände, faucht hier mit hohem Ton durch die Sparren des offenen Dachstocks vom ehemaligen Kupfer- und Bauholzlager, streicht dort über die Veranda der zweckentfremdeten Offizierswohnungen, raschelt im Vorübergehen an den braunen Schoten des Sandbüchsenbaumes und versetzt dann die langen Wedel der Kokospalmen vor Nelsons ehemaligem Wohnsitz in gemächliche Schwingungen, was ein erinnerungsträchtiges Rascheln erzeugt, das einer nie mehr vergißt, der es einmal vernommen hat: träumend vielleicht und mit geschlossenen Augen im Grase liegend.

Die neue Flagge Antiguas am Mast vor der Polizeistation flattert stolz im Wind. Eine aufgehende Sonne über blauem Meer vor einem schwarzen Hintergrund: ferne Heimat Afrika. Auf und ab wippen an langen Stielen scharlachrote und fleischfarbene Hibisken entlang der alten Mauer, die zum heutigen *Admiral's Inn* führt, dem 1788 erbauten Teer- und Pechlager. Von dem weitverzweigten Eukalyptusbaum, der auf der Terrasse davor seine Äste an dem alten Backsteingemäuer reibt, fällt von Zeit zu Zeit ein verdorrtes, schmales Blatt.

Am Landungssteg binden Gerard und Pieter eben ihr Beiboot fest. Sie waren bei mir an Bord auf Besuch. Nach wenigen Schritten über das kurze Rasenstück kann ich ihnen von hier aus mit den Augen nicht mehr folgen. Sie verschwinden durch eine der hohen, engen Türen des *Admiral's Inn*, die vom Vorplatz in den schattigen Gastraum führen. Jetzt werden sie sich von Philipp den nächsten Rumpunsch mischen lassen. Philipp ist der Mann an der urtümlichen Bar, groß und kräftig, sehr dunkel, und er singt, wenn er gut aufgelegt ist, mit tiefer Stimme alte Lieder seiner Heimatinsel Martinique. Hinter ihm an der rohen

Ziegelmauer hängt in schwerem Rahmen ein alter Spantenriß von Admiral Nelsons Schiff BOREAS, das er seinerzeit hier befehligte. Daneben stehen auf Konsolen alte kupferne Positionslaternen und Zinngeschirr. Der langgestreckte Raum mit der massiven Balkendecke ist am Abend Treffpunkt und beliebter Aufenthaltsort für alle Segler in diesem Hafen.

Pieter und Gerard sind ungefähr im gleichen Alter, zwischen zwanzig und fünfundzwanzig. Sie leben als Schiffer auf Yachten, die zeitweilig hier vor Anker liegen. Das Leben ist auszuhalten für sie. Die Eigner werden in New York oder anderswo von unvermeidlichen Verpflichtungen festgehalten, reiche Leute mit genügend Geld für große Yachten, aber ohne die nötige Zeit, mehr als einmal im Jahr einen Urlaub darauf zu verbringen. Es ist überall dasselbe. Ohne sehr viel Arbeit kein Geld für ein Boot und mit sehr viel Arbeit keine Zeit mehr fürs Boot!

Würde ich jemals diesen Gordischen Knoten lösen können?

Gerards Boot liegt augenblicklich zu Überholungsarbeiten an der Ufermauer, gleich neben den drei riesigen Gangspills, mit denen vor hundertfünfzig Jahren noch die hölzernen Segelschiffe kielgeholt wurden, wenn sie neu mit Kupferplatten beschlagen werden mußten. Auch heute noch wird manchmal eine große Segelyacht damit auf die Seite gelegt, bevor die Entenmuscheln am Unterwasserschiff überhandnehmen. Gerard liegt sonst in der wunderschönen Galley Bay vor Anker, einer richtigen Südseebucht mit viel weißem Sand und hohen Kokospalmen. Er arbeitet für die Gäste des dortigen Hotels; aber ich glaube, er denkt oft heimlich mit Wehmut an seine Heimat in der Champagne zurück.

Armer Gerard! Wie hast du den gestrigen Abend bei mir an Bord genossen! Wir lagen jeder auf einer Bank im Salon, den Kopf aufgestützt. So konnten wir den Blick über die Cockpitreling hinwegschweifen lassen. Unsere Augen wanderten über die flache Bucht zum nahen Ufer und folgten dann dem weitgeschweiften Höhenzug, der sich zu den fernen Hügeln erhebt. Noch war die Sonne nicht ganz untergegangen, aber schon hinter die olivgrünen Berge hinabgestiegen; nur einen weichen Abendschimmer hatte sie auf der smaragdgrünen Bahn zurückgelassen. Einzelne steile Haufenwolken zogen grell leuchtend denselben Weg, der Spur der vorangegangenen Lichtspenderin nacheilend, als fürchteten sie das Dunkel der Nacht.

Während so die Dämmerung herabsank in die schmale Bucht, schwoite unser Boot langsam und gleichmäßig an seiner langen Kette vor dem Anker hin und her. In der gleichen Bewegung wanderte vor unseren Augen in Breitwandmaßen die weite Landschaft mit, eine Weile in dieser Richtung, dann genauso lange in der anderen. Mit dichtem Gestrüpp und niedrigen immergrünen Bäumen bestandene Höhenzüge glitten durchs Bild, dazwischen kahle Stellen offenlassend, wo einzelne langschäftige Agaven sich steif gegen den Wind stemmten und kandelaberartige Feigenkakteen die starren Arme reckten. Hier und dort, wahllos verstreut, wanderten Eingeborenenhütten an unseren Augen vorbei. Frauen in bunten Stoffen, ein Bündel auf dem Kopf, stiegen langsam bergauf. Einfache, weiß gestrichene Holzhütten sind das, auf niedrigen Stelzen, mit einem Esel am Pfosten davor. Gleich darauf schwenkte eine Herde graubrauner Ziegen ins Bild. Sie lagerte unter hohem, dornigem Buschwerk, wohl schon seit Stunden, als hier noch spärlicher Schatten zu finden war. Ein unendlicher Abendfriede sprach aus diesem Bild, diesem wandernden Bildausschnitt, der gerade durch die räumliche Beschränkung so eindringlich wirkte. Bei Tag war das lange nicht dasselbe.

Wir waren ganz still geworden. Während unsere Gedanken, in diese Empfindung eingehüllt, die übrige Welt vergaßen, erklang aus dem Lautsprecher Beethovens F-Dur-Symphonie. Was für ein zusätzliches Glück, diese Natursymphonie nicht nur im Konzertsaal, sondern hier in dieser Landschaft mitzuerleben, diesem tropischen Arkadien, dem noch nichts von der barocken Schwere der Südsee anhaftet; das sich noch umweben läßt vom klassischen Zauber dieser Tonsprache. Nelsons Zeit war ja auch Beethovens Zeit! Natur und Naturgedicht verbanden sich in dieser Pastorale zu einer beglückenden Einheit von Gesicht und Gehör.

Eigenartiger, unvergeßlicher Zauber dieser kurzen Dämmerstunde! Im gleichen Herzschlag ein Gedankensprung durch die Zeit und den Raum zurück nach Wien zu den festlichen Abenden bei Kerzenschein. Diese andere Welt gab es auch noch. Gerard hatte sie kennengelernt. Jetzt war er schweigsam geworden. Europa läßt sich nicht so schnell abschütteln, Gerard!

Kein Wunder, daß an diesem Abend die aus der Champagne stammende Flasche mit den drei Sternen soviel Zuspruch fand – und wohl auch spendete –, bis wir dann zuletzt die Leuchtkugel in die Nacht donnerten, die einzige, die ich auf der ganzen Reise verschoß und die noch immer in der geladenen Pistole steckte.

Wer bloß träumt, der versäumt

Der Zauber Antiguas war es aber nicht, weshalb ich auf ein Boot stieg, um den Atlantik zu überqueren. Denn ich hatte keine Ahnung, was mich hier erwarten würde.

Weshalb eigentlich? Warum dieses große Abenteuer? Läßt sich darauf überhaupt eine Antwort finden? Es wird in jedem Fall eine sehr persönliche Antwort sein; jeder folgt anderen inneren Anstößen.

War es, um die Welt zu sehen? Bestimmt nicht. Ich weiß von früheren Fahrten, daß man vom Segelboot aus im besten Fall die Hafenkneipen fremder Länder kennenlernt, den Bäckerladen um die Ecke und den Metzger in der nächsten Straße. Niemals kann man längere Zeit ein Boot allein im Hafen lassen, um mehr zu entdecken.

War es dann, um eine sportliche Leistung zu vollbringen? Vielleicht, wenn man Fahrtensegeln auch als Leistungssport bezeichnen will. Doch bestimmt nicht nur aus sportlichem Ehrgeiz. Dazu fehlte auch der Gegner.

Sollte es vielleicht der Anfang einer Weltumseglung werden? Ein solches Unternehmen hätte mich einerseits schon gelockt. Wir Menschen lieben es, etwas Abgerundetes vollbracht zu haben. Auch beim Bergsteigen bin ich selten auf und ab den gleichen Weg geklettert. Wie stolz sind wir, wenn wir, manchmal erst als Erwachsene, den ersten gelungenen Kreis freihändig aufs Papier zeichnen können. Um wieviel mehr lockte also eine allein vollbrachte Reise rund um die Erde! Andererseits wußte ich von Anfang an, daß ich für eine solche Kreismalerei aufs falsche Boot gestiegen war. Acht Meter sind da zu wenig für einen leichtverletzlichen Katamaran von HOBBYS Bauart. Man kann nicht überall mit achterlichen Passatwinden rechnen. HOBBY hatte erstaunlich viel ausgehalten und würde sicher noch viel mehr hinnehmen. Aber im Sturm querschlagen und mit der Breitseite einen Brecher einstecken müssen – so etwas erlebe ich immer noch lieber auf einem gleichgroßen Kielboot. Das geht vielleicht über Kopf, kommt aber unter Umständen mit der richtigen Seite wieder hoch. Ein kleiner, zerbrechlicher Sperrholzkatamaran würde dagegen wie eine zertretene Streichholzschachtel aussehen. Die schwimmt dann zwar auch noch, aber Segeln macht keinen Spaß mehr darin. (Entschuldige, HOBBY, ich hoffe, ich tue dir nicht unrecht!) Ein wenigstens zehn Meter langer Katamaran, der allerdings anders gebaut sein müßte, wäre schon besser geeignet für ein solches Unternehmen.

Ich weiß, ein Boot darf nicht querschlagen. Aber es wäre denkbar – nach mehreren Tagen pausenlosen Sturmes, die Selbststeuerung ausgefallen, vor Müdigkeit sieht man nur noch vorbeirasende Züge ... Selbst wenn das Lenzen vor dem Sturm klappen sollte, mit den beiden Autoreifen achtern im Schlepp, so würde schon genügen, daß ein Festmacher bricht. Dann zieht der zweite mit dem seitlichen Angriffspunkt an der Klampe das Boot bereits schräg zum Wind. Oder der Mast kann von oben kommen und neben dem Boot im Wasser nachschleifen. Aber dann haut er sowieso ein Loch in die Bordwand, und es ist Zeit, das Dingi aufzupumpen. Und warum Beidrehen nicht in Frage kommt, will ich an anderer Stelle erklären.

Das Risiko bleibt also bestehen. Es ist wie mit dem Steinschlag im Gebirge. Wer es nicht riskiert, eins über den Kopf zu kriegen, wird niemals vor die Schutzhüttentür treten. Nur erkennen muß man das Risiko und die Erfolgsaussichten danach beurteilen. Niemandem wird einfallen, in eine von der Morgensonne erwärmte, vereiste Bergflanke einzusteigen.

Ich komme immer wieder zum Bergsteigen zurück. Für große Bergfahrten muß man das ganze Jahr in guter Form bleiben. Das erlaubte mein Beruf nicht mehr. Deshalb tauchten, als ich das erste Mal vom Segeln hörte, in Gedanken die Zusammenhänge und Möglichkeiten auf. Außerdem fand ich es mit dem Reiferwerden auch angemessener, ein Ziel mehr mit geistigen Kräften zu erreichen als mit Wadenmuskeln und Bizeps. Daß diese erste Reise dann schnurstracks von England nach Westindien führte, lag einfach daran, daß kein anderer Gipfel in der Nähe war, der mir der Mühe wert schien. Ich würde ihn anpacken wie immer, nämlich auf dem direkten Weg.

Damit ergibt sich nun die letzte Frage: Warum Bergsteigen? Das ist schneller beantwortet: aus Spaß am Überwinden von äußeren Schwierigkeiten und von sich selbst, wobei ich mir selbst oft die größere Schwierigkeit war. Freude am Erlebnis einer unverfälschten, ursprünglichen Natur, die Beglückung am Gipfel nach vollbrachter Tat und der Sinnengenuß, mit trunkenen Augen all diese Schönheit und Maßlosigkeit in sich aufzunehmen. Noch etwas gehört dazu, nämlich einem unbändigen Freiheitsdrang endlich die Zügel schießen lassen zu können. Freies Klettern in steiler Wand und einsames Segeln weit draußen auf See, das sind nicht zwei verschiedene Erlebnisse, das ist ein und dasselbe.

So war es also beim Bergsteigen, so wird es auch gewesen sein, als ich den Eispickel weglegte und den Umgang mit Segel und Pinne erlernte. Es kann aber auch ganz anders gewesen sein. Wie weit erkennen wir uns schon selbst in den Abgründen unserer Seele! Bei der Analyse gilt Segeln auch als Symbol einer Flucht aus Verstrickung. Seltsam sind unsere Wege und nicht immer überschaubar.

Wann hörte ich nun erstmals vom Segeln? Ich meine »Hören« in dem Sinn, daß ein Eindruck entsteht und Anteilnahme erwacht. Das war vor gut zehn Jahren, als ich zu Weihnachten ein Buch verschenkte, dessen Schutzumschlag eine junge Frau zeigte, das Haar vom Wind zerzaust, den Kopf aus einer gelben, viel zu großen Wetterjacke heraussteckend, eine Hand am Steuerrad eines Segelschiffes, die andere am Fernglas. Es war also kein Buch über einen Segelsommer am Ammersee. Es war die Beschreibung einer gut bewältigten Weltumseglung. So bin ich mitten hineingetappt ins Hochseesegeln, gleich beim ersten Schritt.

Ich bekam nämlich das Buch wenig später wieder geliehen, weil ich darum gebeten hatte. Ich fürchte, es ist dasselbe Exemplar, das heute noch in meinem Bücherschrank steht! Da hörte ich zum ersten Mal, daß man überhaupt einen Ozean in kleinen Booten überqueren kann. Blondie Hasler hatte damals noch nicht die Idee einer Einhandregatta über den Atlantik propagiert. Niemand kannte Chichester in Deutschland. Hannes Lindemann schrieb noch an seinem ersten Buch. Segler mögen besser Bescheid gewußt haben; aber für mich befuhren nur Dampfer Ozeane, und manchmal trieb ein Schiffbrüchiger auf einem Floß, bis er verdurstete.

Ich lebte in Tirol, das Meer war weit weg. Ich konnte einem Berg von unten ansehen, welche Schwierigkeit seine Besteigung bieten würde. Ich hatte aus eigener Erfahrung die Süd- und Nordwände vieler Gipfel kennengelernt, besonders in den Zentralalpen und in den Dolomiten, manchmal mit Freunden, aber genausooft und gern allein. Große Fahrten im Montblanc-Gebiet und im Wallis stellten vorläufig den Höhepunkt dar. Ich konnte mit Karte und Kompaß umgehen, verstand etwas vom Wetter im Gebirge, hatte viel über die Gefahren in den Bergen gelernt, als ich beim Bergrettungsdienst mithalf, und sah meine Grenze dort, wo Klettern zu reiner Akrobatik wird. Das Vorbereiten einer Bergfahrt war schon immer meine Stärke. Ich bin dann bei der Ausführung bestimmt nicht sehr mutig, aber ich vertraue auf meine Pläne, wenn ich ein Unternehmen gewissenhaft vorbreitet habe. Es läuft dann sozusagen ohne meine Hilfe ab. Ich erlebe mich selbst und schaue mir zu, manchmal erstaunt, manchmal besorgt, immer kritisch und für alle Fälle mit der Hand an der Notbremse.

Einmal im Herbst wollte ich zum Abschluß des Klettersommers noch allein über die Nordkante auf den Langkofel im Grödner Tal. Es hatte in der Nacht weiter oben geschneit. Der Neuschnee lag auf jedem kleinen Felsvorsprung, wo man ihn aber am frühen Morgen vom Einstieg aus nicht sehen konnte. In wenigen Stunden hatte ich mehr als die Hälfte geschafft. Ich kletterte gern. Es begann jetzt die lange Kaminreihe, vorher ein Quergang, nicht nur beschneit, sondern auch von Tropfwasser vereist. Der Blick fiel lotrecht zu den großen Felsblöcken am Fuß dieses Riesenpfeilers hinab. Da hielt ich mich selbst zurück: Rudi, wenn du jetzt weitergehst, fällst du im nächsten Augenblick da hinunter! Ich gehorchte mir und fand durch die furchtbare, verschneite Steilwand nach weiteren Stunden den Weg zurück zum Ausstieg. An dieses Erlebnis wurde ich erinnert, als ich mitten im Atlantik zum Masttopp hinaufklettern wollte, um den gebrochenen Block auszutauschen, der in der Nacht zusammen mit einem der beiden Passatvorsegel heruntergekommen war. In solchen Augenblicken sich selber nein sagen können, ist mehr wert als die geglückte Bewältigung eines halsbrecherischen Unterfangens. Umkehren ist Besonnenheit, Weitergehen Leichtsinn. Jenes erfordert oft mehr Mut als dieses. Die Berge sind eine harte Schule, die See ist es nicht minder. Für mich haben beide das gleiche Aussehen, nichts Menschliches, sie sind weder gut noch böse. Beide mögen uns an sonnigen Tagen lächelnd erscheinen. Auch heidnische Steingötzen haben manchmal ein Lächeln im Gesicht, aber am Altarstein klebt Menschenblut. Kein Wassertropfen wird erröten, wenn wir eben an ihm ertrunken sind.

Dieses Zurückführen unserer Umwelt auf die Materie, mit der wir es zu tun bekommen, flößt uns ganz neue Kräfte ein, den Wunsch, die Materie durch den Geist zu überwinden. Das ist kein Übermut oder Leichtsinn, sondern man muß den Gegner vorher kennenlernen, seine schwachen Seiten herausfinden und dann richtig planen! Der Erfolg einer Reise wie der meinen entscheidet sich bei den Vorbereitungen. Richtig machen = Erfolg; falsch machen = Mißerfolg.

Aber ich möchte nochmals zu dem Buch zurückkehren, von dem wir ausgegangen sind. Bücher waren es nämlich immer, die mich zuerst träumen und dann einen Weg zur Tat suchen ließen. In der Schulzeit war es das Buch *Bergvagabunden*. Das Thema enthielt für mich alles Verlockende, das sich in einer beengten und von Pflichterfüllung dröhnenden Zeit nur erträumen ließ. Bevor ich mich recht versah, saß ich an der Quelle meines damaligen Glücks und wurde Bücherverwalter unserer Alpenvereinsbibliothek. Ich las mich durch alle Regale. In einem wunderschönen Bildband der Dolomiten entdeckte ich eine Abbildung der Großen Zinne, vom Paternsattel aus gesehen, die Nordwand in tiefem Schatten. Welche Verlockung lag in diesem Bild!

Ich lernte dann in den letzten Schulferien die damals erreichbaren Berge kennen. Ein Jahr lang hatte ich mein Taschengeld gespart und Pläne geschmiedet. Am liebsten hätte ich so rasch wie möglich alle Gipfel zwischen Silvretta und Venedigergruppe abgegrast. Dann lief ich zu Hause heimlich davon, wie man es manchmal in Büchern liest, und lebte drei Wochen lang aus vollem Herzen als Bergvagabund. Heute kenne ich wohl jeden Dolomitengipfel; die Große Zinne war immer wieder mein Ziel.

So war das also bei mir mit Büchern. Und so ging es mir auch mit dem ersten Segelbuch. Der Same senkte sich in meine Gedankenwelt, als es noch nicht zum Zeitgeschmack gehörte, ein Segelboot zu besitzen und womöglich Ozeane damit zu überqueren. Der Gedanke daran wäre mir wirklich viel zu verwegen erschienen.

Damals begab es sich, daß ich zum Neusiedler See zu reisen hatte. Unterwegs kaufte ich in Innsbruck das einzige Segelbuch, das vorrätig war: *Début à la voile*, französisch geschrieben. Dieses Debüt gab ich am Neusiedler See auf einem gemieteten Piraten, vor Podersdorf. Ich kehrte mit einer völlig neuen Erfahrung zurück, den Kopf voll französischer Fachausdrücke über Segelboote und Segeln. Die deutschen seemännischen Ausdrücke sollte ich erst viel später lernen. »Tribord amure!« brüllte ich, wenn ich auf mein gutes Wegerecht pochte.

So war es kein Wunder, daß ich bei einer anschließenden Reise nach Paris alles zusammenkaufte, was ich dort an Segelbüchern fand: Gerbault, Bardiaux, Le Toumelin, Bernicot, Dumas und auch Voss und Slocum. Kein Wunder auch, daß ich bald an eine französische Werft schrieb, um zu hören, was eine Vaurien kosten würde. Zu mehr hätte es niemals gereicht. Aber in jenem Buch stand ja, daß jeder, der will, auch die finanzielle Seite einer solchen Reise bewältigen könne.

Längst wußte ich in meinem Kopf genau, wie mein zukünftiges Boot beschaffen sein müßte. Alle diese Franzosen beschrieben ja ihre Boote und auch, was sie das nächste Mal daran ändern würden. In jene Zeit fällt meine naseweise Antwort an eine berühmte Werft bei Bremen, das Angebot ihrer dreizehn Meter langen KR-Yawl gefalle mir nicht. Diese Überhänge! Das Boot sei mir zuviel »Yacht«. Der Mast solle überdies aus Vollholz sein, wegen der einfacheren Ersetzbarkeit in den Tropen, versteht sich. Das Rigg müsse gaffelgetakelt

werden, um die Arbeit für einen Mann an Bord zu erleichtern ...
Nichts für ungut!

Dann antwortete ich auf ein Inserat, in dem ein Schärenkreuzer angeboten wurde. Die Länge kam gerade hin, und soviel Geld hatte ich inzwischen gespart. Schären klang zwar nicht nach Atlantik, aber wenigstens nach Ostsee. Es war mir bloß verdächtig, daß das Boot am Bodensee zu besichtigen war. Ich kaufte es auch nicht. Inzwischen war mir klar geworden, daß Länge noch nichts über Größe aussagt.

Als ich dann endlich beim idealen Verhältnis 3 : 1 angelangt war, also zum Beispiel neun Meter lang und drei Meter breit, da wußte ich auch, daß ich mir das Boot meiner Wünsche noch lange nicht würde kaufen können. Ich begnügte mich vorerst mit einer alten Jolle und lernte segelnd alle Alpenseen zwischen Eisenstadt und Zürich kennen.

Ich war nun so besessen vom Segeln, wie ich früher vom Bergsteigen besessen war. Ich konnte nicht genug davon bekommen. Die Sonntage, die ich segelnd auf irgendeinem See verbrachte, waren viel zu kurz. Niemals fand ich ein Ende. Alle anderen Boote lagen schon lange wieder an ihren Bojen, die Sonne war schlafen gegangen – und das letzte Segel draußen war bestimmt meins. Wer das Pech hatte, mit mir im selben Boot zu sitzen, holte sich eine rote Nase und blaue Hände. Ich spürte die abendliche Kühle gar nicht.

Im Klubhaus saßen inzwischen die Freunde beim Besprechen der nächsten Regatten, an denen ich nie teilnehmen konnte, weil meine Snipe in keine Klassenvermessung paßte. Ich hatte das Boot billig gekauft, als es schon am Auseinanderfallen war, und dann ringsum mit Glasharz überzogen. Bei dieser Arbeit bekam ich meine ersten grauen Haare; aber ich besaß nun endlich ein eigenes Boot und hatte viel über Bootsbau gelernt. Wahrscheinlich segelt der SPERBER von damals jetzt irgendwo entlang der Schweizer Grenze quer über den Lago Maggiore. Dort verabschiedeten wir uns für immer voneinander. Im Gebirge erhebt sich oft gerade bei Sonnenuntergang noch eine kurzlebige Brise, die alles in den Schatten stellt, was tagsüber zu erleben ist. Das waren die schönsten Segelstunden für mich. Am Kalterer See zum Beispiel, wenn die Sonne bereits hinter die Mendel hinabgestiegen war, wenn im Etschtal voreilige Schatten der Nacht unter die Lauben der Traminer Weingüter krochen, die Leuchtenburg sich in ihr uraltes Gemäuer zurückzog, einsame Weinhöfe in Pinzon und Montan noch etwas vom rötlichen Abendschimmer abbekamen und von Kaltern her ein steifer Wind das hohe Schilf zum Wasser herabbog. Es mußte erst so dunkel werden, daß der Bootssteg gerade noch zu finden war. Dann hörte meistens auch der Wind auf, und ich legte mein Boot zu den anderen.

Genauso war es schon beim Bergsteigen gewesen: Immer war ich der letzte beim Abstieg, der am liebsten den Sonnenuntergang noch am Gipfel erlebte und dann mit der Taschenlampe im Mund beim Abstieg Griffe und Tritte für Hände und Füße suchte. So war es auch beim Skifahren. Wenn alles in Corvara unten längst tanzte, weitum alle Skilifte schon stillstanden, stieg ich noch einmal hinauf, um jetzt erst richtig die Abfahrt über den wieder hart gewordenen Firn zu genießen.

Zu dieser späten Stunde saß ich dann oft im Boot und träumte, wie schön es wäre, wenn es keinen Bootssteg mehr gäbe, an dem ich, wenn auch spät, das Boot festmachen mußte. Ich träumte, daß der kleine Kalterer See plötzlich überliefe und über das schilfige Ufer in die Weinberge hinaustreten, das Etschtal füllen und sich irgendwo hinter Verona mit der Adria vereinigen würde. Dann brauchte ich nicht umzukehren, niemals mehr. Ich würde Kurs aufnehmen aufs Meer und segeln, segeln, meine Fock ausbaumen und mich von achterlichen Winden treiben lassen, wohin es ihnen gefiel. Nur nicht aufhören müssen, nirgends anzuhalten brauchen, segeln, weit und weiter, ohne Ende.

Wenig später stand ich dann wieder am Bootssteg im Hafen und verstaute die Segel – unabänderlich wie jeden Sonntagabend.

Aber ich wußte: Die Erfüllung dieser Träume war möglich! Sie setzte ein seetüchtiges Boot voraus. Der Atlantik konnte eines Tages wirklich vor mir liegen, ich brauchte nur zu wollen und dann loszusegeln. Mit allen meinen sehnsüchtigen Gedanken hing ich an jenem Zukunftsbild, das so fern schien. Es war wie damals im Krieg, wenn ich mir die Nase vor den Auslagen der Konditoreien plattdrückte und wünschte, ich könnte mich abends unbemerkt einsperren lassen. Alle diese Herrlichkeiten würden dann bis zum nächsten Morgen mir allein gehören, Mohrenköpfe und Windbeutel und geheimnisvolle Gebilde, die wie steile Berge aussahen, aber mit dicker Schokolade überzogen waren. Nur einen gangbaren Weg sah ich so schnell nicht. Die Mohrenköpfe waren noch weit weg.

Das waren die Jahre, in denen ich wie ein Wilder arbeitete. Ich kannte keinen Feierabend und keinen Feiertag, kaum mein Zuhause mehr. Aber ich fühlte den Tag näherkommen, an dem ich lossegeln würde. Ich war jetzt fest überzeugt davon. Wohin eigentlich? Ich wußte es nicht; so weit wie möglich, auch um die ganze Welt, wenn das ging. Der Tag war furchtbar für mich, als ich in mein Tagebuch schrieb: »Und wenn du die ganze Welt umsegelst, du wirst doch eines Tages wieder da ankommen, wo du ausgezogen bist. Was dann?«

Schließlich fing ich mich wieder. Ich brachte ein bißchen Ordnung in meinen Kopf und in meine Pläne. Es war ein Fehler gewesen, die ganze Zukunft überblicken zu wollen. Das mußte zu einem Rückschlag führen. Zuviel hatte ich mir vorgenommen. Ich wollte es nun wieder nach dem bewährten Taylorsystem versuchen, wie im Automobilbau am Fließband. In Etappen denken und handeln! Niemals sich von der ganzen Aufgabe erdrücken lassen! Wie schon beim Bergsteigen – immer von Felsband zu Felsband, stets nur an das Nächstliegende denken! Vergessen, daß die Wand tausend Meter hoch ist. Immer nur eine Seillänge weit planen und sie zum Ziel nehmen!

Der Gedanke an den weiten Atlantik ließ mich nicht los. Längst schon hatte ich eine Zettelkartei angelegt, in die ich auf losen Blättern, farbig nach Themen geordnet, alles eintrug, was ich an praktischer Weisheit aus meinen Büchern herausgelesen hatte. Zum Beispiel, daß man in Cowes, Horta und Kapstadt Butter guter Qualität einkaufen könne, daß man aber Margarine den Vorzug geben solle, weil sie in der Hitze nicht wegrinnt. Da stand, daß man an einer Ankertrosse einen Wirbelschäkel anbringen soll, wenn man daran einen Seeanker ausbringt, weil sich sonst der Schlag auftörnt; daß man keinen galvanisierten Draht verwenden soll, weil ihn trotzdem der Rost frißt; daß man an eine Ölwanne denken soll, wenn man einen Diesel einbaut, und daß das Reinigen der Petroleumlampe ein Problem an Bord sei. Hunderte solcher Aufzeichnungen stellten das Resümee aller Bücher dar, die in Europa über Seesegeln geschrieben worden waren. Verständlich, daß ich nichts anderes mehr im Kopf hatte als Segeln. Vorerst dachte ich nur ans Mittelmeer, aber ich hatte schon einen Übersegler und Monatskarten übers Atlantikwetter in der Schublade. Während ich mich selbst beruhigte, daß ich lediglich theoretisiere, stellte ich Betrachtungen über den günstigsten Monat an, den Atlantik zu überqueren. Das Träumen von einer Reise ist ja nicht weniger schön als die Reise selbst. Man kann es jederzeit wiederholen, während die Reise ganz sicher zu Ende geht, mag sie uns auch noch so weit führen.

Aber geheimnisvolle Vorgänge wirken in uns nach eigenen Gesetzen. Ich fragte mich im Ernst, ob ich etwa ein Träumer sei. Nein, nein, niemals wollte ich ein Träumer sein; ich dachte nur über die Ausführung nach! Das Schlüsselwort war gefallen. So weit war es in mir schon wieder gediehen. Es ging nur noch um das Wie. Ich wollte kein

Träumer sein, mich nicht beim Bauen von Luftschlössern ertappen lassen. Zuletzt wollte ich mir nur noch selbst beweisen, daß ich konnte, was ich träumte. Ließ sich ein Traum nicht abschütteln, blieb nur seine Verwirklichung übrig. Das war schon wieder eine Flucht nach vorn. Ich hatte meinen Weg zu Ende zu gehen.

Als ich von der Mole in Cherbourg ablegte, war die Stunde gekommen, mir selbst den Wahrheitsbeweis zu liefern. Ich ging mit mir ins Gericht und hoffte, in meiner Selbsterkenntnis ein Stück weiterzukommen.

Der fahrende Ritter und sein Steckenpferd

Bis zu jener Stunde, da ich in Cherbourg die Leinen loswarf, hatte ich noch kaum nachts allein gesegelt. Nur zweimal hatte ich allein den Ärmelkanal in beiden Richtungen überquert und einmal die Isle of Wight gerundet. Die Rückkehr in den kleinen Hafen von Yarmouth gab mir nach dieser Inselrundfahrt etwas von jenem stolzen Gefühl, das uns schon bei der freihändigen Kreismalerei begegnet ist.

Ich hatte auch die südenglische Küste kennengelernt. In Weymouth stieß ich mir ein Loch in die Bordwand (über dem Wasserspiegel!), bei Portland Bill lernte ich mit aller gebotenen Zurückhaltung die furchtbare Gewalt der Gezeitenströme kennen, in Poole verbrachte ich unvergeßliche Tage, diesen zweitgrößten Binnenhafen der Welt von Ankerplatz zu Ankerplatz aussegelnd. Das Heidekraut in der kupfernen Kanne auf HOBBYS Tisch stammt von einem solchen Ausflug nach Green Island. Beim Needles-Leuchtturm bemerkte ich erst, als ich einmal bei Ebbe vorbeisegelte, wie weit sich das Flach ins Meer hinauszieht. Dabei hatte es mich immer so gelockt, dort einmal an Land zu gehen und an den weißen Kalkfelsen zu klettern.

Nicht geringer war der Schrecken, als ich am Morgen bei auslaufendem Strom Bembridge verließ und wieder bei St. Helen's Fort vorbeikam, das nun völlig frei vom Wasser auf einem massiven Felsplateau stand. Am Abend beim Einlaufen war ich ganz nahe an die alten Festungsmauern herangesegelt, weil mich interessierte, ob sie aus Beton oder Granit waren. Das ließe historische Schlüsse zu, dachte ich. Ein Glück, wenn man bei soviel Neugierde in einem Boot mit nur einem halben Meter Tiefgang sitzt.

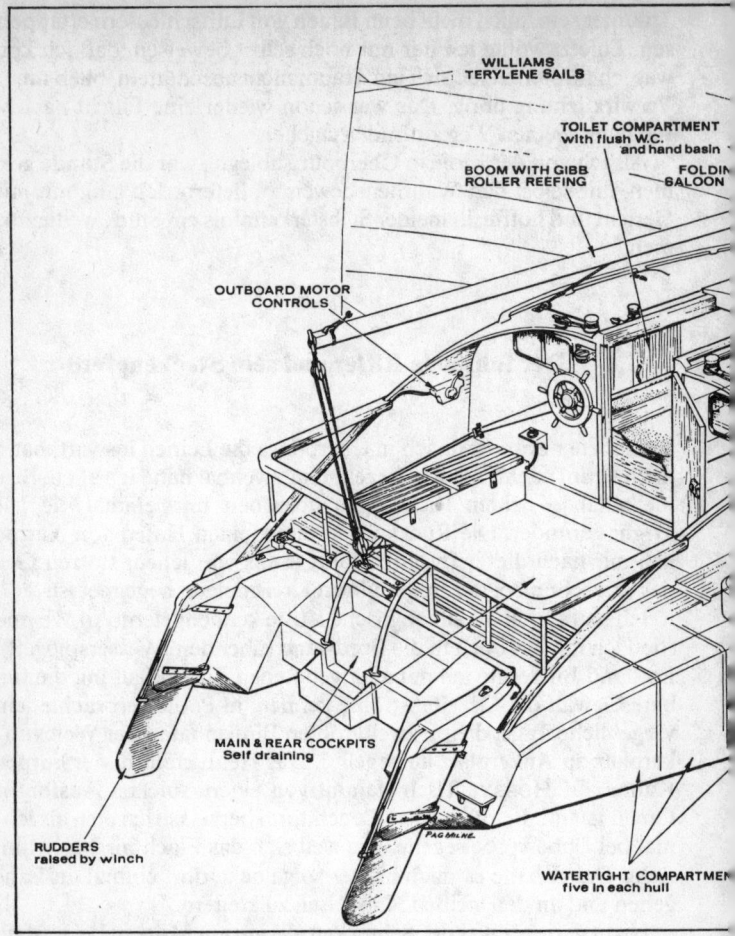

WILLIAMS
TERYLENE SAILS

TOILET COMPARTMENT
with flush W.C.
and hand basin

BOOM WITH GIBB
ROLLER REEFING

FOLDIN
SALOON

OUTBOARD MOTOR
CONTROLS

MAIN & REAR COCKPITS
Self draining

RUDDERS
raised by winch

PAG BALNE.

WATERTIGHT COMPARTMEN
five in each hull

*HOBBY ist ein englisches Boot, darum ist auch
diese Ansichtszeichnung englisch beschriftet.
Aber: Alles ist so hübsch gezeichnet,
daß man auch ohne Lexikon mitkommt.*

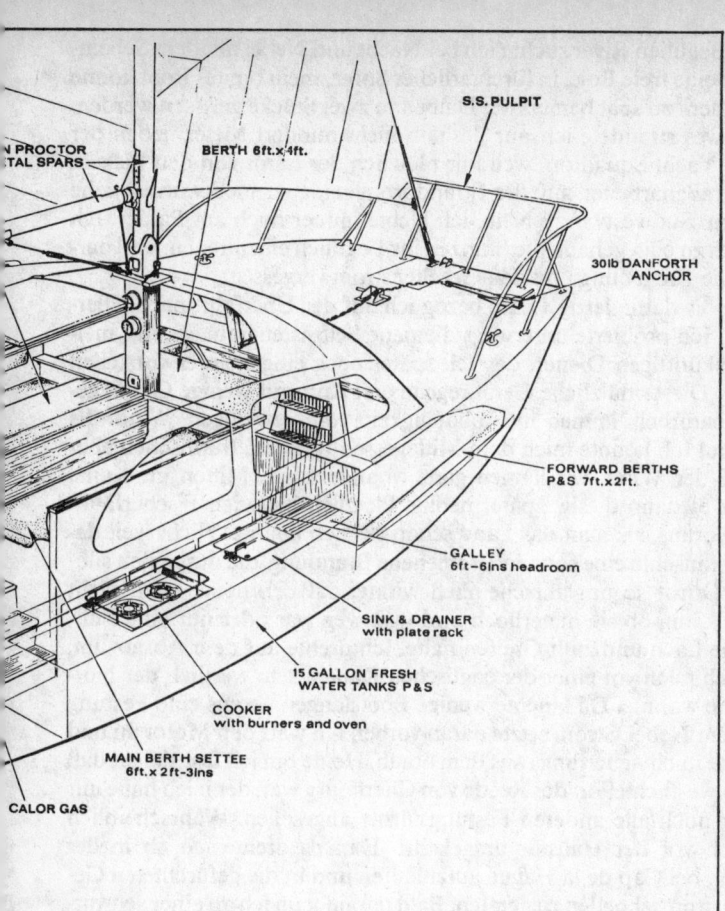

BERTH 6ft.x 4ft.

N PROCTOR
TAL SPARS

S.S. PULPIT

30lb DANFORTH
ANCHOR

FORWARD BERTHS
P&S 7ft.x2ft.

GALLEY
6ft-6ins headroom

SINK & DRAINER
with plate rack

15 GALLON FRESH
WATER TANKS P&S

COOKER
with burners and oven

MAIN BERTH SETTEE
6ft.x 2ft-3ins

CALOR GAS

Länge: 8 m	*Großsegel:*	*17 qm*
LWL: 6,90 m	*Arbeitsfock:*	*13 qm*
Breite: 4,20 m	*Genua:*	*30 qm*
Tiefgang: 0,60 m	*Sturmfock:*	*5 qm*

Im Beaulieu River suchte ich bei Nacht und Nebel mit dem Scheinwerfer eine freie Boje, in fürchterlicher Sorge, mein breites Boot könne von einem zu spät bemerkten Dalben in zwei Stücke gerissen werden. In Cowes strandete ich nur deshalb nicht hundert Meter neben der Royal Yacht Squadron, weil mir plötzlich der Lärm von den Pickeln der Straßenarbeiter auf der Strandpromenade so merkwürdig nahe vorkam. Südwestwind? Nein, ich klebte immer noch am Papier. Ich hatte es zu eilig gehabt, die Startzeit ins Logbuch einzutragen, und darüber die Umgebung und den Gezeitenstrom vergessen.

Die bis dahin letzte Lehre bezog ich auf der Überfahrt nach Cherbourg. Ich probierte unterwegs die neue Selbststeueranlage aus, meinen zukünftigen Diener, den ich später noch eingehender vorstellen werde. Dieses nützliche Gerät regelte den Kurs auf wenige Grade genau, natürlich immer in Abhängigkeit vom jeweiligen Wind. Es klappte! Ich konnte mich dem Mittagessen widmen. Inzwischen aber drehte der Wind, wir kamen ganz woanders hin. Mitten im Kanal wurde es dann diesig, später neblig. Plötzlich hatte ich Fischerfähnchen voraus, als man das Land schon riechen konnte. Nicht weit dahinter rauschte eine sonnenbeschienene Brandung, die durch den silbrigen Dunst so unwahrscheinlich wirkte, daß ich heute noch nicht sagen kann, ob sie meterhoch und weit weg war oder nur eine Fußspanne hoch und zum Greifen nahe. Ich drehte auf dem Absatz um, weil ich mich vor einer der englischen Kanalinseln westlich der Normandie wähnte. Da tauchte wenige Bootslängen voraus eine Festung aus dem Nebel. Strom setzte daran vorbei. Ich warf den Motor an und machte mich neuerdings aus dem Staub. Heute bin ich fast sicher, daß es das westliche Fort der Reede von Cherbourg war, denn ich habe mir später noch alle anderen Festungstürme angesehen. Wahrscheinlich bin ich vor der Haustür umgekehrt. Damals drehte ich ab in der Furcht, bei Cap de la Hague aufzulaufen und in die gefürchteten Gezeitenstromschnellen zu geraten. Bald darauf kam ich an einer schwarzen Spitztonne vorbei, die so merkwürdig auf der Seite lag, als läge sie gar nicht im Wasser, sondern auf einem Unterwasserhindernis. Ich tat das einzig Richtige, segelte weg vom Land, immer noch etwas östlich in Richtung auf das vermeintliche Cherbourg. Als das Log wieder zwanzig Meter anzeigte, blieb ich auf dieser Tiefenlinie und segelte an ihr entlang. War meine Vermutung richtig, mußte ich laut Karte an einer Stelle so nahe an die Steilküste herankommen, daß sie mir auch bei Nebel nicht entgehen konnte.

Die Zeit dehnte sich in die Länge. Keine Steilküste kam in Sicht. Es ging immer nach Osten, mit zwanzig Meter Wasser unterm Kiel. Später wich der flachere Grund nach Süden aus. Eine Stunde lang oder mehr segelte ich in der neuen Richtung. Wäre südlich von uns noch die normannische Halbinsel gewesen, hätten wir längst irgendwo ankommen müssen. Nichts dergleichen geschah. Auf dem neuen Kurs gerieten wir wieder in den Gezeitenstrom, der die Fahrt nach Süden noch beschleunigte. Wir hatten wohl Barfleur schon hinter uns! Dann setzte der Wind aus. Den Motor wollte ich nicht anstellen, um bei dem ruhigen Wetter nicht die schwache Brandung zu überhören. Das war ein weiser Entschluß. Denn wir wären in absehbarer Zeit auf dem Utah Beach gelandet, wenn wir nicht vorher an den unter Wasser liegenden Wracks der Landungsboote als spätes Opfer der Invasion gescheitert wären.

Es wurde nun Nacht, eine lange Nacht, länger als ein Biwak am Montblanc. Vor mir im Ungewissen hatte ich die Küste, hinter mir die Kanalschiffahrt mit ihren fürchterlichen Nebelhörnern, die manchmal ganz nah schienen. Aber das täuschte. Einmal fuhr ich auf ein Nebelhorn zu, das noch wer weiß wo zu sein schien, so schwach war es zu hören. Das war, als ich im nächsten Augenblick beinahe die bewußte Seefestung gerammt hätte, die das Nebelhorn auf dem Dach trug. Nun hörte ich es sogar doppelt: das Echo aus dem Nebel. Das verwirrte mich vollends. So trieb ich zwischen zwei der berüchtigtsten Gezeitenströme im Kanal vor der Normandie hin und her, ohne Wind und mit wenig Benzin im Tank. Ich kam mir vor wie jene Touristen, die mit ungeeignetem Schuhwerk im Hochgebirge in Nebel geraten und es ausschließlich ihrem Schutzengel verdanken, wenn sie nicht über eine Wand abstürzen.

Als es langsam zu tagen begann, hielt ich auf etwas zu, das wie das Segeldreieck eines in der Flaute liegenden Fischkutters aussah. Als es sich aus dem Nebel schälte, entpuppte es sich als der Rest verrosteter Aufbauten eines gestrandeten Wracks. Daneben schoß über flache, runde Buckel der Gezeitenstrom hinweg. Das Wasser war ganz durchsichtig. Wir segelten über eine Urgesteins-Unterwasserlandschaft. In dieser frühen Dämmerstunde wurde ich das Gefühl nicht los, in der Mitte einer großen Bühne zu stehen. Die Kulissen wurden von einem Kobold immer wieder verschoben, hier weggenommen und dort wieder aufgestellt. Unter Segel, aber fast ohne Wind, waren wir vor diesem Flautenkutter aus rostigem Eisen gewichen. Nach einer Stunde tauchte er wieder in der Nähe auf. Was für eine Erkenntnis, als ich bemerkte, daß mich da im Wasser keine Wale mit runden Buckeln überholten, sondern daß ich es war, der langsam rückwärts an abgescheuerten Klippen vorbeisegelte! Die scheinbare Vorwärtsfahrt durchs Wasser war in Wirklichkeit eine Rückwärtsfahrt über Grund.

Als die Sonne den Nebel vom Ufer wegschob, sah ich Fischer ihr Boot klarmachen. Ich hielt darauf zu. Sie lachten, weil sie sich denken konnten, was jetzt kommen würde. Sei es! Wenigstens wußte ich nun, wo ich war. Ich wußte jetzt auch, daß mein lächerlich kleiner englischer Funkpeiler sein Geld nicht wert war, weil er nicht angab, ob das angepeilte Barfleur vor mir oder hinter mir lag. Außerdem hatte ich gelernt, daß man im Notfall kaum seine eigene Sprache versteht, keinesfalls aber ein englisch geschriebenes Leuchtfeuer- und Nebelhornverzeichnis *(Reed's)*, mit dem man keine Übung hat. Das deutsche Verzeichnis war noch nicht an Bord.

In jener Nacht führte ich ein ernstes Selbstgespräch. Es war meine erste Nacht allein auf See. Eine andere Welt ist das, wenn man bei Nacht und Nebel treibt und nicht mehr weiß, wo vorn und hinten ist – kaum noch, wo oben und wo unten. Die Ankerkette lag griffbereit, und der Motor wäre nur anzulassen gewesen. Zehn Seemeilen hätten wir noch geschafft mit unserem Benzinvorrat. Ich war nicht ausgeliefert. Wo man bei fünfzig Zentimeter Tiefgang strandet, kann man meistens auch zu Fuß an Land gehen. Trotzdem denke ich mit Schaudern an jene gespenstige Fahrt durch den Nebel zurück.

Als Katamaransegler bekommt man allerdings auch ein anderes Gefühl für die Küste als im Kielboot. Das kommt schon daher, daß Hafenmeister einen einlaufenden Katamaran dorthin bugsieren, wo ein Kielboot bei eintretender Ebbe umfallen würde. Oft hatte ich das Boot in englischen Häfen bei Ebbe trockenfallen lassen. Ich war den Umgang mit schlammigem und steinigem Grund gewöhnt. Im Kielboot sieht man ihn mit anderen Augen. Auf einem Katamaran sind hohe Mudstiefel genauso wichtig wie ein Beiboot.

So sammelte ich in vielen Segelwochen Erfahrungen, jedesmal eine neue. Es geht nicht ohne praktische Erfahrung. Manchmal läßt man Federn dabei, manchmal bloß den Propeller vom Außenbordmotor.

Aber ich habe schon zu weit vorgegriffen, zurück zu den Alpenseen. In der Jollenzeit dort lernte ich nun wirklich segeln. Dann entdeckte ich Glücksburg, seine einmalige Segelschule, und auf ihren Schiffen die Ostsee. Es waren immer wunderbare, unvergeßliche Wochen: segeln und segeln lernen. Im Winter stopften wir die astronomische Navigation in unsere Köpfe. Dabei kam mir bereits damals eine Erkenntnis: Allein an Bord und dann ein Boot richtig führen, erfordert eine

Menge Wissen um Seefahrt und Seemannschaft – mehr, als eigentlich ein Mensch allein zu lernen vermag. Was wir da in Freizeit und Urlaub freiwillig in uns hineinpaukten, das war für andere beinahe eine vollwertige Berufsausbildung.

Zu Hause saß ich am Kurzwellengerät, schrieb den verschlüsselten Seewetterbericht von St. Lys mit – Funker war ich auch schon gewesen –, entschlüsselte ihn und zeichnete eine Seewetterkarte für den Eigengebrauch, mit Hochs und Tiefs, Fronten und Isobaren, wie das auch die Großschiffahrt macht. Diese Aussage über die Wetterentwicklung geht weit über das hinaus, was auf kleinen Booten in Bordwetterkarten hineingemalt wird. Dabei ist es gar nicht schwer, es genauso zu machen wie die Großen, es ist nur ein Trick dabei. Ich wünsche jedem Seesegler eine solche Wetterkarte; wir werden noch darauf zurückkommen.

Ich nahm also meine Ausbildung ernst. Im Grunde sollte man alles in einer Person sein, worin sich auf einem größeren Schiff, auch auf einer größeren Yacht, Offiziere und Mannschaft teilen. Man sollte Seestraßenordnung, Gezeitenkunde, Betonnung und Navigation in allen ihren mathematisch verschlungenen Berechnungsarten beherrschen. Man sollte den Sternenhimmel kennen wie ein Astronom, man sollte von Erster Hilfe soviel verstehen wie ein Kleinstadtarzt, von Motoren soviel wie ein Automechaniker, von Pumpen und Ventilen soviel wie ein Klempner, von der Lichtanlage soviel wie ein Elektriker. Den Umgang mit Holz sollte man beherrschen wie ein Tischler oder besser noch wie ein Bootsbauer. Segel nähen können, ein Auge in ein Ende spleißen können, alle Knoten beherrschen, den Kompaß nachjustieren können, einen verbogenen Sextanten wieder ins rechte Lot bringen können, die Ursache finden, warum das Radio nicht mehr geht oder warum sich die Ampère aus der Batterie verflüchtigen, ohne daß Licht brennt . . . Mit jedem Werkzeug sollte man vertraut sein, ebenso löten, malen und mit Glasharz umgehen können. Dann sollte man noch fotografieren, notfalls auch den Blitzverschluß auseinandernehmen und wieder zusammensetzen können. Nicht zuletzt sollte man auch kochen können, damit man unterwegs nicht den Appetit verlor und verhungerte. Aber das war alles erst ein Bruchteil. Die Liste wäre seitenlang. Keine »Seemannschaft« und kein Hiscock haben an alles gedacht.

Soviel Aufwand für einen einzigen Mann und für eine Reise?

Richtig, nebenbei soll man auch noch soviel Geld verdienen, daß der Traum eines Tages Wirklichkeit wird, und zuletzt – was mit am schwersten ist, wenn nicht überhaupt das allerschwerste – muß man sich so weit aus dem nun offensichtlich Früchte tragenden Geschäft befreien, daß man eines Tages nur noch seinen Hut zu nehmen braucht und einfach losziehen kann. Niemand würde einem Lehrling im Ernst zumuten, das alles zu lernen. Niemand käme auf die verrückte Idee, soviel unterschiedliches Wissen und Können um einen Beruf anzuhäufen. Das tut man nur freiwillig, wenn es um ein Steckenpferd geht. Dafür hat man mehr übrig als für alles andere. Was Wunder, daß mein Traum, als er, zur Wirklichkeit geworden, an einem Septembertag das erste Mal ins Wasser glitt, HOBBY getauft wurde! Nun ist das leider schon ein abgewetztes Wort, aber es trifft den Nagel noch immer auf den Kopf. Dabei ist es in jeder Sprache bekannt und ebenso leicht auszusprechen. Warum aber HOBBY zwei Rümpfe hatte und nicht einen oder drei, darüber wird noch zu reden sein.

Wohin der Passatwind uns weht

Noch war an keinen Stapellauf zu denken. Es gab vorher so viel anderes zu tun. Auf ein Boot steigen und lossegeln, das wollte nur die eine Hälfte meines Wesens. Die andere fand ihre Erfüllung in der Vorbereitung der Reise und war damit vollauf beschäftigt.

Seit zwei Jahren bezog ich vom Seewetteramt die tägliche Wetterkarte, monatlich gebündelt zugestellt. Ich verfolgte die Entwicklung des Wetters über dem Atlantik, von Tag zu Tag die veränderte Drift der Tiefdruckgebiete und den Verlauf der Fronten. Zwar würde im nächsten oder übernächsten Jahr im selben Monat nicht dasselbe Wetter herrschen, das war mir klar. Aber ich prägte mir die typischen Entwicklungen ein. Ich hoffte, sie würden so tief in meinem Unterbewußtsein Fuß fassen, daß ich ohne langes Nachdenken die richtige Entscheidung treffen konnte, wenn es einmal notwendig war.

Vor Jahren hatte ich in der Zeitung gelesen, das Azorenhoch sei für unser Wetter in Deutschland mitverantwortlich. Azoren und Deutschland! Das klang sehr verdächtig nach Wettersprüchen und Bauernregeln. Doch als ich begann, mich ernstlich fürs Wetter zu interessieren, gingen mir die einfachen Zusammenhänge auf. Nun leuchtete es mir auch ein, daß die Ausbreitung des Azorenhochs nach Norden der West-Ost-Drift der Tiefdruckgebiete und ihrem schlechten Wetter einen Riegel vorschob. Sie wurden auf dem Weg von Neufundland nach Europa sehr weit nördlich abgelenkt, Richtung Schottland und Skandinavien. Da ich inzwischen in Glücksburg gelernt hatte, daß die Luft aus dem Hochdruckberg im Uhrzeigersinn abfließt, sah ich bei dieser Wetterlage nördliche und nordöstliche Winde über dem Festland voraus. Eine rote Lampe leuchtete auf. Nordostwind! Das war mein Wind, den ich brauchen würde, um so schnell wie möglich aus dem Ärmelkanal über die unfreundliche Biskaya nach Spanien und Portugal zu kommen.

Ich begann, das Azorenhoch zu verehren. Ich verfolgte auf den täglichen Karten seine Wanderung und Ausdehnung, und eines Tages las ich in einer der nützlichen Abhandlungen auf der Rückseite der Wetterkarte, einmal im Jahr zöge es im Frühling weit nach Norden. Das könne auch noch im Juni sein. Es gab sogar einen Namen dafür: das Isländische Frühjahrshoch. Dieses Wort saß nun fest in meinem Kopf und wurde entscheidend für alle weitere Planung.

Es war also nicht nötig, in einer ersten Etappe zu den Kanarischen Inseln zu segeln, dort Monate in Las Palmas zu vertrödeln und erst Ende November zur Überfahrt aufzubrechen. Würde sich eine ähnliche Hochdrucklage einstellen, dann bekäme ich den Passatwind sozusagen schon im Ärmelkanal zu fassen, wäre sicher vor Überraschungen aus Westen und würde eine schnelle, kurze Überfahrt haben. Der Start von Las Palmas über den Atlantik war mir sowie nicht sympathisch. Einmal wegen des Umwegs, dann auch wegen des Ärgers, den fast alle um diese späte Jahreszeit mit den Passatwinden hatten.

Man lese nur nach: hier eine Woche Flaute, dort eine Woche heftiger Gegenwind. Schlechtes Wetter aus den nahen Mallungen und Sturm bei der Ankunft. Das Wetter war wohl noch zu unbeständig nach der gerade abgeklungenen Orkanperiode. Immerhin, es war der Normalweg. Am Berg war das der Weg, den man für den Abstieg wählte, wenn man sich vorn müde gekämpft hatte. Jemand schrieb sogar bissig, es sei nur ein Damentrip da hinüber, und er hatte nicht ganz unrecht. Die unmöglichsten schwimmfähigen Untersätze waren schon von Las Palmas auf die Reise gegangen und drüben angekommen. Dafür sorgte nicht zuletzt der Nordäquatorialstrom, wenn der Wind bockig war. Jemanden trieb er sogar an den Inseln vorbei.

Jeder begibt sich aus anderen Gründen auf den Atlantik. Einer will fremde Inseln und Länder kennenlernen, ein anderer sucht eine neue Heimat, ein dritter will bloß die alte vergessen. Ein anderer will nachfühlen, was sich ein Schiffbrüchiger im Schlauchboot so denkt, wieder ein anderer wird fast zum Fakir bei der Erprobung seines aufgeweichten Sitzleders auf längeren Reisen im Faltboot. Manch einer liebt einfach die absolute Einsamkeit. Andere streiten sich darum, wer zuerst drüben ankommt, und nehmen dafür den kürzesten und schwierigsten Weg in Kauf. Einer will ein neues Rigg ausprobieren, ein anderer eine neuartige Bootsform, wieder ein anderer kann einfach auch im Ruhestand die See nicht vergessen, und noch ein anderer segelt immer wieder los, weil er einmal angefangen hat, davon zu kosten, und es nun nicht mehr lassen kann. Die schönste Belohnung für eine solche Reise ist ja die Gewißheit, daß man am Ziel nur den Bug in eine neue Richtung zu drehen braucht und schon zur nächsten Ausfahrt starten kann.

Irgendwo gehöre ich dazwischen eingestuft. Wahrscheinlich wollte ich ganz einfach nur segeln, weit und lange segeln und dabei eine sichere, glatte Reise zurücklegen. So ist für jeden auf dem Meer Platz. Vielfältig, wie wir alle sind, sind auch unsere Beweggründe. Das ist das Schöne daran. Hier sind wir Mensch und dürfen es noch sein.

Ich hatte nun die Monatskarten vom Deutschen Wetterdienst in Arbeit. Die Abbildungen zeigen für jeden Monat auf getrennten Blättern die typische Wetterlage im Atlantik. Dabei kann es sich nur um mittlere Werte handeln. Windsterne, in gleichmäßigem Abstand verteilt, zeigen die vorwiegenden Winde in Prozenten ihrer Häufigkeit und ihre Stärke an. Je häufiger der Wind, um so länger die Pfeile in der betreffenden Richtung, und je mehr Federn am Pfeil, um so stärker der Wind. Ich nahm einen Bleistift zur Hand, schaute von England nach Westindien und zeichnete eine dünne Verbindungslinie dort, wo sich die längsten Pfeile befanden. Das wäre der ideale Kurs gewesen, wenn das Wetter in statistisch gelenkten Bahnen ablaufen und nicht umgekehrt das Wetter die Statistik bestimmen würde. Ich verglich die in Frage kommenden Monate. Der Juni lag am günstigsten. Außerdem ist es der Monat mit der geringsten Sturmhäufigkeit. Frühlingshoch hin oder her, ich würde im Juni in See gehen müssen.

Ich rechnete nach: beinahe viertausend Seemeilen. Hundert am Tag würde ich schaffen. Das waren also sechs Wochen. Der erste westindische Orkan ist im Juli zu erwarten, allerdings noch westlich der Inseln; die Häufigkeit ist gering. Der August aber ist sehr gefährlich, auch für das Gebiet östlich der Inseln. Im September und Oktober läßt man besser die Finger davon. Da toben die westindischen Orkane mit tödlicher Gewalt; mancher von ihnen gelangt als »Ehemaliger« bis in die Deutsche Bucht. Im November läßt die Gefahr nach, im letzten Monat des Jahres ist sie vorüber. Da beginnt in Westindien die Urlaubszeit für die Besucher aus der ganzen Welt. Da sind auch die Atlantiksegler unterwegs, die in Las Palmas aufbrechen.

Ich hätte also keine Zeit zu verlieren. Ich würde den kürzesten Weg wählen, den Weg der Bleistiftlinie über die Monatskarte. Ich mußte nur rechtzeitig aufbrechen, dann konnte ich das Risiko, einem Orkan zu begegnen, auf mich nehmen. Hiscock riet zwar davon ab. Aber er schrieb auch ein Lehrbuch. Für mich war es wie Steinschlag im Gebirge: Ich will niemanden auffordern, hinter mir herzuklettern.

Übrigens hieß der erste Orkan des Jahres 1967 Arlene. Wenn ich am 31. August erst am fünfzigsten Längengrad gewesen wäre, hätte er mich erwischt. Das hätte aber selbst dann nur schwerlich geschehen können, wenn ich südlich der Azoren den Mast verloren hätte und mit Notbesegelung nach Westen weitergetrieben wäre. Dieses Risiko ist nicht größer als das einer Blinddarmreizung. Ganz ohne Risiko geht es eben nicht. Den fünfzigsten Längengrad überquerte ich übrigens schon am neunten Juli.

Die bewußte Bleistiftlinie kam meinen Wünschen noch aus anderen Gründen entgegen. Ich liebe die Biskaya nicht und mache gern einen Bogen um sie, auch bei vermeintlich schönem Wetter. Zuviel hatte ich auch schon von Seglern gelesen, die sich zu nahe an die spanische Küste gehalten hatten, von waghalsigen Landungen in unbekannten Häfen, an felsiger Küste und bei Nebel. Wer hatte nicht alles geschrieben, er habe sich nur mit Mühe und Not vor unbeleuchtet durch die Nacht jagenden« portugiesischen Sardinenfischern in Sicherheit bringen können! Außerdem geht die Großschiffahrt diesen Weg. Alle Alleinsegler leben in ständiger Angst vor dem Überlaufenwerden.

Ich wollte lieber das andere Risiko auf mich nehmen, weitab von jedem schützenden Hafen und ohne auf Hilfe von vorbeifahrenden Schiffen rechnen zu können. Ich wollte gleich von Anfang an so weit wie möglich in den Atlantik hinaussegeln. Damit würde ich mir alle Schiffe vom Halse schaffen. Im Falle eines unvorhergesehenen Sturmes aus Südwesten hätte ich genügend Seeraum hinter mir, um einen Tag oder auch mehrere abtreiben zu können.

Das war trotz allem ein mutiger Entschluß. Es sollte meine erste große Fahrt allein auf einem Boot werden. Den Atlantik kannte ich nur vom Hörensagen, seine Dünung und seine Windseen hatte ich auf Bildern an Bord. Wie man segeln und gleichzeitig in Ruhe schlafen sollte, war mir ein Rätsel. Wir würden es ja erleben. Lieber als bei aufkommendem Schlechtwetter die Unsicherheit und Gefahr der Ansteuerung eines unbekannten Hafens auf mich zu nehmen, flüchtete ich wieder einmal nach vorn. Das war bestimmt auch klug. Aber es war wie einsames Klettern in steiler Wand, ohne Seil und Sicherung. Ich nahm bewußt mein Schicksal in die eigenen Hände, verwarf jede Aussicht auf eine auch nur zweifelhafte Rettung, vertraute auf meine Nußschale und auch auf jene Kräfte, die ich früher erprobt hatte und die sich immer von allein einstellen, wenn es nur noch ums nackte Leben geht. Vor allem aber vertraute ich nach wie vor meiner Wetterplanung. Sie würde das Risiko erträglich machen. Ich bin kein Held. Ich wußte: Meine Rettung lag in einer einwandfreien Vorbereitung der Reise.

Zur Tropeninsel natürlich im Doppelkanu

Jeder fragte mich, wie ich denn ausgerechnet auf ein Doppelrumpfboot kam.

Das ist eine Frage, die mit jener anderen zusammenhängt, warum wir überhaupt segeln und was wir uns davon erwarten. Außerdem hat auch die Brieftasche ein Wort mitzureden. Darf ich jetzt die ganz konservativen Kielbootsegler bitten, dieses Kapitel zu überschlagen und sich erst dort wieder einzufinden, wo der Fluß der Erzählung weitergeht? Weil ich hier so weit weg in einem sturmsicheren Hafen sitze, getraue ich mich nämlich, kein Blatt vor den Mund zu nehmen. Ich will aber trotzdem keinen Orkan der Entrüstung auslösen. Wer den Mut hat, mir zu folgen, dem sei versichert, daß ich auch die bösartigsten Behauptungen schmunzelnd niedergeschrieben habe, unter milder Rumbetäubung. Ich kann nur empfehlen, sich auch einen einzugießen!

Nur das kleinste Boot würde ich mir leisten können, das nach Meinung der Experten noch seetüchtig war. Das sind acht Meter. Dieses Maß hängt mit Wellenlänge und Wellenhöhe zusammen. Wellen überschlagen sich ja manchmal oben. Da verkrümelt sich wahrscheinlich ein kleineres Boot zu leicht. Wer mehr wissen will, frage die Experten!

Ich glaube, ich habe alle Boote gesehen, die in Europa gebaut werden und knapp acht Meter lang sind. Ich habe auch in jedem dringesessen, habe versucht, mich in die Hundehütten zu verkriechen, die in der Werbung als »bequeme Kojen« geführt werden. Ich habe darüber nachgedacht, wo ich die Ausrüstung und all das unterbringen würde, was ich mitzunehmen gedachte, zum Beispiel eine Nähmaschine und ein Fahrrad. Ich grübelte auch über das Problem nach, wie man der Aufforderung der Werften nachkommen könne, Kochnische und Kartentisch abwechselnd zu benützen, ohne daß etwas zu kurz kam. Die Konstrukteure gingen wohl von der Annahme aus, daß man im Hafen keine Karte brauchen würde und auf See sowieso niemand auf die Idee käme, in so einem kleinen Schaukelboot einen Topf aufs Feuer zu stellen. Ich dachte dabei auch an die relative Bequemlichkeit, die ich auf doppelt so großen Booten bereits kennengelernt hatte.

Auf den gutgeheizten Bootsausstellungen bekam ich jedesmal Beklemmungen und Schweißausbrüche, wenn ich versuchte, mir einen bequemen Sitzplatz in der Kajüte eines kleinen Bootes zu suchen. Ich dachte dabei an meine Erlebnisse auf dem Rücksitz enger, unbelüfteter Autos. Damit war für mich das Problem erledigt. Ich kam vom Bergsteigen, der freiesten Beschäftigung, die ich mir überhaupt vorstellen kann, freier als Fliegen. Ich war dabei, auf ein Boot umzusteigen, weil Muskelkater und schwerer Rucksack das freieste Vergnügen mangels Übung wesentlich minderten. Ich war nicht gesinnt, im Tausch dafür auf langen Reisen allmählich zu verkrüppeln, den Po in Kloform, die Knie wegen der Enge ständig angezogen, den Kopf mit dem Kinn unten auf der Brust. Ich hätte auf ein größeres Boot warten können. Aber mit dem Boot werden auch die Segel größer, der Anker wird schwerer und die Entfernung von der Pinne zur Bugkanzel weiter, wenn es einmal darauf ankommt, weil sonst das Boot irgendwo gegenbrummt. Nein, acht bis neun Meter waren schon richtig für mich allein. Da hatte ich alle einsichtigen Einhandsegler hinter mir. Ich brauchte nur meine Kartei zu befragen.

Dann entdeckte ich den ersten Trimaran auf einer Ausstellung in London. Es war ein Nimble von Arthur Piver, und ich hatte das Glück, diesen kalifornischen Multihull-Konstrukteur der ersten Stunde persönlich sprechen zu können. Sein Boot war billig und hatte wenigstens auf Deck viel Platz zu einem Morgenspaziergang. Außerdem segeln Mehrrumpfboote nahezu waagerecht, waagerecht zur Wellenoberfläche, versteht sich. Ein Boot, das nicht schaukelt und nicht rollt, dabei aber segelt, das verlockte mich. Wie war es mir schon schlecht geworden auf See, immer wieder. Unverständlich überhaupt, daß ich immer noch nicht genug hatte!

Den Haken an kleinen Trimaranen entdeckte ich bald. Sie dürfen nur mit einem bestimmten Höchstgewicht beladen werden, wenn sie seetüchtig bleiben sollen. Ich stellte eine Gewichtstabelle auf: Verpflegung für sechs Wochen, Wasser, nautische Ausrüstung, Bücher, Motor, Anker, Reserveanker, Ankerkette. Das Höchstmaß war schon längst überschritten. Die Rümpfe sind überdies schmal, wenn auch tief. Nutzbar ist eigentlich nur der mittlere. Schlafen findet auf der seitlichen Brücke statt, der Verbindung zu den Auslegerrümpfen. Das Deck darüber ist so niedrig, daß sich eine lange Nase plattdrückt. Ich stellte mir vor, wie heiß es darunter sein mußte. Kein Gedanke an Schlaf! Überdies zu schmal, zu kurz und eingeengt. Fünf Schlafplätze auf dem Papier und kein einziges Bett für mich. Ich bekam die übliche Beklemmung mit Schweißausbruch und dachte wieder an meine Erlebnisse in fremden Autos.

Ein Gutes brachte diese Erfahrung: Ich war nun kein Neuling mehr in Sachen Mehrrumpfboote. Ich bezog die englische Fachzeitschrift, die sich ausschließlich mit ihnen befaßt, und wurde Mitglied der *Amateur Yacht Research Society*, kurz *A.Y.R.S.* genannt, die sich unter dem Patronat Prinz Philips mit allem sehr seriös befaßt, was beim Segelsport auf neue, erfolgreiche Wege führen könnte. Es waren hauptsächlich die Veröffentlichungen Dr. Morwoods, die die Katamaranwelle in England so schnell in Schwung brachten. Aber auch die Arbeiten über Selbststeuersysteme waren der Mühe wert. Damit fing für mich das Englischlernen an. Ich hatte niemals Lust verspürt, es zu lernen. Mich widerte eine Sprache an, die selbst nicht weiß, wie sie ausgesprochen wird. Ich bin gegen die Regellosigkeit und möchte nichts dem Zufall überlassen. Inzwischen beherrschte ich vier Sprachen, Latein nicht mitgerechnet. Nun bürdete ich mir zu allem übrigen auch das noch auf. Ich würde Englisch lernen, um mir ein Boot kaufen zu können.

Aber ich war doch froh über diesen Zuwachs. Ich könnte mir heute meine Reise ohne gute Englischkenntnisse nicht mehr vorstellen. Länder besuchen und ihre Sprache nicht kennen, ist wie blind durch einen botanischen Garten gehen. Man spürt den Duft, aber man kann ihn nicht erklären.

Auf englisch konnte ich nun auch die Bücher lesen, die mir bisher verschlossen geblieben waren: Guzzwell, Tambs, Hiscock, Pidgeon, O'Brien, Lewis, Piver, Davidson, Smeeton. Am Anfang spürte ich zwar auch nur den Duft; die Texte verstand ich erst später.

Wie mein zukünftiges Boot aussehen würde, war immer noch offen.

Daß es ein Mehrrumpfboot sein sollte – das stand schon fest. Ich sah keine Veranlassung, am Althergebrachten festzuhalten. Warum nicht mit Hilfe der Technik und neuer Wege auf die Suche nach Neuland gehen? Durch die Beschäftigung mit Mehrrumpfbooten war mein Blick nun viel klarer geworden, denn leider gab es darüber noch nichts in meiner Zettelkartei. Ich sah trotz vieler Umfragen mein Boot noch nicht, aber ich würde es finden. Es brachte auch nichts, unter Seglern viele Worte darüber zu verlieren. Auf der Londoner Bootsausstellung sprachen es zwei Herren aus, die ebensogut als Gralshüter ins Victoria and Albert Museum gepaßt hätten: »Was für eine hübsche Idee! Zuerst einmal auf zwei Rümpfen segeln zu lernen!« Sie wollten wohl sagen: zuerst aufs stabile Dreirad setzen, bevor sich einer einem kippligen Fahrrad anvertraut. Das war immerhin Inselhumor. Im Gegensatz dazu gab es auf dem Kontinent gar keinen Humor. Da kippte – sprich kenterte – niemals ein Einrumpfboot um. Aber diese seeuntüchtigen Mehrrumpfboote, die fielen beim ersten richtigen Puster auf die Nase, und dann stellte sie keiner mehr auf die Beine! So hieß es. Katamarane in moderner Leichtbauweise waren aber auch vergleichsweise billig. Ich kaufte kein Boot fürs Leben, sondern als eine Art Einwegverpackung. Da sind zwei Rümpfe allemal besser als gar keiner, dachte ich mir mit einem Achselzucken.

Auf der nächsten Bootsausstellung saß ich dann in einem bestimmten Katamaran und wußte, daß es kein anderes Boot für mich geben würde. Es war acht Meter lang, geräumig innen und außen, und wie geräumig! Es konnte randvoll gestopft werden mit allem Nötigen und auch Überflüssigem. Ich wollte es gar nicht erst unter Segeln ausprobieren. Ich kaufte es einfach. Ich kannte mich selbst nicht mehr, der ich sonst so vorsichtig war in allen Entschlüssen. Ich hatte niemals zuvor in einem Katamaran gesegelt, nur die Schilderungen der anderen mit ganzem Herzen miterlebt. Es war nun wie der Punkt am Ende eines langen Satzes: selbstverständlich. Unnötig, ein Wort darüber zu verlieren.

Überflüssig zu sagen, daß auch mein nächstes Boot wieder ein Katamaran sein wird. Niemand steigt gern von einem Katamaran in ein Kielboot zurück. Wenn man die Wahl hat zwischen einem Schuh, der drückt, und einem bequemen, steckt man den Fuß in diesen. Ein Katamaran ist solch ein bequemer Pantoffel. Da lachen dann manche und sagen, das Doppelrumpfboot sei etwas Abwegiges. Als ob das Kielboot das Normale wäre! Denn es ist gerade umgekehrt. Abnorm ist das Kielboot mit seinem fahrthemmenden, tonnenschweren Bleiballast, der nötig ist, damit das Rigg nicht ins Wasser kippt. Je größer die Segelfläche, um so mehr Ballast. Das sieht dann vom Ufer ganz schön aus, wenn sich in der Bö die hohen Segeldreiecke neigen. Doch der Katamaran, der auch in der Nähe war, ist inzwischen mit aufrecht stehendem Rigg davongesegelt, weil er wirklich ein Segelboot ist und keine eiserne Last am Bein nachschleppt wie ein Sträfling. Der Katamaran hat nur eins nicht: Ihm fehlt die Tradition in Europa. Diese ist auf seiten des Kielbootes, immerhin schon seit annähernd siebzig Jahren! Wollte sich ein Katamaran seiner Vorfahren erinnern, würde ihm wahrscheinlich das Gedächtnis versagen, weil es da nicht mehr um ein Menschenalter geht, sondern um einige tausend Jahre Menschheitsgeschichte. So lange gibt es schon große Doppelrumpfboote, auf denen Menschen über weite Strecken reisten und Waren transportierten. Sie segelten nicht die Küste entlang, sondern kreuz und quer von Tahiti nach Hawaii, von Hawaii nach Neuseeland, von den Tuamotus bis Madagaskar – ein Seegebiet, das drei Viertel aller Ozeane einschließt. So wurde dieses Meer wohl auch besiedelt.

Es ist belustigend zu lesen, wie die weißen Entdecker dieser Inselwelt verblüfft berichteten, diese schnellen Doppelkanus hätten spielend große Kreise um ihr eigenes schwerfälliges Schiff gezogen, das unter Vollzeug dahinsegelte. Man kann es sich vorstellen. Zweifellos verstanden diese Völker etwas vom Segeln und von Navigation, und ihre großen, ausgehöhlten und sicherlich prächtig verzierten Baumstämme waren genau das richtige, um die unendliche Wasserfläche von einem Ende zum anderen zu durcheilen. Das tamilische Wort Katta-maran ist heute noch an der Küste Indiens und Ceylons in Gebrauch und bezeichnet nichts weiter als zusammengebundene Baumstämme. Auch drei oder fünf zusammengebundene Stämme, wie das Ausstellungsstück im Naturgeschichtlichen Museum in London, sind Katamarane. Erst durch Victor Tchetchet, der nach dem Krieg im Long Island Sound das Segeln im Trimaran belebte, ist dieses neue Wort entstanden, das eigentlich nur ein Beispiel für die amerikanische Sprachunbildung ist.

So fängt die Geschichte der Ozeansegelei zweifellos im Doppelkanu an – und das auf dem größten Ozean unserer Erde. Das haben unsere Antipoden uns nun einmal voraus, und es fällt gar nicht ins Gewicht, daß wir heute sehr schöne Kielboote bauen können.

Ozeansegeln ist eine weltweite Angelegenheit geworden. Kleine Segelboote überqueren heute in wenigen gewagten Sprüngen ganze Ozeane und segeln in einem halben Jahr um die Welt. Eben ist David

Lewis mit seiner Familie von einer Weltreise im Katamaran zurückge-kehrt. Jürgen Wagner – auch einer, dessen Initiale W einen Katamaran symbolisiert – ist, während ich dies schreibe, mit WORLDCAT noch un-terwegs. Es liegt auf der Hand: In wenigen Jahren werden nur noch große, modern gebaute Reisekanus um die Welt segeln. Kein kleines Kielboot wird jemals mehr stampfend und rollend den Passatwinden folgen wollen. Masochisten werden wohl andere Mittel finden, sich die Seele aus dem Leib schütteln und würgen zu lassen. Die Entwick-lung wird nur dort gebremst, wo es an fortschrittlichen Werften fehlt, denn gekauft wird, was gebaut wird.

Das neue Zeitalter brach in Hawaii an. Hier war die Tradition in alten Volkssagen noch lebendig. Reisekanus waren ja nicht nur Trans-portmittel, sondern sie nahmen auch einen weiten Raum im religiösen Brauchtum ein, in der Religion der Polynesier, wohlgemerkt. So ist es eigentlich gar nicht verwunderlich, daß ebenfalls von Hawaii aus die ersten modernen Hochseekatamarane lossegelten. Das war bald nach neunzehnhundertfünfundvierzig. Seewasserfeste Leime ermöglichten jetzt wasserfestes Bootsbausperrholz und damit die nötige Leichtbau-weise. Die im Flugzeugbau bewährte neue Konstruktionsweise setzte sich jetzt auch auf dem Wasser durch. Bezeichnenderweise waren es Flugzeugkonstrukteure, die die ersten Katamarane bauten: Woody Brown und Rudy Choy. Namen wie MANU-KAI, WAIKIKI-SURF und AIKANE erregten die Aufmerksamkeit der von Tradition Unbelasteten. Diese Boote segelten von Hawaii nach Los Angeles und von dort zu den Marquesas oder von Tahiti nach Hawaii. Die alte Überlieferung war zu neuem Leben erwacht. Tagesetmale von über dreihundert See-meilen wurden bereits 1961 zurückgelegt. Das war phantastisch!

Aber ein anderer war ein Jahrzehnt zuvor in Hawaii aufgebrochen, und ihm gebührt eigentlich der ganze Lorbeer. Das war Eric de Bis-shop. Wer sich mit seiner Lebensgeschichte befaßt, merkt bald, was für ein Seeabenteurer von Gottes Gnaden er war.

Eric war von China her nach Hawaii gekommen, um unterwegs die Meeresströmungen zu untersuchen. Er war Hydrograph von Beruf, woraus auch verständlich wird, warum ihn das Meer immer wieder ausgespuckt hat. Nun interessierte diesen französischen Aristokraten, von welcher Seite die Inselwelt im Stillen Ozean besiedelt worden war. Natürlich hatte er etwas gegen Thor Heyerdahls Floßtheorie einzu-wenden, aber erst viel später. Damals gab es noch keine KON-TIKI.

Auf dieser einen Reise machte er dreimal Schiffbruch, aber nur beim ersten und letzten Mal wurde es ein Totalverlust. Das war nicht neu. Eric war schon häufig das Schiff unter den Füßen weggesoffen, aber er kam immer mit heiler Haut davon. Auch im Flugzeug war er schon abgestürzt, ins Wasser natürlich. Irgend jemand zog den Nichtschwimmer immer noch rechtzeitig heraus. Auf seiner letzten Reise war es Tatiboet, sein Freund und Gehilfe an Bord, der für seine Lebensrettung immer wieder zuständig war. Aber nun hatte Tati genug vom Nordäquatorialstrom, vom Schiffbruch bei den Menschenfressern Neuguineas, im Taifun oder vor der Leprastation von Hawaii. Er wollte nach Frankreich zurück.

»Nichts leichter als das«, beruhigte ihn Eric de Bisshop. »Ich bringe dich hin!«

Während er sich auf Hawaii vom letzten Abenteuer erholte, las er alles, was sich dort über polynesische Doppelkanus finden ließ. Die hawaiianischen Legenden waren voll von großen Überseekanus. Eins hieß KAIMILOA (»Hinter fernen Horizonten«). Das war der Name, und so sollte es werden. Also bauten sie zusammen die elf Meter lange KAIMILOA. Eric dachte nicht etwa daran, in Europa zu bleiben. Nur mal eben Tati um die halbe Welt nach Hause bringen, dann wollte er sich wieder seinen Forschungen widmen. Das Reisekanu würde auch das stilvollere und richtigere Mittel sein, den Spuren der frühen Siedler im Pazifik zu folgen. Nur ein Mann aus dem Gebirge, wie der Konstrukteur der KON-TIKI, konnte auf die Idee kommen, aus Baumstämmen ein Floß zu bauen und darauf loszusegeln wie die Isartaler Floßschiffer. Waren es vielleicht Gebirgsvölker, die einst auf die Osterinsel zusegelten? Wenn man sich vorstellt, wie primitiv dieses Doppelkanu gewesen ist, das die beiden mittellosen Narren von Neptuns Gnaden da zusammenbauten, und wie einfach das Rigg, ist es unbegreiflich, daß das Abenteuer so glatt verlief. Das Doppelkanu segelte nämlich überraschend gut und schnell, so gut, daß sie gleich am Anfang zweitausenddreihundert Seemeilen zurücklegten. Der zweite Sprung führte durch die Torresstraße nach Bali.

Noch einmal ablegen – und sie waren in Kapstadt: Im Mittel bereits ein Etmal von 100 Seemeilen. Wahrscheinlich wäre es schneller gegangen, wenn ihnen nicht unter dem Tafelberg das Ruder gebrochen wäre und sie eine Weile in Richtung Polareis getrieben wären. Aber einen Schiffbruch schafften sie diesmal nicht. In drei Monaten segelten sie ohne weiteren Landfall ins Mittelmeer nach Tanger und von dort in einem letzten Anlauf nach Cannes. Das war 1937. Adieu, Tati!

So kam das erste große Reisekanu nach Europa und wohl überhaupt unter Seglern ins Gespräch. Eric hatte Verbesserungen vor. Da war es einfacher, ein neues zu bauen, diesmal mit zwei Auslegern. Das lag wohl daran, daß diesmal nicht mehr zwei einsame Männer auf einem Boot segelten, sondern daß er schnell wieder mal geheiratet hatte. Die Fahrt würde nun nicht so langweilig sein. Und außerdem hätte er jemanden an Bord, der ihn gegebenenfalls wieder vor dem Ertrinken retten könnte. Doch ging die Reise diesmal leider schon bei den Kanarischen Inseln zu Ende, genaugenommen unter dem Bug eines spanischen Dampfers. KAIMILOA-WAKEA ging zu den Thunfischen, aber Eric wurde von seinem Weib so lange mit dem Kopf über Wasser gehalten, bis die Spanier beide herausfischten.

Das Unerhörte dieser Fahrt um die halbe Erde sprach sich wegen der Zeitumstände nicht sehr schnell herum. Erst als der Krieg zu Ende war, wurden in Frankreich die ersten europäischen Katamarane gebaut, noch aus Eisenblech und mit viel zu niedriger Brücke. Aber auch sie kamen in Westindien an, wo sie allerdings aufgegeben werden mußten.

In England standen damals EBB AND FLO, und es sieht der englischen Experimentierlust ähnlich, daß man auf jeden Rumpf einen Mast stellte. EBB AND FLO segelt heute noch, wenn auch umgeriggt. Damals, 1955, lieferten sich Ken Pearce auf ENDEAVOUR und Dr. Tothill auf der zwölf Meter langen EBB AND FLO das erste Rennen vor Cowes. Jene loggte bereits zweiundzwanzig Knoten Fahrt.

Ein Jahr später findet bei Southampton die erste Regatta für Katamarane statt. Längstmaß: vier Meter achtzig. Bill O'Brien ist da mit seinem ersten Katamaran JUMPAHEAD, und Roland Prout ist da mit SHEARWATER. 1958 findet das erste Rennen über den Ärmelkanal statt, von Folkstone nach Boulogne. ENDEAVOUR und schon eine größere Zahl SHEARWATERS und JUMPAHEADS nehmen daran teil. Auch Bill O'Brien kam aus dem Flugzeugbau. Nach JUMPAHEAD baute er noch mehr Katamarane. Aus einem wurde dann der heutige BOBCAT. Er ging später seine eigenen Wege mit neuen Entwürfen, die mehr zum Motorsegler hinführten.

Laßt uns die Geschichte des Katamaransegelns noch weiter verfolgen: Neue Konstrukteure stoßen dazu. Rod MacAlpine-Downey baut für John Fisk, der bisher einen SHEARWATER segelte, einen neuen Kat namens THAI, ein Rundspantboot. Ein größeres Modell folgt bald, das diesmal mit seinen Maßen in die Vermessungsformel der C-Klasse des Internationalen Regattaverbandes paßt. Damit fahren John Fisk und Rod nach New York, wo der *Seacliff Y.C.* auf Long Island eine Trophäe für den schnellsten Kat gestiftet hat. Diese *International Cata-*

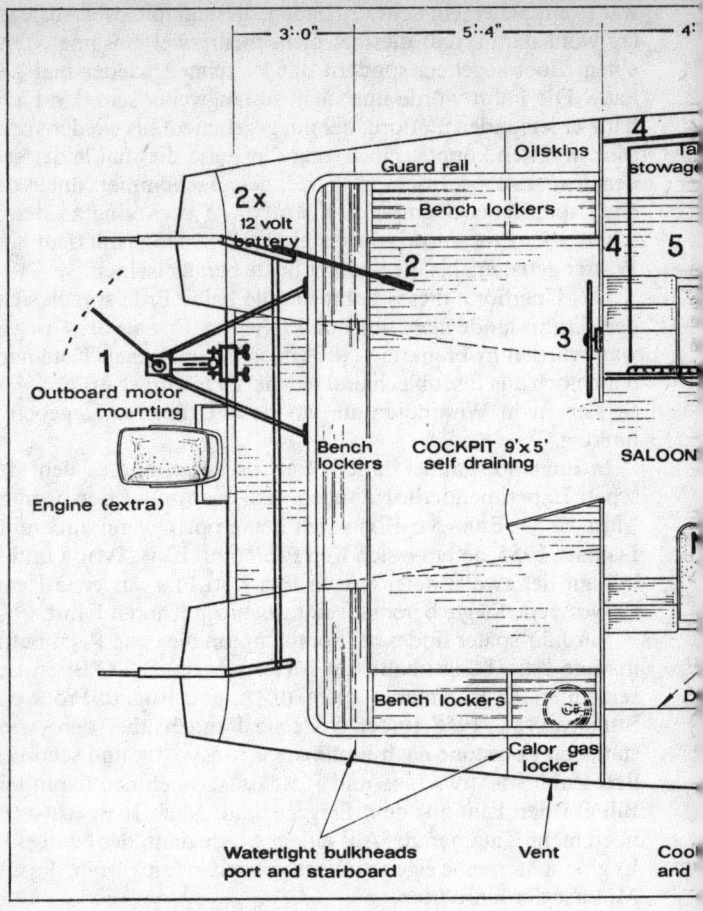

— 3'·0" — 5'·4" — 4'

Guard rail   Oilskins
stowage

2x
12 volt
battery

Bench lockers

4   5

3

1

Outboard motor
mounting

Engine (extra)

Bench
lockers

COCKPIT 9'x 5'
self draining

SALOON

Bench lockers

Calor gas
locker

Watertight bulkheads
port and starboard

Vent

Cool
and

Wenn man von oben draufguckt, sieht man erst,
wieviel Platz solch ein Katamaran hat. In unserem
Fall wurden die zwei Einzelbetten vorne in
den Rümpfen und das Doppelbett dazwischen
gar nicht gebraucht; das bedeutete geschenkten
Stauraum.

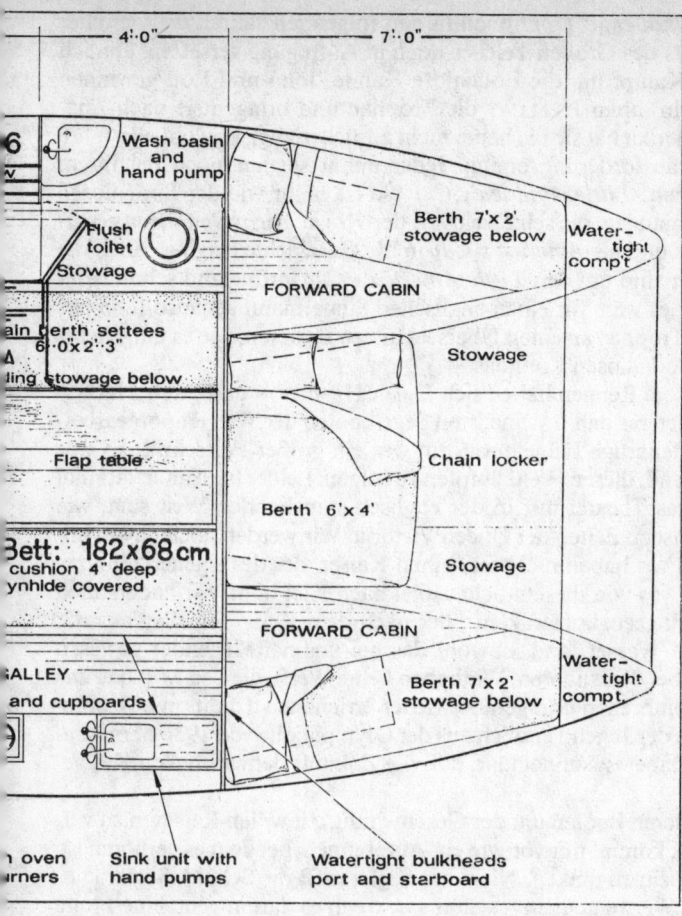

← 4'·0" →	← 7'·0" →

Wash basin and hand pump

Berth 7'x 2' stowage below

Water-tight compt

Flush toilet

Stowage

FORWARD CABIN

ain berth settees 6'·0"x 2'·3"
ling stowage below

Stowage

Flap table

Chain locker

Bett: 182×68cm
cushion 4" deep
ynhlde covered

Berth 6'x 4'

Stowage

FORWARD CABIN

GALLEY
and cupboards

Berth 7'x 2' stowage below

Water-tight compt

n oven
rners

Sink unit with hand pumps

Watertight bulkheads port and starboard

Einige Erklärungen der Original-Einbauten:

*Bench lockers = Stauraum unter den
Cockpitsitzen*
Calor gas locker = Gasflaschen-Stauraum
Flap table = Klapptisch
Cockpit, self draining = selbstlenzendes Cockpit
Guard rail = Cockpitreling
Chain locker = Kettenkasten
Stowage = Stauraum
*Drawers und cupboards = Schubladen
und Schrankfächer*

*Zusatz-Einbauten
System Wagner:*

*1 = Windfahne und Selbst-
steueranlage*
2 = Aufsteckpinne
3 = Geändertes Steuerrad
4 = Bücherablage
5 = Kartentisch
6 = Offene Ablagefächer

maran Challenge Trophy soll in den folgenden Jahren die Gemüter beiderseits des Großen Teiches noch in Aufregung versetzen, ähnlich wie der Kampf um die Bodenlose Kanne. John und Rod gewinnen nämlich in ihrem HELLCAT die Trophäe und bringen sie nach England. Amerika hat sie bis heute nicht zurückerlangt, obwohl alle Jahre eine Herausforderung erging. Jeder nennt sie nur noch bei ihrem Spitznamen: *Little America's Cup.* So ist es ihr wie der Bodenlosen Kanne ergangen, die seinerzeit von der *Royal Yacht Squadron* gestiftet wurde und als *America's Cup* in die Geschichte einging. Auch die Australier sind um den *Little America's Cup* in England schon gesegelt, aber es wäre für einen englischen Steuermann genauso fürchterlich, die Trophäe an einen Überseeklub zu verlieren, wie es umgekehrt bei der Bodenlosen Kanne ist.

In diesem Rennen haben sich EMMA HAMILTON und LADY HELMSMAN zu den bis dahin schnellsten Segelbooten der Welt emporgearbeitet. Die neuartige Flügelmastform war ein großer Fortschritt. Es war faszinierend, diesen Wettkämpfen zu folgen. Leider fand auch diesmal wieder das Theater nur in der englisch sprechenden Welt statt, wie schon einst zu Zeiten der Queen Victoria. Wir werden noch davon hören. Und wir haben nicht mal einen Kaiser, der des eigenen Glanzes wegen etwas von diesem Schauspiel nach Kiel holt! Wir haben auch keinen Flugzeugkonstrukteur, der nach dem Krieg den Weg aus der Luft zum Wasser fand, obwohl das bei uns naheliegender gewesen wäre als bei den anderen. Wir haben keine Werft, die den Mut hat, aus der eingefahrenen und gerade wieder errichteten Tradition auszubrechen, um der Jugend endlich aus der Olympiajolle von 1936 herauszuhelfen. Dabei ist sonnenklar, daß die Zukunft dem schnellen Kat gehört.

In anderen Booten um der Geschwindigkeit willen Regatten zu veranstalten, kommt mir vor wie ein Autorennen, bei dem es verboten ist, Superbenzin zu tanken. Nicht die Segler trifft die Schuld. Segler kaufen, was Werften bauen – schon gar, wenn es darum geht, eine Flotte gleicher Boote für Regatten zusammenzubringen. Nur eine breite Meinungsänderung kann hier Fortschritte bringen, aber nicht, solange Katamarane importiert werden müssen und Fachzeitschriften von den Inseraten der einheimischen Bootsindustrie leben.

Es gibt allerdings noch eine andere, viel tiefere Ursache, warum wir Deutsche so am Hergebrachten hängen. Wir sind keine Einzelgänger wie dieses Inselvolk da drüben, von dem jeder ein Original ist. Wir freuen uns, daß wir andere Werte haben. Im Umgang mit englischen

Katamarankonstrukteuren, mit denen ich an der Ecke im Pub ein warmes Bier getrunken habe, lernte ich, wie dieses Volk sich einen Spaß daraus macht, Altüberkommenes niederzureißen, mit ausgefallenen Ideen hervorzutreten und sie zu verwirklichen. Auf jeder Bootsausstellung in London steht irgendwo ein Erfinder-Konstrukteur – ein armer Irrer, würden wir sagen – und erklärt acht Tage lang von morgens bis abends, warum alle bisher gebauten Segelboote Nonsens sind und seine absolut neue Lösung das Beste darstellt. Und rundherum steht ein Kreis andächtiger Zuhörer, niemand schmunzelt oder lächelt spöttisch.

Ich spreche nicht in eigener Sache, wenn ich fürs Moderne plädiere. Ich liebe alte Kupferstiche und Bronzeleuchter an Bord. Ich segle nur unter deutscher Flagge auf einem englischen Boot, das ist alles. Aber ich bin nicht der einzige deutsche Kat-Segler, der dazu gezwungen ist. Es gibt schon einen deutschen Kat-Klub. Vielleicht gibt es bald auch einen deutschen Kat.

Aber wir haben die Katamarangeschichte noch nicht zu Ende gehört. 1953 entwarf James Wharram den ersten Kreuzerkatamaran und baute ihn selbst. Das war die sieben Meter lange Tangaroa, der kleinste Katamaran, der über den Atlantik segelte. In Trinidad baute er sich in den folgenden Jahren die zwölf Meter lange Rongo. Dieses Boot sollte dreimal den Weg über den Atlantik finden. Damit war auf europäischer Seite der erste Beitrag zum Ozeansegeln im Doppelrumpfboot geleistet.

Sperrholzbau war jetzt gut möglich, weil das Holz seewasserfest hergestellt werden konnte. Die Fertigung im großen konnte nicht ausbleiben. Bill O'Brien und die Gebrüder Prout brachten Anfang der sechziger Jahre ihre werftgerecht hergestellten Neubauten auf die Londoner Bootsausstellung. Aber nur Bill O'Briens Bobcat konnte im Lauf der Jahre eine so große Schar von Anhängern finden, nicht zuletzt dank Tom Lacks Bemühung um seine Verbreitung. Der Bobcat war das ideale Boot für die englische Küste – und das will viel heißen. Was einige Boote an Sturm und schlechtem Wetter überstanden hatten, sprach sich herum und gab den Käufern Vertrauen. So weit zurück reicht also die Tradition von Hobby, auf dem ich jetzt sitze und schreibe.

Oh, Queen Victoria, deine Mahagonimöbel!

Wie ist es nun eigentlich mit der Tradition von Kielbooten bestellt? Tatsächlich reicht ihre Tradition so weit zurück, wie man aus Vergnügen auf Yachten segelt – in Deutschland also bis in die Kaiserzeit. Das macht sie immerhin ehrwürdig. In England finden wir uns bei Königin Victoria und Prinz Albert wieder. Kielboote sind eine viktorianische Erscheinung. Deshalb muß man so vorsichtig sein bei allem, was mit Kielbootsegeln zusammenhängt, weil man leicht für wassersportgerecht und zur Bootsetikette gehörig hält, was eigentlich nichts weiter ist als der Ausklang der Plüsch- und Troddelzeit, der verstaubten Palmwedel in der guten Stube. Dazu gehört auch die Forderung nach Mahagoni innen und außen, besonders aber im Cockpit, im Salon und, wenn man will, um den Barographen herum. Wenn ich Mahagoni höre, denke ich immer zuerst an die schrecklichen Schlafzimmermöbel meiner Eltern. Und wenn ich »viktorianisch« höre, sehe ich diese fürchterlich unpraktischen Sitzmöbel vor mir, aus gedrechseltem Holz mit Spitzen, die sich in die Rippen bohren, und die kein Antiquar mag, auch wenn man sie ihm nachwirft.

Wer immer noch nicht weiß, was das für eine muffige Zeit war, sehe sich eine Abbildung der Bodenlosen Kanne an: übelster Urgroßmutter-Kitsch! Diese Kanne ist schuld daran, daß die Entwicklung zum Kielboot den bekannten Lauf nahm. Das war eine Entwicklung, die sich ausschließlich zwischen dem *New York Yacht Club* und der *Royal Yacht Squadron* abspielte. Angefangen hatte es mit diesem Pokal, von britischer Seite für die schnellste Segelyacht gestiftet. Man stelle sich die Erniedrigung vor, als er 1851 von dem neuartig gebauten Schoner AMERICA entführt wurde und auch nie mehr nach England zurückgewonnen werden konnte!

Die AMERICA hatte nicht nur als erstes Segelschiff Baumwollsegel an Stelle der früheren Flachstücher. Auch die Rumpfform war erstmals verändert. Noch war kein ausgesprochener Kiel vorhanden, aber im Schnitt zeichnete sich bereits die Form eines weitschaligen Rotweinglases ab. Wir wollen nicht vergessen, daß bis dahin die Stabilität durch die Breite und den Innenballast erzeugt wurde. Hängte man jetzt den Ballast als Kiel außen ans Boot, konnte die Spantform immer schmaler werden. Damit wurde das Boot schneller und konnte beim Kreuzen auch höher an den Wind gehen.

Was nun folgte, war nicht mehr werkgerechtes Bauen, um hochseetüchtige Segelboote zu konstruieren, sondern es ging lediglich um das möglichst geschickte Ausnützen der Bauformel, um das Manipulieren mit ihr. Auf diese Weise entstanden für die Herausforderungen der folgenden Jahre immer tiefer gezogene Rümpfe. JULLANAR sah 1876 bereits wie ein schmales Weißweinkelchglas aus, BRITANNIA und AUDREY waren auf der anderen Seite in den neunziger Jahren die ersten Vertreter jener Kielboote, wie wir sie dann für modern halten und in Kiel kennenlernen sollten. Wegen des fürchterlich tiefen Kiels segelten sie sehr steif, gingen hoch an den Wind und vermittelten zum ersten Mal das Glück, von der Windrichtung relativ unabhängig zu sein. Aber die Bodenlose Kanne holten sie doch nicht zurück.

Wie sich diese Boote im offenen Ozean verhielten, das kann man leicht nachlesen, wenn man den Bericht von Alain Gerbaults Einhandüberquerung des Atlantiks in die Hand nimmt. Sein Boot FIRECREST war 1892 nach den Vorschriften des britischen Yachtclubs in Essex gebaut worden. Wie ein senkrecht gestelltes Messer lag dieses Boot in der See, und das Rigg litt fürchterlich unter dem Anprall von Wind und Wellen. Dabei glaubte der Gute noch, er säße in einer der besten Yachten aller Zeiten, wie er stolz berichtet, nachdem er dreieinhalb Monate gebraucht hatte, um ohne Aufenthalt von Gibraltar nach New York zu segeln.

Wenn wir die frühe Entstehung des Kielboots überblicken, kommt einem der Gedanke, daß damals genausogut Katamarane hätten entwickelt werden können, wenn es nur vom Konstruktiven her möglich gewesen wäre, die Forderung nach Leichtbauweise zu erfüllen. Ich darf an Herreshoffs 7,60 m langen Katamaran AMARYLLIS erinnern, der bereits 1876 bei einer Regatta im New Yorker Hafen alle neunzig daran teilnehmenden Kielyachten weit hinter sich ließ und deshalb wie ein drogenabhängiger Sportler disqualifiziert wurde. Die Droge Geschwindigkeit! Dann entstand um 1902 bei den Großen Seen ein mächtiger Katamaran, DOMINION, der sich als schneller erwies denn alle anderen dort üblichen Boote. Aber die für die Bauformel verantwortlichen Amerikaner verbannten das Boot aus dem Wettbewerb. Es gibt ja noch heute Regatten, wo man sich nicht gern von einem Katamaran die Schau stehlen läßt.

Auf ihrem Sommersitz Osborne House, über der Bucht von Cowes gelegen, saß inzwischen Queen Victoria auf ihrem roten Plüschsofa mit der steifen Lehne und den gedrechselten Rollfüßen und verfolgte das Bemühen der britischen Segelelite, eine Segelyacht zurechtzutrimmen, die ihr die verlorene Kanne hätte wiedergewinnen können. Noch heute werden Vermögen dafür ausgegeben, Boote zu bauen, die zu nichts weiter nütze sind, als einmal um eine ebenso nutzlose Kanne zu segeln.

Ein Glückstraum:
Platz wie auf der QUEEN MARY

Ich muß mich zurückrufen, zurück an Bord von HOBBY. Ich bin nicht losgesegelt, um mich mit dem deutschen Bootsbau anzulegen. Habe ich es mir doch schon mit allen verdorben, die Mahagoni so lieben! Nebenbei – ich habe auch gern eine warme Atmosphäre an Bord. Ich habe es sogar durchgesetzt, daß die Wand hinter dem Gästeplatz naturbelassen blieb, auf daß sich jedermann bei mir wohl fühle. Ich habe einen altkupfernen Blumenkrug auf dem Tisch stehen. Darüber hängt ein wunderschön gearbeitetes Buchsbaumkreuz aus dem achtzehnten Jahrhundert, das wohl in Tirol geschnitzt wurde. Diese kleine Kostbarkeit sollte mir viele verwunderte Blicke der heidnischen Engländer einbringen – heidnisch wenigstens, wenn es um Wohnkultur geht.

Aber noch ist es nicht soweit. Monate müssen noch vergehen bis zum Stapellauf. Die Werft würde ich noch zur Verzweiflung bringen mit meinen Sonderwünschen, dem Extrakt von dem, was alle anderen Segler als gut und richtig auf ihren Booten erkannt und beschrieben hatten.

HOBBY sollte Masttopp-Vorsegel bekommen. Das ergab sich aus der Anbringung der Passatbesegelung. Ich verstand darunter die beiden ausgebaumten Focks, die das Boot allein über den Atlantik ziehen sollten, sobald ich den Passatgürtel erreicht hatte. Auf Kielbooten hatte das bisher immer geklappt. Warum sollte es auf Doppelrumpfbooten anders sein? Ich hatte alle Systeme durchdacht. Die A.Y.R.S. hatte sich häufig mit Veröffentlichungen darüber beschäftigt. Auch hier suchte ich wieder aus jedem System die Rosinen heraus, buk dann aber meinen eigenen Kuchen, der allerdings wegen der veränderten Verhältnisse an Deck eines breiten Katamarans in eine besondere Backform gehörte.

Wichtig war, das fliegend gesetzte Vorliek der beiden Focks so nahe wie möglich an den Mast heranzubringen. Ich fand knapp vor den vorderen Fenstern an Deck eine Stelle, die stark genug schien, zwei große

Augbolzen zu halten. Darunter befand sich der Kettenkasten. Der Abstand von dort zum Mast würde ungefähr so groß sein wie der Spalt zwischen den beiden Segeln, im Grundriß also ein gleichseitiges Dreieck. Das ist wichtig, weil der Drehpunkt dieser beiden Segel nicht weit wegliegen sollte vom Drehpunkt der sie ausspreizenden Spinnakerbäume. Diese Bäume, die verhältnismäßig hoch am Mast sitzen müssen, um Achterliek und Unterliek der Fock gleichmäßig dicht zu bekommen, arbeiten ja ständig unter dem veränderlichen Winddruck. Sie schwingen mit dem Segel vorwärts und rückwärts. Lag der Drehpunkt des Segels nicht in der Nähe, sondern zum Beispiel im Extremfall beim Vorstag, dann verlor die Fock beim Vorschwingen die Spannung und mußte, statt dicht zu stehen, einen flatternden Bauch bilden. Diese beiden Vorsegel würden aber nicht nur die Aufgabe zweier Brauereipferde vor dem Bierwagen übernehmen, sondern zusätzlich auch die Aufgabe des Kutschers. Von der Nock der beiden Bäume führte über Blöcke je ein Ende zur Pinne: die einzig verläßliche Selbststeuerung, wenn man längere Zeit genau vor dem Wind segeln will. Ich hoffte es wenigstens. Über Erfahrungen damit auf Katamaranen hatte ich noch nichts gehört. Wie würden sich die beiden Vorsegel benehmen, wenn ich einmal nicht genau vor dem Wind segeln wollte?

Da ich schon zwei Vorsegel mit dazugehörigen Fockfallen haben würde, wollte ich auch zwei Vorstage. Doppelt hält besser. Außerdem könnte ich die Arbeitsfock immer angeschlagen lassen und würde nur jeweils Genua und Sturmfock gegeneinander austauschen müssen, wenn zum Beispiel das Genuawetter mehr ins Stürmische wechselte. Zum Auftuchen des arbeitslosen Segels bot sich die vorzügliche Bugkanzel an. Mit anderen Worten: Wenn ich die beiden gleichgroßen Arbeitsfocks fliegend im Passat setzen würde, hätte ich an den Vorstagen Platz, um Sturmfock und Genua angeschlagen zu lassen. Alle Segel also bereits an Ort und Stelle! Segelwechsel wäre nur noch eine Frage von Bergen und Setzen – jedenfalls in der Theorie.

Die ersten Versuche mit der Passatbesegelung fanden vor der englischen Küste statt. Ich fuhr weit hinaus, bevor ich sie setzte. Wer sich mit dieser Schmetterlingsbesegelung sehen läßt, gerät unweigerlich in den Verdacht, ein Weltumsegler werden zu wollen oder sich interessant zu machen. Dieser Versuch war nicht fehlgeschlagen. Die Segel bewegten die Pinne wie vorgesehen. Wenn ich erst die Radsteuerung mit ihren Drahtzügen und kraftfressenden Umlenkungen und Rollen auskuppeln würde, mußte es spielend gehen.

Nur erwiesen sich die beiden serienmäßigen Spinnakerbäume als zu kurz. Ich brauchte längere, damit das Tuch dichter stand. Es dauerte ein halbes Jahr, bis ich vom Hersteller endlich zwei dreieinhalb Meter lange Leichtmetallbäume erhielt. Sie waren aber nötig. Ich erkaufte mir damit einen ruhigen Schlaf und für Wochen vielleicht so etwas wie eine Erster-Klasse-Fahrkarte nach Westindien, Fensterplatz in Fahrtrichtung.

Einen der kürzeren Bäume behielt ich trotzdem an Bord. Zum Ausbaumen der am Vorstag angeschlagenen Fock hatte er sich besser bewährt. Außerdem war er vielleicht einmal nützlich. Aus drei Spinnakerbäumen mußte sich ein ganz gutes Notrigg herstellen lassen, falls der Mast einmal von oben kommen sollte.

So geschah es, daß achtern am Boot, hinter der blauen Cockpitpersenning, drei goldschimmernde Spinnakerbäume hingen, schön einer über dem anderen, die größeren genauso lang, wie das ganze Achterschiff breit war. Auch Zirkuswagen und Zigeuner auf der Landstraße schleppten so langes Zeltgestänge an der Außenseite von einem Marktplatz zum anderen.

Ich dachte einen Augenblick darüber nach, wo ich diese Bäume auf einem Kielboot derselben Länge untergebracht hätte. Aber das sollte meine Sorge nicht mehr sein.

Zum zweiten Fockfall gehörten zusätzliche Leitrollen und eine weitere Winde: Arbeiten, die man am besten selber macht. Wochenlang lebte ich auf dem Boot. Der Umgang mit Handbohrer, Schrauben und Schraubenzieher hatte längst über die ursprünglichen Blasen dicke Hornhaut wachsen lassen. Ich unterschied mich in nichts mehr von den Arbeitern auf der Werft. Sogar an das warme, bittere und schaumlose Bier hatte ich mich gewöhnt, das im Pub an der Ecke randvoll ausgeschenkt wurde.

Was gibt es nicht alles auf einem neuen Boot festzuschrauben oder sonstwie anzubringen! Unmöglich, das zu beschreiben. Wer selbst ein Boot hat, weiß es, ein anderer glaubt es sowieso nicht. Ich dachte bei jeder Schraube, die ich ins Holz bohrte, an meine frühere Absicht, ein GFK-Boot zu kaufen. Mangels Befestigungsmöglichkeiten hätte ich mir ein paar Kilo Schrauben gespart, aber für viele Dinge keine praktische Unterbringung gefunden.

Doch soweit ist es noch gar nicht. Ich bin wieder einmal zu stark vorgeprellt. Noch habe ich nur die ersten Raten zu bezahlen und darüber nachzudenken, wie ich den Rest beibringe. Ich verdränge diese Sorgen nur durch weitere ausgeklügelte »Extras«. An der Stummelpinne jedes Ruderkopfes ist eine Hülse anzubringen, damit man dort eine Ersatzpinne befestigen kann. Der Einbau von zwei Batterien ist beschlossene Sache: eine Batterie nur zum Starten des Motors, die andere nur für die Beleuchtung, beide aber bei laufendem Motor gleichzeitig aufladbar. Das ergab Schaltungsprobleme. Wasserdichte Schalter mußten gesucht werden. Batterietester baute ich zusätzlich ein. Sie sollten mir eine ständige Kontrolle der beiden Ladungen erlauben. Kurz vor dem Start schoß mir die Frage durch den Kopf, was geschähe, wenn eine hohe See den Außenbordmotor in Salzwasser tauchen würde. Dann waren im gleichen Augenblick beide Batterien kurzgeschlossen und wahrscheinlich hinüber. So baute ich in den letzten Tagen noch einen zweipoligen Hauptschalter für Niederspannung ein. Ein kleiner war nicht zu finden. Dieser hier hätte sich seiner Größe wegen auch auf der QUEEN MARY nicht zu schämen brauchen. Aber Platz war ja genug da.

Die größte Änderung mußte in der Kajüte vorgenommen werden. Was sollte ich allein mit sechs Schlafgelegenheiten? Eine Bank mußte gekürzt, der Niedergang in den Backbordrumpf weiter nach vorn verlegt werden. So wurde ein großer Raum frei für einen Kartentisch mit allem Drum und Dran. Vom Cockpit aus war er in zwei Schritten zu erreichen. Manchmal genügte schon ein Blick durchs Fenster. Die gesamten nautischen Bücher auf der Bücherablage darüber waren ebensogut von innen wie mit einem Griff von außen durchs Schiebefenster zu greifen. Unter dem Kartentisch befand sich eine ebenso ausladende Schublade, in der sämtliche Seekarten der Admiralität Platz gefunden hätten und keine einzige auch nur einmal gefaltet zu werden brauchte. So waren die Abmessungen. Das war ein Arbeitstisch für den Navigator, der auf jedem dreimal so großen Schiff Beifall gefunden hätte. Er überspannte praktisch den ganzen Backbordrumpf.

Darunter war noch Platz für einen Großteil der Getränkekisten. Außerdem hingen da, weil es der kühlste Platz war, die Hartwürste, der geräucherte Schinken und die Blutwurst für die Linsensuppe. Dort unten führten auch die Leitungen für das Geschwindigkeitslog nach draußen, für das Echolot und für die Erdungsplatte des Radios. Dabei ragte bereits ein Teil des Wassertanks dort hinein. Hier hatte ich wirklich Raum zum Stauen. Die Rucksackzeit war vorbei.

Zugegeben, als ich das Boot zum ersten Mal betrat, nackt wie es war, noch nicht belastet durch drei Kilo Schrauben und alles, was daran befestigt war, wirkte es wie ein schwimmender Kartentisch, um den ein Bootskörper herumgebaut worden war. Tom fragte belustigt, ob das die Bar würde und wo die Flaschen seien. Als dann das Boot aber ausgerüstet und wohnlich geworden war und jedes Ding an seinem Platz stand oder hing, als die nautischen Bücher, der Barograph und die sonstige Ausrüstung die Ablagen füllten, Kursdreiecke, Bleistifte und Farbstifte neben Zirkel und Gummi in einer langen Steckleiste so steckten, daß sie jederzeit griffbereit waren und nichts zuerst weggeräumt werden mußte – da wußte ich endgültig, daß ich auf dem richtigen Boot saß. Es war nur acht Meter lang, aber ich konnte das Beste aus ihm machen, so, als habe es die doppelte Länge.

Ich zählte die überflüssigen Schlafplätze. Im Vorschiff konnten vier Personen bequem schlafen, im Notfall auch sechs. Da das Boot nicht rollte oder Lage schob, würde man niemals an der Wand schlafen müssen wie die Mauersegler oder aus der Koje fliegen. Das war auch gar nicht möglich, denn die seitlichen Betten lagen etwas vertieft in den Rümpfen. Niemals würde ich so viele Dinge zu verstauen haben, wie hier untergebracht werden konnten. Im Salon, so nannte ich altmodischerweise den Mittelraum über der Brücke zwischen den beiden Rümpfen, waren zwei breite Bänke. Eine sollte während der Fahrt mein Schlafplatz werden, damit ich mit einem Satz im Cockpit war, wenn es darauf ankam. Die zweite Bank war bereits abgesägt worden. Aber immer noch konnten fünf Leute am Tisch sitzen und bequem essen. Ich hatte sie aber nicht an Bord. Nur Verpflegung hätte ich für fünf gehabt. Im Cockpit hätten sitzend sogar zehn Leute Platz, und es wäre immer noch Raum für zwei Pärchen zum Tanzen. Das nenne ich einen bequemen Pantoffel!

Ich erinnere mich an den Abend in Yarmouth. Eine kleine, aber auch wieder nicht so kleine englische Yacht hatte an einem Samstagabend neben mir festgemacht. Vier Personen an Bord. Die Waschschüssel stand im engen Cockpit, füllte es praktisch aus. Wer sich waschen wollte, stand unten im Boot, reckte sich durch den Niedergang ins Freie und wusch sich das Gesicht. Ich schämte mich damals, weil ich allein auf einem so viel größeren Boot saß. Sie hätten gern alle an Deck kommen und sich bei mir wie zu Hause fühlen können. Aber sie hätten den Vorschlag bestimmt abgelehnt.

Eine Veränderung hatte ich mit dem Steuerrad vor. Es war für meine Auffassung viel zu klein und wurde auch dadurch nicht größer, daß es am Rand Griffe besaß. Aus der Praxis kannte ich es gar nicht. Aber das ist der Vorteil, wenn man ein Boot nicht nach den Versprechungen einer Werft aussuchen muß, sondern auf Grund eigener Erfahrungen, die man vorher, auf größeren Yachten segelnd, sammeln konnte. Glücksburg war auch in dieser Richtung sein Geld wert. So wußte ich denn auch, was ich wollte, als ich das größere Rad in Schottland bestellte, eins mit umlaufendem Metallring. Es ließ gerade noch soviel Raum, daß die Tür aufging. Die Fingerkuppen sachte auf seinen Ring gelegt, ließ sich das Boot später spielend und mit viel Gefühl steuern. Dabei war das nicht die Hauptsache. Der eigentliche Vorteil zeigte sich erst, als ich die Radsteuerung festzurren mußte, wenn die Selbststeueranlage das Steuern mit dem Hilfsruder übernahm. Da bot sich eine zusätzliche Feineinstellung an, indem ich die Zurring auf dem Außenring ein wenig verschob. Ich änderte damit die Stellung der beiden Hauptruder um eine Kleinigkeit. Das war einfacher und genauer, als die Windfahne nachzustellen.

Auf derselben Seite wie der Kartentisch lag auch der kleine Raum mit eigener Tür, anderswo »Örtchen« genannt. Dort war alles, was hineingehört, einschließlich einer niedlichen Waschschüssel für die Fingerspitzen, mit fließendem Wasser selbstverständlich, solange eine Hand pumpt und sich die andere inzwischen selber wäscht. So war das wohl gedacht. Wie überall in der Mitte der Rümpfe, waren auch hier beinahe zwei Meter Stehhöhe. Also eigentlich ein Repräsentationsgebäude. Ich erinnerte mich: Für irgendein kleines Kielboot warb eine Werft stolz mit dem Versprechen: »Sitzhöhe«!

Trotzdem warf ich alles zusammen hinaus. Besser gesagt: Ich ließ es gar nicht erst einbauen. Der unnütz gewordene zweite Tank sollte an den Steuerbordtank angeschlossen werden. Warum ich so wütete? Vielleicht finde ich später einmal den Mut, mich darüber näher zu äußern, wenn wir erst weit draußen sind, wenn ich Seebeine bekommen habe, mein Leser mit mir allein ist und uns niemand zuhört.

Der Raum würde weiterhin Waschraum bleiben, was sich im Hafen als nützlich erweisen sollte. Hier hing der einzige Spiegel an der Wand, und auf einem Bord befanden sich all die netten überflüssigen Dinge, die ich vom häuslichen Toilettentisch in den Seesack geräumt hatte und von denen ich mich so ungern trennen wollte.

Hat noch jemand Zweifel am Raumüberfluß? Hiermit ist wohl alles gesagt: zwei Kubikmeter umbauter Raum für eine Seifenschachtel.

Damit bin ich auch am Ende der Liste aller Extras. Es ehrt die Werft, daß sie alle Wünsche erfüllte, ohne zu murren. Eins habe ich noch vergessen: In die Wand hinter dem Gästeplatz ließ ich ein Bücherbrett einbauen.

Welche Auswüchse eine gutvorbereitete Atlantiküberquerung bei einem solchen Raumüberschuß zeitigen kann, soll uns ein Blick in dieses Bücherschapp lehren. Treten wir näher! Hier standen Kochbücher für Segler, Kochbücher für Feinschmecker, Kochbücher in Deutsch, Italienisch, Französisch und Englisch. Spezialbücher über die Zubereitung von Fischen und Schalentieren und nochmals alles über Seefische. Hier fanden sich sämtliche Dr.-Oetkers-Rezeptbücher ein. Hier lag ein Ordner mit interessanten Rezepten aus Zeitschriften. Constanze probiert für Sie! Viele Bayerhefte lagen hier, natürlich auch »Kochen mit Wein« und die »Gewürzkunde«. Sogar ein Einmachbuch war darunter. Ich dachte wohl ans Nahrungshorten, sollte ich auf einer einsamen Insel stranden. Kurzum, ein Boot mit Hotelküche, ausgerüstet wie von einem Junggesellen, bereit zu jeder Robinsonade – aber gute Küche vorausgesetzt. Geschirr aus rostfreiem Stahl mit aufgeschweißtem dickem Boden, fast so teuer wie ein Sextant, aber leicht auszuwaschen und zu pflegen und vielleicht auch Gas sparend. Eine Pfanne zum Fischdünsten war da, so groß, daß ein Barrakuda nicht einmal den Schwanz einzuziehen brauchte. Dazu gehörte Markenporzellan. Niemals ging ein Teller entzwei. Sie standen unterwegs zum Teil auf der Abtropfe, die an der Wand hing wie zu Hause. Die Schubladen waren gefüllt mit allem, was der Hausfrau das Leben erleichtert, Elektrogeräte ausgeschlossen. (Gerade ließ ich mich noch davon abhalten, einen Staubsauger für Batterieanschluß zu kaufen. Ich würde nicht in staubige Gegenden kommen.) Schaschlikspieße waren da und sogenannte Austernöffner mit kurzer Klinge – letztere nur für den Fall, daß meine Reise schon bald hinter dem Mont St. Michel zu Ende sein sollte. Daran glaubte ich aber nicht im Ernst, sonst hätte ich in Cherbourg bestimmt ein paar zollfreie Flaschen Muscadet an Bord genommen.

Gewürze gab es natürlich nicht nur in den Büchern. Sie standen auch wirklich in langer Reihe über der Anrichte: McCormick wie im Supermarkt. Nicht wahllos eingekauft, sondern nach Gewürzplan vorausschauend ausgewählt, natürlich besonders viele Gewürze für einen guten Fischsud. Das steht auch nicht in der »Seemannschaft«.

Es hatte seinen guten Grund, warum ich nicht nur einen Musterkartentisch besitzen wollte, sondern auch eine Mustergalley. Kurz vor der Reise schnitt ich noch Berge von Schnittlauch und Petersilie klein und legte sie getrennt mit Salz in große, verschließbare Gläser. Mochte dann die Hühnerbrühe aus der Dose sein, der grüne Schnittlauch, der obenauf schwamm, war immer noch aus meinem Garten – und das zu einer Zeit, da das Kreuz des Südens schon über der Kimm auszumachen war. Über den Ozean segeln ist unter Umständen gar kein großes Kunststück. Aber gleichzeitig menschenwürdig leben, und dazu gehören auch Essen und Trinken – da beginnt die Schwierigkeit.

Ich segelte einmal auf einem berühmten Schiff um England herum, mit fünfzehn Leuten, alle vom Schreibtisch weggelaufen und zu Hause verwöhnt. Am ersten Tag gab es Eintopf mit ziemlich viel Sellerieblättern, am zweiten Tag wieder. Sellerie als Gewürz habe ich gern; aber Sellerie als Spinat! Wir segelten gerade an Skagen vorbei. In der Kreuzsee mußten wir Reffs einbinden. Da wurden zuerst unsere Gesichter gelb und grün, dann sahen wir das Selleriegemüse wieder. Ich weiß nicht, wie lange der Vorrat an Sellerieblättern reichte. Am Anfang der Reise war das Beiboot voll davon. Mir genügte ein Blick auf die festgezurrte Persenning des Beibootes, um mir den Magen neuerdings umzudrehen. Sellerie stand da in der Wirkung auf gleicher Stufe wie warmer Dieselgeruch.

So kann man eine Mannschaft langsam verhungern lassen und dabei wertvolle Hände bei Manövern verlieren. Ähnlich beliebt sind Ravioli in Tomatensoße. Wer sich das ausgedacht hat, dem sollte auf Lebenszeit die Einreise nach Italien verboten werden. Ravioli sind das beste, was es geben kann, aber natürlich hausgemacht in Bologna, Florenz oder Rom.

Damals begriff ich, wo das Übel lag. Ich nahm mir fest vor: Sollte ich jemals auf einem eigenen Boot im Suppentopf rühren, dann würde ich auch nicht seekrank werden. Sollte es aber trotzdem einmal geschehen, dann würde ich mich mit geeigneter Kost auf schnellstem Weg wiederherstellen. Ich rechnete mit dieser Möglichkeit. Deshalb hatte ich Kinderbreipulver an Bord, Gerichte für Magenkranke, besonders leicht verdauliches Kraftfutter und Kamillentee. (Nur das Diätbuch vergaß ich, fällt mir eben ein.) An Bord und allein konnte ich es mir nicht leisten, von Kräften zu kommen.

Aber zum Essen gehört in erster Linie Appetit. Deshalb hatte ich auch keine Kartoffeln an Bord. Zu viele hatte ich schon schälen müssen. Ich hatte Reis und eine Reisrandform, um ihn körnig dünsten zu können, wie das die Chinesen lieben. Ich hatte Spaghetti aus Italien, weil ich die guten italienischen Soßen und Ragouts dazu so liebe und sie dank vieler Reisen in den Süden selber zubereiten kann. Ich hatte Polentamehl, also grob gemahlenes Maismehl, das nur fünf Minuten zu kochen braucht, nachdem es einmal angerührt ist. Um seine Bedeutung zu ermessen, muß man es selbst an Bord ausprobiert haben. Natürlich hatte ich Kartoffelbrei in Pulverform, besonders, um gewisse Suppen etwas dicker zu machen. Auch Pfanniknödel waren an Bord und Kartoffelpuffer in Pulverform. Aber letztere erwiesen sich beim Braten als nicht »shipshape« genug für meine Nase. Sicher waren sie unschuldig daran. Es lag am Öl. (Wir werden bald hören, warum.) Die Zubereitung der Klöße dauerte am längsten. Alles andere stand in fünf bis fünfzehn Minuten auf dem Tisch.

Diesen Weg des geringsten Widerstandes wollte ich weiter ausbauen. Es wäre dumm gewesen, sich mehr zuzumuten als zur Erreichung des Zieles unbedingt erforderlich. Trotzdem würde es noch hart genug werden.

Ich dachte dabei an eine meiner ersten großen Bergfahrten. Ich war siebzehn, jung und tatendurstig. Kein Berg schien mir zu hoch, keine Wand zu steil und keine Eisrinne gefährlich. Es war an der Watzespitze im Kaunergrat. Ich hatte das Glück, auf der Schutzhütte einem erfahrenen älteren Bergsteiger zu begegnen, der offenbar ebenfalls das Buch von den Bergvagabunden gelesen hatte. Wir verbanden uns am nächsten Morgen mit dem Bergseil. Er ließ mich am Anfang vorangehen. Ich suchte nicht den einfachsten Weg, ich war behend und überwand leicht Schwierigkeiten, die man ebensogut hätte umgehen können. Das sagte er mir, während wir auf einer Felsnase verschnauften: Große Bergfahrten blieben immer ein schwieriges Unterfangen mit ungewissem Ausgang, auch auf dem leichtest möglichen Weg. Niemals freiwillig das Risiko steigern! Erst prüfen und abwägen und dann den leichtesten Weg einschlagen. Dann darf dieser Weg ruhig auf der schwiersten Seite des Berges zum Gipfel führen. Blieb sich nicht alles gleich, Berg und See?

Mit dieser Auffassung ging ich auch an das Problem der Seekrankheit heran. Ich gehöre zu denen, die sich zu Tode übergeben können, wenn sie einmal damit angefangen haben. Die nichts mehr ersehnen als das Zusammenschlagen der Wellen über dem Deck, damit alles bald ein Ende hat ...

Werftneues Schiff, billig zu verkaufen

Ich erinnere mich nur zu gut an meinen ersten Segeltag allein mit HOBBY. Das Boot lag in Christchurch Harbour. Dorthin hatten Tom und ich es von Southampton gemeinsam gesegelt, bei wenig Wind, ohne Seegang und bei bestem Wohlbefinden meinerseits. Nun sollte es fertig ausgerüstet werden. Die drei Kilo Schrauben waren schon an Bord. Noch nicht an Bord war die Apotheke. Ich glaubte auch noch an die Werbung der Werft: Kauf deiner Frau dieses Boot, wenn sie auf einem anderen seekrank wird! Katamarane rollen nicht, deshalb wird man auch nicht seekrank. Das leuchtet ein. Auf zwei Beinen steht es sich leichter als auf einem.

Die hatten aber nicht mit mir gerechnet.

Für den nächsten Tag hatte ich mir die erste Probefahrt vorgenommen, ganz allein an Bord. Der Weg aufs Meer führt dort durch einen schmalen, flachen Durchlaß, der nur bei Flut schiffbar ist. Zweimal am Tag ist an der englischen Südküste Hochwasser. War ich erst draußen und wurde seekrank, dann blieb ich für zehn Stunden ein Spielball der Wellen, bis das Wasser wieder tief genug war, daß der Durchgang heimwärts frei wurde. Zehn Stunden allein, seekrank wie gehabt, das konnte auch bedeuten: Scheitern vor der Küste, futsch der Traum und ein kleines Vermögen. Falls die Schwimmweste hielt, was sie versprach, und ich jemals wieder zu Geld kommen sollte, würde ich dann als nächstes HOBBY ganz sicher nur noch ein kleines Haus bauen, auf dem festesten Felsen in Tirol.

Abgezählte fünfundzwanzig Minuten nach Verlassen der Durchfahrt bekam ich eine gelbe Nase. Ich war hinausmotort, weil der Wind genau entgegenkam. Draußen hatte ich Segel zu setzen. Alles war neu für mich. Noch wußte ich nicht genau, welches Fall wo belegt werden mußte. Das Vordeck sauste auf und ab beim Klarmachen der Fock. Das war fremd und beängstigend. Das Boot hüpfte während dieser Arbeit unkontrolliert von Wellental zu Wellental. Kurze Wellentäler! Einmal war der Steuerbordrumpf oben und der andere unten, im nächsten Augenblick war es umgekehrt. Doppelrumpfboote rollen zwar nicht. Aber auch dieses neuartige Schaukelgefühl hatte es in sich. Es gab bloß noch keinen Seemannsausdruck dafür. Dazu war das Segeln im Doppelrumpfboot noch zu jung. Aber als ich diese Zusammenhänge entwirrte, war mir längst die Lust am Blödeln vergangen.

Inzwischen klemmten die Rutscher vom Großsegel in der Laufschiene, weil ich noch kein Lanolin hineingestrichen hatte (das wasserfreie, falls sich jemand eine Zettelkartei anlegen will). Die Fockschot lief auf der falschen Seite an den Wanten vorbei, obwohl ich schon hätte wissen sollen, daß sie nach innen gehörte. Die ersten Fehlleistungen! Ich glaube, ich arbeitete bereits mit geschlossenen Augen, um diesen neuen Schaukelstil nicht länger mit ansehen zu müssen. Ich hoffte immer noch, es würde besser werden, sobald wir in Schwung kämen und mit sagenhafter Katamarangeschwindigkeit über alle diese Unebenheiten hinwegfliegen würden.

Denkste! Wir kamen in Schwung, aber das Gleichgewicht fand ich nicht wieder. Es folgte, was sich nun nicht mehr aufhalten ließ; ich kann mir eigentlich die Schilderung sparen.

Ich barg noch die mühsam gesetzten Segel und lotete mich vorsichtig an die flache Küste heran, bis ich ankern konnte. Auf dem Vordeck sah es böse aus. Ein Glück, daß die Ankerkette von allein ins Wasser fiel! Die Knie knickten mir ein, als seien sie Strohhalme. Das war eine neue Erscheinung, wahrscheinlich, weil ich bei früheren Gelegenheiten an diesem Punkt bereits um nichts in der Welt mehr aufs Vordeck zu bringen gewesen wäre. Man konnte das auch als Fortschritt nehmen. Meine Augen suchten am Horizont eine ruhige Linie, aber irgendwo schob sich immer ein schaukelndes Stück Boot ins Bild. Wie haßte ich jetzt diese Relingleiste ums Cockpit! Ich litt körperliche Augenschmerzen. Auch das war neu. Die Relingleiste wirkte wie ein Zahnstocher, quer durchs Auge gesteckt. Es war schlimmer als je zuvor, und die moralische Wirkung glich einer ausgewachsenen Depression. Ich schlief wie tot auf der Bank im Cockpit, die Sonne schien heiß, aber ich hatte Schüttelfrost.

Als ich nach Stunden zu Selbstgesprächen fähig war, fragte ich mich, zu welchem Preis ich das neue Schiff wieder losschlagen konnte. Ganz egal, zu jedem Preis! Darauf machte ich mich auf die Suche nach dem Kamillentee. Aber der war da, wo auch die Pillen noch waren: an Land!

Im Grunde genommen war gar nichts Neues passiert. Ich war immer seekrank geworden, manchmal auch mit Pillen. Trotzdem hatte ich mir dieses Boot gekauft. Ich war nicht gestrandet damit. Ich würde nicht nachgeben. Das dachte ich aber erst am nächsten Abend, als ich nach glücklicher Rückkehr in den Hafen den ganzen nächsten Tag in tiefer Erschöpfung verschlafen hatte.

Die Rettung nahte in Form eines neuartigen Dragees mit Langzeitwirkung, das ich in den nächsten Tagen ausprobierte. Es hatte eine merkwürdige Wirkung auf mich: Es entkleidete die Wellen ihres schaukelnden Aussehens. Übrig blieb darunter die nackte Wellenmechanik, ein interessantes physikalisches Prinzip, wie es schien, aber nur am Rande von Bedeutung. Nach diesem eigenartigen Entkleidungsakt glänzten meine Augen: Wellen waren fotogen geworden!

Ich taufte den Retter in der Not von »Reisegold« in »Segelgold« um (Segelgold macht Segeln hold!), kaufte jede Menge davon und war fest entschlossen, mich eher damit zu vergiften als nachzugeben. Amerika war für mich ein ganzes Stück näher gerückt. Wie durch den Nebel eines Joints sah ich das Ziel meiner Träume schon greifbar nahe.

Dank der Langzeitwirkung reichte eine Tablette fast einen Tag lang. Sollte sich irgendwann bemerkbar machen, daß besagtes physikalisches Prinzip aus der Enge seiner Formel zu springen drohte und plötzlich wieder andere Züge annahm, dann blieb immer noch Zeit, zum nächsten Dragee zu greifen. Es war niemals zu spät. Wir werden davon noch hören.

Man spricht so viel von Seebeinen, die einem mit der Zeit wachsen. Ich glaube, man sollte sich eher Seeaugen wünschen. Es ist zum Großteil Angst, die durchs Auge eindringt und im Hals würgt. Angst vor dem Ungewissen, vor dem nicht Alltäglichen, Angst vor dem schaukelnden Halt, an dem man sich festklammern muß. Dieselbe Angst, die sogar Tiere während eines Erdbebens in panischen Schrecken versetzt; Angst einfach vor der ungewohnten Lebensweise. Warum zeigen sich sonst dieselben Anzeichen bei der Bergkrankheit?

Nicht alle, aber viele müssen dafür bezahlen, daß sie den angestammten Boden verlassen, vom Gebirge zur See und von der See ins Gebirge gehen. Wir sind mit unserem Lebensraum mehr verwachsen, als wir wahrhaben wollen. Es steigt dann eine Urangst in uns auf, die wir selten als solche fühlen, die sich aber deutlich zu äußern weiß, wenn wir den vertrauten Boden verlassen, auf dem wir aufgewachsen sind. Ich glaube jedenfalls daran. Deshalb streue ich auch frischen Tiroler Schnittlauch auf die Fleischbrühe mitten im Atlantik.

Ein Abenteuer? Dann aber bitte mit Atmosphäre!

Ich bin froh, daß ich mit diesem Kapitel so früh zu Ende gekommen bin und nun bald das Petroleumlicht für eine Weile auslöschen kann. Den Leser, falls er mir bis hierher geduldig gefolgt ist, plagen die Mücken nicht, die sich um das Licht meiner Lampe sammeln, magisch angezogen aus dem Mangrovenwald, der das Ufer säumt. Leider genügt ihnen das Licht nicht allein. Ich bin zum Nährvater aller Mücken der Mangrovenbucht geworden. Wahrscheinlich schätzen sie die Abwechslung. Ich habe es mit Räucherspiralen versucht und mit Einreibemitteln. Aber den Gastod scheuen diese Bestien nicht, und das Einreibemittel ist längst verbraucht. Ich lebe ja seit Wochen nur noch in der Badehose. Vielleicht sollte ich es mal mit Rum versuchen (innerlich natürlich)? Außer mir klagt hier selten jemand über Mücken. Aber diese Seitenbucht ist dem Wind nicht so sehr ausgesetzt wie der übrige Hafen; das wird es ausmachen.

Hinter dem Mangrovendickicht steigt der Hang an, bis er sich zwischen flachen Hügeln verliert. Auf einem dieser Hügel steht Nelsons Pulvermagazin, ein massiver Turm, der auch heute noch jedem Bombenalarm unerschütterlich entgegensehen würde. Um ihn herum hat sich Commander Nicholson sein Heim gebaut, eine Seemannsbleibe für die alten Tage, voll Herz und Humor, einschließlich der durchsichtigen Badewanne, die nach unten den Blick auf elektrisch beleuchteten weißen Sand, bunte Muscheln und ausgetrocknete Seesterne freigibt. Auf dem anderen Hügel steht Clarence House, umgeben von einem reizvollen, exotischen Garten. Das ist die schönste Lage von English Harbour. Von dort überschaut man die Bucht mit allen ihren Verästelungen. Das Wohnhaus ist voller Erinnerungen, alter Gegenstände, Kupferstiche und Gemälde. Im viersäuligen Baldachinbett schlief bereits der erste Hausherr, Prinz William Henry, Herzog von Clarence und oberster Gebieter auf Seiner Majestät Schiff PEGASUS im Jahr 1784. Er war ein Mann nach Nelsons Geschmack, hielt die Mannschaft zusammen und verstand was vom Segeln. Als Seglerkönig William der Vierte setzte er sich später auf den englischen Thron.

Diese vergangene Zeit lebt zweimal pro Woche wieder auf. »Son et lumière« hat sich auch hier Bahn gebrochen. Am Hang oberhalb der Moskitomangroven sitzen die Zuschauer wie im Freilichtkino auf langen Stuhlreihen. Drüben in Nelsons ehemaliger Werft erstrahlen die Gebäude in vielfältigem Scheinwerferlicht, wechselnd in verschiedenen Farben. Eine Feuersbrunst bricht aus, deshalb wird es rechter Hand so rot. Die am Ufer liegenden Boote bilden unfreiwillig einen blassen Abklatsch von dem, was seinerzeit hier wirklich an stolzen Schiffen vor Anker lag. Aus Lautsprechern dröhnen Befehle, Rufe, später Musik. Ein bißchen dramatische Handlung läuft auf dem Tonband ab. Die Besucher finden es »marvellous«.

Ich habe das Gefühl, daß heute abend die Mücken besonders lästig sind. Vielleicht bin ich auch hungrig. Ich will mir aus dem restlichen Reis vom Mittag einen Auflauf machen. Da fällt mir ein: Ich habe ja bisher meinen Küchenherd verheimlicht! Ja, es ist kein Kocher, wie man so etwas auf Booten nennt, ein- oder zweiflammig, kardanisch aufgehängt. Kardanische Aufhängung ist auf einem Katamaran überflüssig. Der Herd gehört eigentlich in einen Wohnwagen. Eine verchromte Schlingerleiste zum Einfangen davonlaufender Töpfe macht ihn hochseetüchtig. Er besitzt zwei Kochstellen, darunter einen Toaster oder Grill. Das Wichtigste daran ist das Backrohr. Jetzt ist der Reisauflauf drin. Ich hänge immer eins der feuchten Wischtücher über den Herd, bevor Damen an Bord kommen. Denn sobald sie ihn entdecken, wollen sie mich nicht mehr verlassen.

Frei nach Lloyd's führt eine Kupferleitung zur Gasflasche im abgedichteten Verschlag unter einer Cockpitbank. Entweichende Gase finden über ein tiefliegendes Loch in der Bordwand nach draußen. Die sogenannte Durchreiche im Querschott, das Cockpit von Galley trennt, liegt so geschickt, daß es einem leichtfällt, sich nach Lloyd's zu richten und immer zuerst die Gasflasche zuzudrehen und nach dem Verlöschen der Flamme auch den Hahn am Herd. Wieviel Gas unter Druck sonst im Rohr verbleibt und langsam irgendwo heraussickert, davon kann man sich leicht überzeugen, wenn man es einmal umgekehrt macht.

Niemals darf man vergessen, nach dem Haupthahn auch noch den Hahn am Brenner zuzudrehen. Solches Versäumnis wird gefährlich, sobald man das nächste Teewasser im großen Kessel aufsetzt, den Haupthahn wieder aufdreht und dann eine Weile die Streichhölzer sucht. Besonders Pech hat man, wenn man während der Streichholzsuche einen Blick auf den Herd wirft, den aufgedrehten Hahn sieht, sich an die Stirn greift im Glauben, man habe ja schon angezündet, und sich für die Wartezeit schnell noch eine Zigarette mit den inzwischen gefundenen Streichhölzern ansteckt. Das tat ich nicht, weil ich mir das Rauchen gerade wieder abgewöhnt hatte. Aber als ich mich dann das zweite Mal, nur etwas heftiger, an die Stirn tippte, verzichtete ich vorerst doch auf heißes Teewasser, ließ möglichst lange frische Luft durchs Boot streichen und hielt mich die nächsten Stunden an Backbord auf. Daß man sozusagen ein zweites Schiff zum Umsteigen dabei hat, ist auch so ein Vorteil von Doppelrumpfbooten!

Ich habe auf dieser Reise meinen kleinen Herd lieben und schätzen gelernt. Besonders das Backen von Pasteten im Rohr oder das Dünsten von Fisch im eigenen Saft, lediglich in Alu-Folie gewickelt, möchte ich niemals mehr missen. Ich denke gern an die Zeit in England zurück. Wie viele Makrelen sind diesen einfachen Weg gegangen, direkt vom Angelhaken ins Backrohr! Gesäubert natürlich, mit Salz, Olivenöl und Zitrone eingerieben, ein Lorbeerblatt, ein Pfefferkorn und eine Wacholderbeere als Beigabe. Das Silberpapier mit Kopf und Gräten geht anschließend in den Müll. Wieder einmal Abwaschen und Aufräumen gespart! Die Backschafter sollen auch ihren Landgang haben, sobald der Anker fällt.

Und wie gut kann erst ein Reisauflauf sein, wenn er aus der Röhre kommt! Reisauflauf? Den hätte ich jetzt beinahe im Backrohr vergessen!

Ich fürchte, wir werden noch lange nicht in See gehen, wenn ich weiterhin mein HOBBY so liebevoll beschreibe. Wenigstens dürfte inzwischen deutlich geworden sein, warum HOBBY keinen anderen Namen bekommen konnte. Irgendwann muß ich ja etwas von den Vorbereitungen erzählen, damit auch der auf seine Kosten kommt, der sich vielleicht erst jetzt dazu entschlossen hat, den Rucksack an den Nagel zu hängen und nun im Begriffe steht, den Muskelkater in den Waden mit weichen Knien auf dem Vordeck einzutauschen. Jetzt liegt das Schiff noch im Hafen. Wer weiß, ob wir später noch Zeit übrig haben, das Versäumte nachzuholen oder uns dazu imstande fühlen!

Würde ich auch ein Tagebuch führen können? Bisher hatte ich auf See immer die widerlichen Zahnstocher in die Augen bekommen, wenn ich versuchte, ein Buch zu lesen. Um wenigstens Logbuch und astronomische Berechnungen bewältigen zu können, hatte ich entsprechend vorgesorgt. Aber würde ich noch Lust empfinden, das täglich Erlebte niederzuschreiben, oder wäre mir dann alles egal? War es nicht auch viel wichtiger, ich würde jede freie Minute »abschalten« und mich erholen? Bei ganz dickem Wetter käme ich sowieso nicht zum Schreiben.

Die Lösung bot sich in Form eines Tonbandgerätes an, das noch gar nicht auf dem Markt war. Aber auch mein Boot war damals noch nicht bestellt. Ich arbeitete nur vor. Ich konnte tatsächlich seit Jahren keinen Gegenstand mehr betrachten, ohne nicht unbewußt oder auch sehr bewußt seine Brauchbarkeit an Bord zu überdenken. Auf einer Industrieausstellung hatte sich eine Firma eine besondere Werbung einfallen lassen. Ein Fallschirmspringer war unterwegs zwischen Himmel und Erde und sprach dabei seinen Erlebnisbericht auf Band. Ein Gerät, das bei einem solchen Fall nicht ins Zittern geriet, würde auch bei mir nicht das Fürchten lernen und gewiß eine ruhige Aufnahme liefern.

Ich würde mich liegend ausruhen können und in dieser Zeit alles festhalten, was sich vorher ereignet hatte. Das könnte auch um Mitternacht und ohne Licht sein. Ich würde sogar unter gewissen Vorkehrungen eine lebensechte Schilderung im Cockpit geben können, wenn das dicke Wetter eines Tages doch kommen sollte. Würde ich dabei weiche Knie kriegen, müßte mein Bericht nicht unbedingt abgebrochen werden. Ich würde mich vielleicht unter Stöhnen fragen, wann denn nun der ganze Jammer ein Ende habe. Aber die Spule würde sich unterdessen weiterdrehen, und meine Klage wäre nicht spurlos in den Wind eines ausgereift schlechten Segeltages gestöhnt, sondern fände nach Wochen wahrscheinlich ergötzte Zuhörer. Ich dachte auch daran, daß es für mich selber eine gute Kontrolle wäre. Es könnte nicht so leicht geschehen, daß ich mich selbst betrog und nach der Reise alles nur schwarz oder rosa sah. Wenn ich unterwegs sagen sollte: »Zum Teufel mit der ganzen Ozeansegelei!«, dann wäre das für mich immerhin genauso bemerkenswert wie die Klage an einer anderen Stelle: »Wie schade, daß diese Urlaubsreise nun bald zu Ende geht!«

Mit anderen Worten: Ich war dabei, mich mit eigenen Aussprüchen selber festzunageln. Dieses Tonbandgerät würde mich begleiten. Es würde mir Gesellschaft leisten wie ein guter Mensch, der alles auf sich abladen läßt, Freude und Ärger, Hoffnung und Furcht, Zuversicht und Verzweiflung. Ich würde auch nicht das Sprechen verlernen. Ja, ich könnte mich sogar selbst sprechen lassen. Welche Idee, eine wohlvorbereitete autosuggestive Rede zum Ankurbeln der letzten Kräfte bei Bedarf immer wieder ablaufen zu lassen!

Sie kam mir aber nicht.

Doch eine andere Idee war mir einmal gekommen und hatte sich längst bewährt. Sie könnte eine gute Hilfe sein für jemand, der – verschlüsselt oder im Klartext – gemorste Wetterberichte mitschreiben will, die alle paar Stunden von den Wetterstationen ausgesandt werden. Wo, das steht im Nautischen Funkdienst. Ein Laie wird nur nach langer Übung und absolut ungestört imstande sein, der Geschwindigkeit des Gebers zu folgen. Auch ich komme nicht auf über hundert Buchstaben in der Minute. Das ärgerte mich, als ich den Nachrichtendienst der russischen Nachrichtenagentur abhörte und dabei kläglich versagte. Dabei geht es so einfach! Es gehört allerdings ein Gerät mit zwei Laufgeschwindigkeiten dazu oder auch eins von den einfachen, bei denen die Tonhöhe auf dem Umweg über die Laufgeschwindigkeit reguliert wird. Dann nimmt man mit dem schnellen Lauf die Zeichen auf und läßt sie mit der halben Geschwindigkeit abspielen. So wird auch ein TASS-Funker von 120 auf 60 Zeichen in der Minute heruntergeholt.

Dazu kommt ein anderer Vorteil: Man kann den Bericht so lange immer wieder mitschreiben und kontrollieren, bis er absolut fehlerfrei dasteht. Auf einem kleinen Boot auf See würde ich immer dieses Zeitlupensystem anwenden. Ich jedenfalls werde viel zu tranig, als daß ich unterwegs noch einen brauchbaren Wetterbericht auf andere Weise mitschreiben könnte.

Einem Anfänger dürfte es nicht so schnell gelingen, Klartext festzuhalten, auch weil man immer wieder versucht ist, während des Schreibens mitzulesen und zu raten, wie es weitergeht. Das läßt einen bestimmt den Faden verlieren. Dagegen ist es ziemlich einfach, die systematisch geordnete Zahlenreihe von 1 bis 0 ins Gehör zu kriegen. Am geruhsamsten ist die Null mit fünf Strichen, aber es gibt auch Sender, die dieses Zeichen zu einem einzigen Strich verkürzen, weil jeder Strich Sendeenergie bedeutet. Zahlensendungen muß man natürlich entschlüsseln; aber das ist ein schönes Unterhaltungsspiel. Eine entschlüsselte Wetteranalyse nach FM 45 belohnt einen dafür mit einer erstklassigen Wetterkarte. Der Nautische Funkdienst enthält mehr darüber. Noch ausführlichere Unterlagen und Arbeitsbeispiele kann man beim Seewetteramt in Hamburg beziehen.

Ich hatte überdies dreißig Kilometer bespielte Tonspur dabei und schleppte darauf einen guten Teil der klassischen Musik nach Amerika, angefangen bei J. S. Bachs Suiten für Violoncello bis zu Beethovens letzten Streichquartetten. Das Tonbandgerät war eigentlich eine Reportermaschine und ließ sich an die Batterie anschließen. Zur Verfeinerung hatte ich einen Außenlautsprecher dabei, der auf dem Kartentisch den besten Resonanzboden fand. Außerdem wirkte das ganze Sperrholz vom Salon und Verdeck wie der Holzkörper eines Konzertflügels. Der Konzertsaal war auf HOBBY vollkommen. Trotzdem liebte ich mehr die intime Kammermusikatmosphäre: Vorhänge heruntergelassen, in alten Bronzeleuchtern Kerzen am Tisch, deren warmer Schein über den kupfernen Blumenkrug zum dunkelpolierten Holz neben dem Bücherbord sprang, sich dort in der Glasscheibe des alten Kupferstichs der Isle of Wight spiegelte und auf diesem Weg die Gemütlichkeit des kleinen Raumes umriß. Die Stimmung war nicht mehr zu übertreffen, wenn die Verzauberung unter den Klängen eines Haydnschen Streichquartettes vollkommen wurde. Leider waren diese genußreichen Stunden nur an langen Hafenabenden möglich. Unterwegs war es zu laut dazu.

Wir müssen nun wieder etwas Ordnung in den leider betrüblich durcheinandergeratenen Zeitablauf bringen, damit nicht noch einmal der Reisauflauf in Antigua anbrennt, während unsere Gedanken an den gebackenen Makrelen im Solent hängen und dann als Ersatz dafür »Eine kleine Nachtmusik« geboten wird.

Die Schuld hat manchmal auch der Weihnachtsmann

Es ist Frühjahr 1967 geworden. April. Vom Winterlager sind wir wieder in den Mud von Christchurch Harbour zurückgekehrt. Noch hat sich kein Isländisches Frühlingshoch bemerkbar gemacht. Das ist auch gut so. Die Fabrik denkt immer noch über die Herstellung von zwei dreieinhalb Meter langen Leichtmetallbäumen nach. Die übrige Ausrüstung treibt jedoch ihrer Vollendung entgegen. Es geht jetzt nur noch um Essen und Trinken. Verderbliche Lebensmittel kommen natürlich erst zuletzt an Bord. Aber ich will ruhig diese ganze Zeit zusammenfassen, wir müssen ja im Juni schon lossegeln.

Fangen wir beim Eßbaren an! Ich kann nicht umhin, zuerst einmal den Hut vor den Alleinseglern zu ziehen, die mit achtzig Kilo Kartoffeln, dreißig Kilo Zwiebeln und einer Kiste voll Fleischdosen zu Ozeanüberquerungen aufgebrochen sind. Sie taten das nicht um des Vergnügens willen, sondern weil nicht mehr Geld übriggeblieben war, nachdem das Boot endlich im Wasser lag. Mir würde es eher umgekehrt gehen. Ich hätte eine erstklassige Ausrüstung zusammengekauft und dann kein Geld mehr für die letzten Bootsraten.

Einige dieser Besessenen hatten dann zusätzliches Pech. Beim einen versagte der Kocher unterwegs, beim anderen geriet er in den ersten Tagen in Brand und mußte über Bord geworfen werden. Um nicht in dieselben Schwierigkeiten zu geraten, hatte ich zusätzlich einen Benzinkocher und einen kleinen Gaskocher dabei, diesen mit angeschraubter Gasflasche. Der Primuskocher war schon beim Reisdünsten am Montblanc dabeigewesen. Ich nahm ihn eigentlich nur mit aufs Boot, weil er mir zu Hause bloß noch im Wege stand. Ich nahm viele Dinge mit, die ich auf der Überquerung gar nicht brauchen würde. Aber mit der Überfahrt war es ja nicht getan. Welche Verhältnisse würden mich drüben erwarten? Würden die westindischen Kupplungen der Gasflaschen, falls es solche überhaupt gab, auf mein englisches Gewinde passen? (Nein! »Diese Flaschen können Sie alle wegwerfen«, sagte mir später einer in St. John's, nachdem ich fünfzig Mark für eine Fahrt im Taxi ausgegeben hatte.) Vorsichtshalber verstaute ich zwei volle Reserveflaschen an Bord. Der Leser wird sich inzwischen schon nicht mehr den Kopf zerbrechen, wo ich die auch noch unterbrachte. Sie hatten tatsächlich im selben gutgelüfteten Verschlag Platz, wo schon die angeschlossene Flasche stand. Außerdem befanden sich dort zwei Sätze Farb- und Lackdosen für die nächsten beiden Bootsüberholungen, womit Lloyd's Inspektoren weniger zufrieden gewesen wären.

Kehren wir zu den Brathühnern zurück! Ja, es gab auch ein solches, allerdings nur in der Dose. Ich koche nämlich nicht nur gern, ich gehe ebenso gerne einkaufen. Einer meiner ersten Wege beim Besuch eines fremden Landes führt in den Supermarkt. Das kommt gleich nach romanischem Kreuzgang, Domschatz und Besuch im Yachthafen. Ich liebe die Auseinandersetzung mit dem großen Angebot an Schachteln und Dosen, vergleiche gerne in Ruhe die verschiedenen Kochanweisungen, ohne von einer hinter meiner Schulter ungeduldig hüstelnden Hausfrau in meinen Entschlüssen vorangetrieben zu werden. Es ist für mich schließlich etwas anderes, ob Nudeln nur acht Minuten oder dreizehn zu kochen haben. Manchmal kaufe ich aber etwas nur, weil mir die verlockende Verpackung gefällt.

Damit können wir die Betrachtung über die Eßwaren an Bord nahezu abschließen. Von Reis, Polenta und Nudeln habe ich schon gesprochen. Der Rest traf der Reihe nach an Bord ein. Ein großer Schrankkoffer mit allem, was ein Mailänder Supermarkt bieten kann, war von Italien aus per Schiff unterwegs. Von Deutschland war ich im Lieferwagen mit der gesamten nautischen Ausrüstung auf eigenen Rädern nach England aufgebrochen. Der Aufenthalt in München galt dem Besuch einer Kaufhalle. Hier fand ich die Preiselbeermarmelade für die Omeletten und die geräucherten Blutwürste für die Linsengerichte. Hier fand ich auch noch alles, was es an nützlichen Kleinigkeiten für die Küchenarbeiten gibt. Darin ist deutscher Erfindergeist unübertrefflich. In Pasing hinter München mußte ich den Reifendruck erhöhen.

Der Zöllner jenseits vom Grenzbalken im Saargebiet schloß gleich selbst wieder die Klappe, als ich begann, ihm zu erklären, das da gehöre alles auf mein Schiff in England. Ich hatte der Wichtigkeit der Handlung wegen den Blazer mit den Goldknöpfen übergezogen. Das einzige Mal, daß ich ihn brauchte. Vielleicht wollte sich der gute Mann auch nur nicht die schöne Sonntagvormittagsstimmung verderben lassen mit einer Arbeit, die ehestens am frühen Nachmittag mit der Aufstellung einer Liste zollpflichtiger Waren beendet gewesen wäre.

Den nächsten Supermarkt studierte ich in Southampton mit viel Fleiß, und im allerletzten, das war in Cherbourg, überfiel mich noch einmal eine Kaufwelle, als ginge es dreimal um die Welt. Das war alles in allem viermal Supermarkt, in vollen Zügen und ohne Hemmungen genossen. Ich kannte mich ja. Durch Erfahrung klug geworden, kaufte ich sonst immer am frühen Nachmittag ein, wenn ich noch vom Mittagessen satt war. Vormittags um elf Uhr mit hungrigem Magen lief mir das Wasser im Mund im gleichen Maße zusammen, wie sich mein Rollwagen mit Schachteln und Dosen füllte. Ich hatte mir schon als kleiner Junge so sehr einen Kaufladen gewünscht. Aber der Weihnachtsmann ließ mir immer wieder ausrichten, das sei nur was für kleine Mädchen. Weihnachtsmänner brauchten ja damals noch nicht Sigmund Freud zu lesen. Wie mein eigener Supermarkt aussehen müßte, wenn ich mir heute noch einmal einen Kaufladen wünschen dürfte – für die Ausrüstung eines Bootes? Für Teigwaren, Hartwürste, Vormittagsgetränke, Kaffee und Obst müßte es eine italienische Abteilung geben, für Brote, Frischwurst, Fischkonserven, Gemüse und Süßigkeiten eine deutsche Ecke. Für gekochte Dosengerichte, Käse und Wein eine mit sehr viel Blauweißrot geschmückte Verkaufsauslage. Und aus England? Es tut mir leid!

Nicht unerwähnt sollen jedoch die fünf Dutzend Eier bleiben, die ich auf einem englischen Bauernhof erwarb, Stück für Stück drei Sekunden in kochendes Wasser tauchte, und die sich dann tatsächlich so lange frisch hielten, wie das laut Zettelkartei mein Landsmann Peter Schilsky in der »Yacht« schon empfohlen hatte. Man sieht, er mußte sich mangels Besserem auch mit vielen Eiern eindecken! Chichester hatte sogar 150 Stück an Bord, aber sie wurden ihm alle schlecht. Er hatte wohl vorher nicht die »Yacht« gelesen. Nach zwei Monaten waren meine Eier noch trinkbar. Die letzten wandern jetzt in Gerards Crêpes Suzettes.

Ich hatte auch ein Dutzend Pampelmusen in England gekauft, die sich die ganze Reise über hielten. Sonst gab es kein Obst und die Pampelmusen wohl auch nur, weil sich England für Israel ins Zeug legen wollte.

Ich hatte mich bei diesen Einkäufen weitgehend verausgabt. Es fehlten jetzt noch die Getränke, deren Versorgung sich zwischen England und Frankreich aufteilte. Aber in der Hauptsache war für mich die Reise an diesem Punkt bereits beendet, wenigstens für den Teil von mir, der in der Vorbereitung Glück und Erfüllung gefunden hatte. Und während wir nun nach einer Nacht vor Anker aus der Studeland Bay zur letzten Überquerung des Ärmelkanals aufbrechen, möchte ich noch einmal auf das zurückkommen, was mir beim Bootskauf in England Kummer bereitet hat.

»Alles international genormt, mein Herr!«

Ich erwähnte schon das Problem mit der Kupplung der Gasflaschen. Eine Ersatzflasche stammte aus England, die zweite aus Frankreich. So hatte ich sowohl anglo-amerikanisches als auch europäisch-kontinentales Gewinde dabei. Zur Hölle mit dem Unterschied in allen Maßeinheiten! Die Werft verwendete für das Boot nur englische Schrauben. Aber der Motor kam aus Schweden, das Log und vieles andere aus Deutschland. Es war ja nicht damit getan, zwei verschiedene Sätze Schraubenschlüssel an Bord zu haben. Man mußte sie bei jeder Reparatur in der Hosentasche herumschleppen und immer nach dem richtigen greifen. Damit man einen zweiten hat, falls einer über Bord geht, sind das bereits vier Sätze Schraubenschlüssel aus nichtrostendem, teurem Stahl.

Mit Gewindebolzen ist es dasselbe. Da man eine solche Reise nicht ohne Ersatz an Muttern, Schrauben und Bolzen antreten kann, muß man in den gebräuchlichen Abmessungen alles doppelt haben. Ich hatte mir einen unersetzlichen Gewindebolzen verdorben, weil ich irrtümlich auch die Mutter für angelsächsisch hielt. Sie war es aber nicht. Zum Glück hatte ich einen Gewindeschneider dabei zum Überdrehen des verdorbenen Gewindes. (Wenigstens war mein Fahrrad vom Kontinent. Da sind sich die Briten nicht einmal untereinander beim Gewinde einig.)

Die gleichen Probleme ergaben sich bei den Dichtungen, bei Seeventilen, Seewasser- und Trinkwasserpumpen. Zu einer Bilgepumpe gehört auch ein passender Ersatzschlauch.

Für einen Funkpeiler hatte ich nicht viel Geld ausgegeben. Ich würde ja doch nicht viele Küstenpeilsender zu fassen kriegen. (Das hätte mich am famosen D-Day vor der Normandie schon beinahe das Boot gekostet.) In dem engen Gehäuse war zwischen gedruckter Schaltung und Steckbauteilen gerade Platz für eine flache 9-Volt-Batterie. Im Herbst warf ich sie weg, damit sie über Winter nicht die Schaltung verätzen konnte. Im nächsten Frühjahr gab es in ganz England diese Sorte Batterien nicht mehr. England hatte nämlich kein Geld mehr und schränkte die Einfuhren von Übersee ein. Die gleiche Batterie von der Konkurrenz war zwei Millimeter dicker. Sie preßte mir die ganze Elektronik auseinander. Lächerlicherweise fand ich dann in Deutschland kurz vor der Abreise noch eine passende Batterie, als ich dort die Leuchtkugelmunition einkaufte.

Meine Leuchtpistole war ein sehr gutes Stück. Die Munition wollte ich nicht nach England schleppen. Es gibt ja dort auch Seehäfen und Schiffsausrüster und jedenfalls Yachten mit einer Leuchtpistole an Bord. Würde ich die passende Munition in England bekommen?

»Selbstverständlich, mein Herr, alles international genormt!«

Sie paßte natürlich nicht, und zwar genau um den Unterschied zwischen einem englischen Zoll und fünfundzwanzig Millimeter. Wäre meine Pistole nur aus Blech gewesen, ohne geschnittenen Lauf, dann hätte auch die englische Munition gepaßt. Manchmal ist es falsch, wenn man besonders hoch schießen will.

Sollte ich nochmals ein Boot in England kaufen, dann nur noch ohne elektrische Einrichtung, vom Verlegen der Leitungen vielleicht abgesehen. Keinesfalls würde ich dort Schalter, Steckdosen, Beleuchtungskörper einbauen lassen. So wenig wie englische Schraube und kontinentale Mutter vertragen sich Stecker und Dose. Überall braucht man stromfressende Kupplungen und Zwischenstecker. Die Glühlampen haben alle Steckgewinde, die Birnchen in den Navigationslichtern sind von jenem länglichen Typ, wie er in Autos als Stopplicht eingebaut wird, unter Gegendruck zwischen zwei federnden Ringen eingeklemmt. Der Stromübergang ist minimal, den Rest besorgt die Feuchtigkeit. Die Lichter flackern dann im Seegang, als gäben sie SOS in Morsezeichen, an Backbord rot, an Steuerbord grün. Natürlich würde man in Deutschland kein Attest für diesen Dampferschreck bekommen. Aber in England gibt es ja so etwas für Sportboote sowieso nicht. Verläßt man England mit dem Boot für immer, muß man vorher von einem Versicherungsagenten seine weiteren Lebenserwartungen abschätzen lassen und dann Schachteln über Schachteln einkaufen mit Dutzenden von gleichen Ersatzteilen, Birnen und Sicherungen, Schutzgläsern und Dichtungsringen, weil man nirgends sonst auf der Welt Ersatz dafür finden wird.

In Southampton verlor ich einen ganzen Tag auf der Suche nach einer winzigen Sicherung. Ich hatte in London in einem Elektrogeschäft ein Sicherungskästchen mit durchsichtigem Deckel gekauft, weil man auf der Fehlersuche schneller die Ursache findet, wenn man alles mit einem Blick überschauen kann. Ich hatte vorgehabt, jeden einzelnen Stromkreis getrennt abzusichern, und warf ohne Bedauern über Bord, was die Werft eingebaut hatte. Nachdem die erste Sicherung durchgebrannt war, mußte ich feststellen, daß es diesen Typ an der Südküste nicht gab. Vielleicht kam er aus Schottland? Es dauerte lange, bis mir jemand sagen konnte, das Kästchen käme wahrscheinlich von Bosch aus Deutschland. Das war ja nicht so weit weg!

Um zu meiner eigenen Beruhigung wenigstens eine attestfähige Lampe zu haben, kaufte ich in London ein deutsches Ankerlicht. Innen sitzt ein kleiner Glaszylinder als Windschutz für die Petroleumflamme. Er kam zerbrochen an. Ersatz war in London nicht zu bekommen. Sollte ich nun auch noch nach Hamburg fahren? Nein, ein Schiffsausrüster in Cherbourg bot sich an, den Ersatzzylinder von der Vertretung dieser Firma in Paris kommen zu lassen. Ich bestellte, um ihm auch eine Gefälligkeit zu erweisen, gleich ein halbes Dutzend. Diesmal kamen fünf zerbrochen an.

Anfangs dachte ich an die Anschaffung eines Funkgerätes. Ich hatte schon jahrelang gefunkt. Aber damals kostete es nichts! Ein Gerät, das meiner Vorstellung von der nötigen Reichweite entsprach, gab es zwar, aber meine Geldtasche und auch die Stromquellen reichten nicht so weit. Kam also nur ein Grenzwellengerät in Frage. Ich hätte es gekauft, auf die unwahrscheinliche Aussicht hin, ein vorbeifahrendes Schiff über der Kimm zu entdecken und auf der Ship-to-ship-Frequenz zu bitten, meinen Standort nach Hause weiterzugeben. Unmöglich! Die ausländischen Modelle, die in Deutschland in deutsche Schiffe eingebaut werden, dürfen in deutsche Schiffe im Ausland nicht eingebaut werden. Die nach Deutschland exportierten Geräte müssen nämlich nach dem Willen der Behörden innen ein kleines bißchen anders aussehen als dieselben Geräte, die an andere seefahrende Nationen exportiert werden. Deutsche Gründlichkeit geht über alles. (Wäre das kein Vorschlag für eine neue Hymne? Aber wir würden uns nicht einmal damit Freunde im Ausland schaffen.)

Kurzum, ich hätte das ausländische Gerät zuerst in Deutschland kaufen, dann am besten selbst nach England bringen müssen und dort auch einbauen dürfen. Das wäre aber nur der halbe Weg gewesen. Es ist ja bekannt, daß ein Funksprechzeugnis dazugehört und die behördliche Abnahme des Gerätes in einem deutschen Hafen, sobald es eingebaut ist. Der Weg dorthin führt aber bestimmt an einem Zollamt vorbei.

Lieb Vaterland, magst ruhig sein! Es ging auch ohne Grenzwelle. In Westindien hat jedes Gasthaus seine eigene Amateurfunkwelle mit fünfstelligem Unterscheidungssignal, weil das Telefon zu den nutzlosen Nippes gehört. Nicky und seine Kollegen von der NASA oben auf Dow Hill werden zwar bald den Mann auf dem Mond sprechen hören, aber bis St. John's reicht die Verbindung noch nicht. Amerikanische Grenzwellengeräte sind billig, spottbillig sogar in den zollfreien Häfen moderner Freibeuterinseln weiter im Norden. Bevor man lossegelt, macht einer beim letzten Rumpunsch die Empfangszeiten aus, und falls einer bei der Rückkehr etwas für die Übermittlung zu zahlen hat, geht die Abrechnung mit dem neuen Rumpunsch in einem. Desmond Nicholson steht täglich mit einem halben Hundert eigener Charteryachten in Westindien in Funkverbindung. Man findet die Welle ganz leicht. Wenn jemand ein Wort buchstabiert, worin ein S und ein R vorkommen, dann wird man aus dem Lautsprecher eine sympathische Stimme hören, die buchstabiert: S for Sugar, R for Rum. Man weiß dann: Die immer lächelnde Joan sitzt am Funkgerät in Lord Horatio Nelsons ehemaliger Zahlmeisterei.

Trotzdem – ich hatte mich in England noch nicht ganz geschlagen gegeben. Es wurde da gerade ein schwimmfähiges Seenot-Funkgerät auf dem Markt angeboten. Beinahe wäre ich vierzehnhundert Mark dafür losgeworden. Das Beispiel zeigt, wie vorsichtig man beim Einkauf auf dem üppig wuchernden Zubehörmarkt sein muß. Das war also ein Gerät, das notfalls nicht nur schwamm, sondern, wenn man einen entsprechenden Knopf drückte, sogar automatisch Seenotzeichen von sich geben sollte. Dies geschah natürlich auf der Internationalen Seenotfrequenz, und falls sich Hilfe meldete, konnte man umschalten und über ein Mikrophon, das gleichzeitig als Kopfhörer diente, sprechen und empfangen. Ich schaltete schnell, daß es mir niemand übelnehmen würde, wenn ich mitten im Atlantik als Beinahe-Schiffbrüchiger ein Schiff am Horizont ansprach – ohne Druck auf die Seenottaste natürlich – und bäte, meinen Standort weiterzuleiten.

Zwei Tage vor dem Abschied von England traf das Gerät aus London ein. Schon gewitzt geworden, wollte ich wissen, welche Batterien drin waren. Es hieß, alle Jahre müsse man sie austauschen, auch wenn das Gerät noch nicht baden gehen mußte. Der Voltanzeiger stand auf Null. Waren überhaupt welche drin? Es kam mehr als ein Dutzend Mallory-Batterien zum Vorschein, von denen die Fabrik schon behauptet hatte, man müsse sie später immer wieder beim Lieferanten des Gerätes einkaufen, weil dieser Typ in Europa sonst nicht im Handel sei. Sie standen, immer zwei und zwei, im Kreise wie die Säulen eines antiken Rundtempels, von oben und unten durch Kunstharzplatten mit aufgedruckter Schaltung zusammengehalten. Von den Kopfenden der Leiterbahnen führten angelötete Drähte gebündelt in die Elektronik. Da das Gerät einen Testschalter besaß, drückte ich ohne Antenne darauf. Im Kopfhörer mußte dann zur Kontrolle das Seenotzeichen zu hören sein.

Nichts!

In kurzen Worten: Beim Zusammenbau war jemand mit dem Schraubenzieher über die aufgedruckte Schaltung gefahren und hatte die Bahnen, für das Auge kaum sichtbar, unterbrochen. Ich bemerkte es selbst erst, als ich mit dem Radiotester, der sich auch sonst bezahlt gemacht hatte, den Leiterbahnen nachging und den Durchgang prüfte. Der Kratzer war nicht von mir. Unter der Lupe wurde deutlich, daß er teilweise beim Auflöten der Drahtenden wieder überbrückt worden war.

Zum Glück sind meine Hobbys sehr weitläufig. Ich wagte mich mit Lötzinn an die gedruckte Schaltung heran, und dann klappte es. Das Gerät war natürlich bei der Abnahme getestet worden, aber wohl ohne Batterien mit einer Hilfsstromquelle. Wer die Batterien eingebaut hatte, nahm sich nicht die Mühe, das Gerät nochmals anzuschalten. Sonst hätte er wenigstens merken müssen, daß die Batterien nach der Voltanzeige bereits da waren, wo die Fabrik den Umtausch durch neue empfahl. Aber vielleicht gab es auch diese Sorte zur Zeit gerade nicht in England.

Die Geschichte ist noch nicht zu Ende. Das Gerät arbeitete nur im Liegen. Stellte man es auf, wie es sich gehörte und wie es auch arbeiten sollte, wenn man es ins Wasser warf, starb es sofort ab. Niemals würde es im Wasser schwimmend einen Ton von sich geben. Bis ich die Ursache fand, schraubte ich es noch häufig auf und zu; aber wir wollen es kurz machen. Die Gegendruckfedern der Batterien hielten dem Gewicht nicht ausreichend stand. Die geringste Erschütterung entfernte sie von ihren Kontakten. Die Federn waren offensichtlich zu schwach; sie in die Länge zu ziehen half auch nichts. Es wird wohl wieder einmal so gewesen sein, daß die vorschriftsmäßigen Spiralfedern zur Zeit nicht in England vorrätig waren.

Damit war das Unternehmen »Sprechfunk von Schiff zu Schiff« endgültig abgeblasen. Ich würde auch in einem wirklichen Seenotfall keine Hilfe herbeirufen können. Das Gerät war noch nicht bezahlt. Ich brachte es zum Geschäft, das den Kauf vermittelt hatte. Sie versuchten es dort mit Kontaktreiniger aus der Sprühdose. Ich lachte nur noch. Am Schluß sagten sie: »Ridiculous!« und: »Sorry!«

Ich aber lachte immer noch, denn es war das einzige Mal, daß ich bei der Ausrüstung von HOBBY einen größeren Betrag gespart hatte.

Meiner Mutter größte Sorge: Bloß nicht verdursten!

Nach diesem Großreinemachen wollen wir sehen, wo HOBBY inzwischen geblieben ist. Es ist nach der Geisterfahrt durch die Nebelnacht wohlbehalten vor dem Cherbourger Yachtklub an die Boje gegangen. Wir sind also wieder in Frankreich, und es ist Zeit, daß wir uns den Getränken zuwenden. Witzigerweise brachte ich jedoch die brauchbarsten Getränke dieser Reise bereits aus England mit. Eine wunderbare Einführung war Dauermilch in Tetraedern, sogenannte Longlifemilk. Ich hatte sechzig Stück dabei. Nach dem absichtlich verballhornten Werbespruch in der Londoner Untergrundbahn »Trinka pinta milka day« rechnete ich also mit zwei Monaten, Mast- und Ruderbruch einbezogen. Die Milch schmeckte nicht schlecht, am besten mit hineingerührtem Kakao.

Ich hatte noch etwas mit der Aufschrift »Long Life« dabei, nämlich Bier in Dosen. Damit wird es offensichtlich, welche verschlungenen Wege die Wünsche meines Unterbewußtseins gingen und wie ich den Verlust des Seenotsenders auszugleichen versuchte. Von allen Getränken schleppte ich immer gleich mehrere Pappschachteln an Bord. So war es auch mit Schweppes Tonic Water für die leider dann später viel zu selten zubereiteten Appetizer aus Gin und Tonic, kurz G and T genannt. Ich kann heute noch genau sagen, an welchen Tagen ich einen Aperitif mischte. Immer dann nämlich, wenn danach auf dem Tonband eine schrankenlose Redseligkeit ausbricht. Wie schade, wenn dann kein Gerät dagewesen wäre, mit dem sich hemmunglos plaudern ließ.

Eine Schachtel Coca-Cola war auch da. Aber die Hersteller wissen schon, warum sie vorschreiben, es eiskalt zu trinken. Bei dreißig Grad in der Bilge schmeckt es scheußlich, warme Zuckerbrühe, die immer durstiger macht. Dieser Karton kam auf die schwarze Liste der zuerst über Bord zu werfenden Dinge.

Die guten Getränke bestanden aus vielen Dosen mit Fruchtsäften, die es in England in großer Menge gibt, in Frankreich dagegen fast gar nicht. Einen großen Erfolg mit Fruchtsäften erntete ich deshalb bereits bei meinem ersten Besuch in Cherbourg. Ich hatte dem französischen Vermessungsbeamten, der in der Hitze an Bord seine harte Pflicht für die deutsche Schiffsvermessungsbehörde erfüllte, eine weise Mischung aus Pampelmusensaft mit Gin und einem Löffel Zucker serviert. A votre santé! So geschah es denn, daß später in meinem Meßbrief stand, HOBBY sei aus Kunststoff. Da biegt sich das Sperrholz vor Lachen, und die drei Kilo Schrauben fallen vor Schreck wieder raus. Um es genau zu sagen: HOBBY besteht aus Sperrholz mit Glasharzbeschichtung ringsum, außer im Cockpit. Da auch das gesamte Deck einschließlich des Kajütdachs mit dicken, rutschfesten Glasmatten belegt ist, die unverwüstlich sind, war der Irrtum verzeihlich und ging nicht nur auf Kosten meiner Mixtur.

Betritt man, von England kommend, den Cherbourger Wochenmarkt, glaubt man sich ins Paradies vor dem Sündenfall zurückversetzt. Ich traute meinen Augen nicht, als ich zwei Kisten Golden Delicious entdeckte, die trotz ihres englischen Namens stolz auf ihre Herkunft aus Anjou waren. Wunderschöne hellgelbe Äpfel, wie baumfrisch und saftig, und das im Juni! Ich kaufte die vierzig Kilo. Was gab es da an Salat! Mir fielen die ärmlichen verwelkten Köpfe ein, die ich in südenglischen Kleinstädten gesehen hatte. Aber es waren ja nicht die verwelkten Köpfe allein. Ich werde niemals verstehen, warum ein Land, dem die halbe Welt gehörte, nicht versucht hat, von anderen Völkern etwas anzunehmen, wenn schon nicht deren Sprache, dann wenigstens ein bißchen Kochkunst.

Ich liebe die französische Küche. Ich liebe auch ihre Weine, besonders die südlich von Dijon gekelterten. Ich hatte eine zollfreie Kiste Nuits St. George an Bord genommen. Aber es ist eine Sünde, solche Weine auf einem Segelboot zu trinken. Nicht einmal ein Tausendseemeilenabschnitt ist dafür würdig genug. Solche Weine sollte man nur an Ort und Stelle trinken, im Weinkeller von Clos de Vougeot, oder am Abend nach einem Besuch in Vézelay, in Autun oder Cluny. Dann erwachen die steinernen Fratzen von den Kapitellen romanischer Kreuzgänge noch einmal zu kurzem Leben und zwinkern anfeuernd aus der Tiefe des bauchigen Glases.

In Cherbourg übernahm ich auch eine Kiste Côte du Rhône, sozusagen für alle Tage. Es war jetzt offensichtlich: Verdursten würde ich nicht, höchstens betrunken über Bord fallen. Mehrrumpfboote, die man randvoll laden kann, haben auch ihre Probleme.

Dabei haben wir noch kein Wort über das Getränk verloren, das im allgemeinen das wichtigste ist, für das in jedes Boot besondere Tanks eingebaut werden, von deren Fassungsvermögen dann oft die Verwendbarkeit des Bootes für weite Reisen abhängt – nämlich einfaches, klares Wasser.

In HOBBY befanden sich zwei unabhängige Wassertanks, in jedem Rumpf einer, gemeinsam an die Frischwasserpumpe angeschlossen.

So wollten es der Ratschluß des Konstrukteurs und meine ausgeklügelten Extrawünsche. Ich kenne das Fassungsvermögen der beiden Tanks noch immer nicht. Es muß, dem Umfang nach zu urteilen, eine ganze Menge sein. Sie sind aus Eisen, innen verzinkt, und das Wasser war vom ersten Tage an ungenießbar. Es schmeckte nach provisorischer Zahnfüllung. Ich konnte mir nicht einmal den Mund damit spülen, ohne Brechreiz zu kriegen. Ich jagte stundenlang zu wiederholten Malen Wasser hindurch, immer wieder. Zuerst schwammen silberne Zinkflimmerchen im Zahnputzglas, Wochen später nur noch brauner Rost.

Es war gar nicht so, daß ich besonderes Pech gehabt hatte. Vor dem meinen wurden schon über hundert andere Boote von der gleichen Sorte gebaut, und die wenigsten Eigner konnten mehr mit dem Wasser anfangen, als sich die Füße damit zu waschen. Ist das nicht ein wunderschönes Beispiel dafür, was Konservatismus und Traditionsbewußtsein zustande bringen können?

Ich tat das einzige, was mir zu tun blieb: Wusch mir mit dem restlichen Wasser auch die Füße und machte die Tanks dann dicht. Bessere Auftriebskörper konnte ich mir gar nicht wünschen. Sie waren so abseits untergebracht, daß sie sowieso niemandem im Wege waren. Mit derart viel Luft in den Wassertanks würde HOBBY niemals untergehen.

Ich würde in ein leichtes Boot auch keine Wassertanks mehr einbauen. Die Gewichtsverteilung wird nämlich schwierig, und je größer die Tanks, um so lauter schwappt das Wasser in ihnen.

Da ich der Werft gegenüber auf einer gesunden Lebensführung mit trinkbarem Trinkwasser bestand, bekam ich einen großen Satz gelber Plastikkannen an Bord gestellt. Ich verstaute sie im Vorschiff, das ohnehin zu leicht war, auf beiden Seiten unter den Betten, möglichst tief, als eine Form von Ballast. Einige blieben in den Cockpitverschlägen. Eine Kanne, die ein Hähnchen besaß, stellte ich in die Galley, hängte ein Litermaß daneben und knauserte die erste Hälfte der Reise so sehr damit, als sei es der einzige Kanister, den ich an Bord hatte. Allerdings kann man sich das wohl auch nur in einem Katamaran erlauben. In einem Kielboot würde der Kanister bei der erstbesten Gelegenheit zum Sputnik werden.

Seitdem ich weiß, daß das Hähnchen wirklich tropfsicher ist, kann ich nur noch den Kopf schütteln über die anfängliche Mühe, einen dünnen Wasserstrahl mit viel Geduld durch die Trinkwasserpumpe heraufzusaugen. In meinem nächsten Boot würde ich den Kanister direkt über dem Abwaschbecken aufstellen, aber nicht mehr frei, sondern in einem lichtdichten Verschlag. Auf dieser Reise wurde die Innenseite des weißen Kanisters zuerst schwarz von Braunalgen, dann begannen dünne Fadenalgen zu wachsen, und zuletzt war das ganze Wasser von dem gleichen gesunden Grün, das Zeichen eines gedeihenden Aquariums mit tropischen Süßwasserfischen ist. Es roch auch genauso. Nur die Guppys und Schwertfische fehlten.

Die ungeheure Menge Trinkwasser, die ich mit den gelben Kanistern an Bord genommen hatte, war zum großen Teil daran schuld, daß der obere Rand der blauen Unterwasserschutzfarbe fünf Zentimeter unter die Wasseroberfläche tauchte. Es waren zweihundertzwanzig Liter. Sie waren völlig unnütz bis auf zwanzig Liter, die ich für Tee und Kaffee brauchte und, halb und halb mit Seewasser gemischt, zum Kochen von Nudeln, Reis und Klößen. Pfannniklöße fühlten sich in Seewasser sehr wohl. Zum Abspülen nahm ich die Seewasserpumpe, nachdem der gröbste Schmutz mit den großen Papiertüchern von der Küchenrolle beseitigt war. Diese Tücher sind so praktisch, daß ich auf einem neuen Boot jedes freie Loch damit vollstopfen würde; ich möchte sie an Bord nie mehr missen.

Die aus den Augen geratene Unterwasserfarbe war wohl der eigentliche Grund, warum ich mir nun doch Beschränkungen bei weiteren Einkäufen auferlegte. Auch dachte ich nun ernstlich über das Problem der Sicherheit auf See nach. Ein Vorteil des Katamarans ist es ja gerade, daß er durch Leichtigkeit an Seetüchtigkeit das wettmacht, was ein Kielboot in seinen eichenen Spanten haben muß. Ein Katamaran muß obenauf schwimmen, ein Kielboot darf auch einmal von einer See eingeschaufelt werden. Trotzdem haben mir anfänglich die großen Fenster auf den beiden Seiten und vorn sowie das geräumige Cockpit achtern Sorge bereitet. Hier im Cockpit, wenn es überraschend mit Wasser gefüllt würde, fänden einige Tonnen Platz. Unausdenkbar, wenn ein Fenster vom Seeschlag eingedrückt würde. Über die vordere Fensterreihe spannte ich eine kräftige Segeltuchplane. Mißtrauischen Fragen wich ich aus. Die sei gegen die starke Sonne gedacht, und das war sie dann zuletzt auch.

Die großen Fenster sind wunderschön zum Hinausblicken, wenn das Boot in Fahrt ist. Wegen der Sonne und der Zaungäste im Hafen muß man aber als erste Arbeit Vorhänge anbringen. Der Anblick von Blümchengardinen trägt nicht gerade dazu bei, den Eindruck von einer seegehenden Yacht zu verstärken, außer vielleicht bei Polynesiern. Ich wußte, wie viele Zentimeter dick die Planken sein sollen, mit denen bei einem Transatlantikrennen die Fensteröffnungen einer

Yacht verschalt sein müssen. Saß ich wirklich immer noch auf dem richtigen Boot? Es würde sich ja bald zeigen.

Die Seekarten waren jetzt an Bord: eine zusammenhängende Folge aller Karten, die französische Küste hinunter, an der spanischen, später portugiesischen Küste entlang, weiter bis nach Gibraltar und ins Mittelmeer. Ich hatte Spezialkarten der Azoren, von Madeira und den Kanarischen Inseln, Karten der nordafrikanischen Küste und Karten sämtlicher westindischer Inseln. Auch die Seehandbücher aller dieser Gebiete waren an Bord, auf deutsch und englisch. Sollte kommen, was wollte. Wenn ich irgendwo strandete, wußte ich wenigstens, wo. Unter Stranden stellte ich mir das hilflose Treiben auf eine Küste vor, nachdem ich Mast oder Besegelung verloren hätte. Mit stürmischem Wetter mußte ich immer rechnen. Was würde ich dagegen tun können?

Ich habe viel darüber nachgedacht. Bill O'Brien behauptet, niemals sei eins seiner Boote so weit gekrängt worden – man könnte ruhig auch »gekränkt« sagen –, daß ein Rumpf aus dem Wasser gekommen sei. Ich glaube ihm das heute. Blitzschnell schoß mir jedoch damals durch den Kopf, ich könnte der erste sein, der das fertigbrächte. Kentern im Katamaran ist eine dumme Sache. Zeigt der Mast erst einmal abwärts, kommt er von allein nicht mehr hoch. Es waren schon Katamarane gekentert. Das nahm man ihnen ungeheuer übel, als sei noch niemals ein Kielboot oder Schwertboot gekentert. Aber ich finde diese aufmerksame und eifersüchtige Kritik ein gutes Zeichen für die Zukunft. Fällt Hinz oder Kunz beim Reiten vom Pferd, lacht man höchstens darüber; hat ein bekannter Turnierreiter dasselbe Pech, steht es morgen in jeder Zeitung.

Ein Katamaran, der für ein Rennen von jedem überflüssigen Gewicht befreit und, bewußt übertakelt, auf Biegen und Brechen gesegelt wird, hebt dann plötzlich verärgert das eine Bein und schmeißt Herrchen ins Wasser, wenn niemand vorher die Schoten loswirft. Den ersten Kopfstand hat statt meiner Bill Howell in seiner von Rudy Choy gezeichneten, über 13 m langen GOLDEN COCKEREL vollführt. Er hat mir später die ganze Geschichte erzählt, auch wieder bei einem warmen Bier im Pub an einer anderen Ecke. Jetzt, da ich ihn kenne, weiß ich, daß er auf Teufel komm raus bei der nächsten Einhandregatta mitsegeln wird. Hoffentlich fällt er nicht wieder aus dem Pantoffel. Einmal ist genug, nicht nur für berühmte Kielboote wie die TZU HANG, die es zweimal schaffte.

Um zu mir zurückzukommen: Ich sitze bei einer Regatta immer noch lieber zwischen den Rümpfen eines auf dem Rücken treibenden

Katamarans als in einem längst vollgelaufenen und in den Keller abgegangenen Starboot. In den Rümpfen des Katamarans wirkt die eingesperrte Luft als sicherer Auftriebskörper. Ein Glück, wenn dann die Seeventile geschlossen sind, wie es immer der Fall sein sollte. Doch weil ich Bill O'Briens Versicherung glaube, habe ich zwischen den Rümpfen unten keine Längsleine angesteckt. Die wäre beim Kentern nämlich zum Festhalten notwendig.

Trotzdem möchte ich in diesem kleinen Boot keinem ausgewachsenen Sturm ausgeliefert sein, wenigstens nicht allein und schon gar nicht tagelang. Aber das möchte ich ebensowenig in einem Kielboot. Ich bin mehrfach gefragt worden, wie ich mir das Überleben in einem Sturm vorstelle. Ich liebe solche Fragen gar nicht. Ich kann auch keine Antwort darauf geben. Zuerst einmal müßte ich mir nämlich einen großen Sturm vorstellen können. Ich glaube, das kann man erst, wenn man ihn überlebt hat. Zum Glück aber ist das Meer nicht überall so wenig einladend wie auf dem kürzesten Weg von Plymouth nach Neufundland oder von Tahiti um Kap Hoorn nach Hause. Darauf ist HOBBYS zehn Millimeter dünnes Sperrholz, Farbschicht schon mitgerechnet, nicht eingerichtet. Deshalb war ja meine Reise entsprechend geplant. Ich wollte nicht gerade nach Newport.

Gewiß ist Einhandsegeln Außenseiterei, selbst dort, wo Einhandsegler sich untereinander messen und zu Rekordbrechern werden. Die Soloregatta von Plymouth nach Newport, anfangs vorwiegend eine innerenglische Angelegenheit, ist international geworden, ein Wettkampf von bereits olympischen Ausmaßen. Eine ganze Nation bricht in Freudentaumel aus, wenn der Sieger heimkehrt. Das ist nicht verwunderlich, so sehr auch jede andere olympische Disziplin das Äußerste und Letzte von jedem Sportler verlangt und die Leistung bewundernswert ist. Bei der Einhand-Atlantikregatta ist es doch noch etwas anderes. Da finden wir nicht nur den höllischen Marathonlauf in anderer Form wieder, sondern ebenso den Mut, der zum Skispringen nötig ist, die wahnwitzige Todesverachtung, die beim Riesenslalom gefordert wird, die Kraft und Geschmeidigkeit des Fünfkämpfers und selbstverständlich auch die Geschicklichkeit, ein Segelboot in einer Regatta zum Sieg zu segeln. Alles das und noch einiges mehr. Der Erfolg hängt nicht nur von Lunge, Herz und Muskelpaket ab und vom Willen, das Beste zu leisten und bis zum Ende durchzuhalten. Bei keiner Sportart wird so hundertprozentig der ganze Mensch gefordert wie hier. Wer da oben im stürmischen Nordatlantik zum einsamen Wettkampf antritt, sucht diese Bewährung, weil sie gleichzeitig frei von allen einengenden Regeln und Vorschriften ist, weil der Entfaltung keine Grenzen gesetzt sind. Sicher ist es kein Zufall, daß Oberstleutnant Hasler den Anstoß zu diesem Wettkampf über einen Ozean hinweg gab, der im Krieg als Froschmann Kleinst-U-Boote an feindliche Schiffe heranführte. Ebenso mußte Chichester dazustoßen, der einer der ersten Einhandflieger über weite Strecken und im Krieg Lehrmeister für Flugnavigation war. Die Frage stellt sich, inwieweit ein Kapitän oder Navigationsoffizier ein Profi und kein Amateur mehr ist. Aber auf der anderen Seite wird von jedem Seesegler gefordert, daß er Segel- oder Seefahrtschulen besucht hat und seine Befähigung nachweisen kann. Was dort draußen dann in langen Wochen wirklich gefordert wird, das läßt sich sowieso nicht in einer Seefahrtschule erlernen.

Wie sich herausgestellt hat, spielt auch die Größe des Bootes eine sehr wichtige Rolle. Damit wird der Erfolg zu einer Geldfrage. Das ist schade, denn da beginnt wirklich das Problem. Wo das Ansehen der Nation auf dem Spiel steht, mischen sich Kräfte von außen hinein. Bereits steht versteckt oder offen hinter dem Einzelnen die Marine des betreffenden Teilnehmerstaates, und das ist nicht verwunderlich, weil keine Marine einen fähigen Offizier im Stich lassen wird, der teilnehmen will. Woher das Geld für die Neubauten fließt, weiß niemand mehr. Sicher ist es nicht mehr der Einzelne, der das Vermögen dazu hat, das größte und schnellste Boot zu bauen. Val Howell verkaufte damals noch seinen Bauernhof in Wales, um sich ein Boot für die Regatta bauen lassen zu können. Alle haben Opfer bringen müssen. Heute finanziert das Olympische Komitee eines Teilnehmerstaates den Bau eines sechzehn Meter langen Katamarans. Die Ausrüstung stellt das Arsenal. So entstehen Rennmaschinen größten Ausmaßes, bei denen Geld keine Rolle mehr spielt und in denen der Mensch bereits wieder an Bedeutung verliert, wenn ihm auch noch genug zu tun übrigbleibt. Das scheint die Tragik zu sein, wenn jemand versucht, dem Trampelpfad der Masse zu entfliehen. Die Masse fängt sich den Außenseiter bald wieder ein, kaum daß er auf dem einsamen Pfad von ihr entdeckt worden ist. Die schöne Idee ist zum Teufel, übrig bleiben Trauer und Bedauern und die Hoffnung auf einen neuen Fluchtweg.

Der bahnt sich bereits an.

Chichester segelte noch in zwei Etappen um die Welt. Schon ist ihm Alec Rose in einem zweiten Boot auf den Fersen, das, während ich dies schreibe, bereits die erste Hälfte nach Australien geschafft hat, allerdings unter geringerer Lärmentfaltung. In Cowes ist ein anderes

Boot in Bau, das nach Blondie Haslers Ideen – wie könnte es anders sein! – für Bill King gebaut wird, der die Reise um die Welt ohne irgendeinen Hafen schaffen will. Das Boot wird alles Lebensnotwendige für wenigstens ein halbes Jahr an Bord haben. Voraussichtlich wird das die große Einhandregatta der Zukunft werden. Da das Verlangen nach energieerhaltender Bequemlichkeit immer größer wird, je länger die Reise voraussichtlich dauert, haben geräumige Hochsee-Katamarane auch hier die besten Aussichten.

Ich muß immer wieder um Entschuldigung bitten, wenn mir die Hand beim Schreiben aus dem Kurs läuft. Ich muß diese Gedanken jetzt aussprechen, damit wir dann, wenn wir lossegeln, nur noch an unsere eigenen Navigationsprobleme zu denken brauchen. Wir werden den freien Kopf nötig haben.

Bei Windstärke neun: Speiseöl

An einem späten Abend brachte ich heimlich zwei alte Autoreifen an Bord, fest entschlossen, jede neugierige Frage mit der dummen Antwort abzutun, das seien die Ersatzreifen vom Wohnwagen. Die Idee war nicht von mir. James Wharram, der den Atlantik im Katamaran als erster wirklich kennengelernt hat, sprach sie in einem Brief an die A.Y.R.S. aus. Ich würde unterwegs zwei überflüssige Festmacher an Bord haben, ziemlich dicke Hanftrossen. An jede Trosse würde ich einen Autoreifen binden. Dann könnte ich im Notfall auf jeder Seite achtern an der Belegklampe eine Trosse anstecken. Die Reifen würden höchstens zehn Meter hinter dem Boot schwimmen, eher näher. Gerät HOBBY in Schußfahrt, etwa im aufgewühlten Oberflächenwasser einer brechenden See, dann würden Boot und Reifen im Wasser mitgeschwemmt werden. Die übrige Zeit aber würde sich der Wulst des Reifens nach außen biegen und eine beträchtliche bremsende Wirkung auf die Fahrt ausüben. Wegen der Form des flachen Reifens kann man sich den Wirbelschäkel schenken. Natürlich wäre zu diesem Zeitpunkt kein Segel mehr oben, und ich würde klaglos bereits alles über Bord geworfen haben, was auf der schwarzen Liste stand. Auf diese Weise vor dem Sturm zu lenzen, ist das einzige, was übrigbleibt. Bei bescheidenen sieben Windstärken habe ich es eine Nacht lang ausprobiert, um wieder einmal ruhig schlafen zu können. Natürlich habe ich in jener Nacht noch nicht die Coca-Cola-Dosen über Bord geworfen. Damals war es auch in der Bilge noch kalt.

Beidrehen möchte ich nicht längere Zeit bei hartem Wetter, auch nicht noch einmal bei Windstärke sieben. Ein Kielboot legt sich über beim Anprall von Wind und See. Vielleicht benimmt es sich eine Weile sogar wie ein Unterseeboot. Ein Katamaran dagegen segelt immer aufrecht. Er bietet dem anstürmenden Wasser seine senkrechten Bordwände dar. Wenn er auch wie ein Korken oben schwimmt und die eigentlichen Seen unten drunter durchrutschen – was so nebenbei trotzdem noch gegen den Bootskörper knallt, bleibt eine beträchtliche Zumutung für die Ohren. Selbst in sehr spitzem Winkel vor dem Wind beigedreht liegend, strudelt das Wasser mit solch wildem Toben zwischen den Rümpfen hindurch, daß einem buchstäblich Hören und Sehen vergeht. An Schlaf und Erholung ist unter diesen Umständen nicht zu denken. Gerade das ist es aber, was man dann am meisten braucht.

Bekannt und wegen der Schweinerei, die sie verursacht, genauso unbeliebt ist die Methode, Öl auf die See zu geben. Das glättet die Seen, sie brechen dann nicht so leicht. Die Wirkung leuchtet ein. Die als Wind übers Wasser stürmende Luft gleitet an der öligen Oberfläche ab und kann ihre Schubkraft nicht voll entfalten. Da ein Ölfilm ungeheuer dünn auseinanderläuft, braucht man nur kleine Mengen, die man langsam luvseitig ins Wasser träufelt.

Am allerletzten Tag in Cherbourg machte ich mich also auf die Suche nach dem geeigneten Öl. Nun wurde es eindeutig ernst. Kurz vor dem Start packte ich auch noch dieses Problem an, von dem man am liebsten zu keinem Außenstehenden spricht. In Cherbourg gab es keinen Schiffszubehörladen, der »Öl zum Glätten der See« verkaufte. Woanders wahrscheinlich auch nicht. Makrelenfischer boten mir ihr altes Motoröl an; aber in meiner Zettelkartei auf den roten Blättern stand, es solle möglichst nicht mineralischer Herkunft sein. Die Gesichter der Leute will ich nicht beschreiben, denen ich mein Anliegen zwangsläufig vortragen mußte; mir war auch nicht wohl dabei. Ein letzter Versuch, zu einem billigen Pflanzenöl zu kommen, war der Gang in den nächsten Farbenladen. Aber auch Leinöl ist nicht billig, jedenfalls nicht billiger als Backöl mittlerer Qualität. Was lag also näher, als zwanzig Literflaschen französisches Speiseöl zu kaufen? Ich ließ die Kisten zum Yachtklub bringen. Weiß der Teufel, was die sich gedacht haben, wo ich das Öl hinschmuggelte. Meine Dosen mit italienischem Olivenöl waren auch nicht sehr erbaut über die im letzten Augenblick an Bord gekommene Konkurrenz. Eins ist jedenfalls nun sicher: Je länger HOBBY vor dem ersten Sturm verschont bleibt, um so länger wird es an Bord lecker angemachte Salate geben, einmal auf italienische, einmal auf französische Art. Ich liebe sie beide.

Es wurde jetzt wirklich Zeit, Europa den Rücken zu kehren. Bei einem Käsehändler in einer schmalen Seitengasse hatte ich auf der Suche nach dem Öl ein ganzes Sortiment Normandiekäse eingekauft; ich ließ keinen aus. In einem anderen Laden war ich auf den Geschmack bretonischer und normannischer Patés gekommen. Das wäre was als Brotaufstrich, so lange es schön kühl an Bord ist. Ich kaufte dazu fünf große schwarze Brotlaibe, in Zellophan eingewickelt, die sich vier Wochen lang halten sollten. Dann noch zuallerletzt einen langen, weißen Wecken unter den Arm geklemmt, wie das bei unseren Nachbarn ein so anziehender Brauch ist, während bei uns die Gesundheitspolizei dagegen einschreiten würde, und dann in der Kneipe neben der Schwingbrücke noch einen letzten Pernod und ein letztes Adieu.

Wenn nichts Unvorhergesehenes mehr dazwischenkam, konnte abends das große Abenteuer beginnen. Ich hatte fünfundsechzig Liter Treibstoff für den Außenbordmotor in den dauernd an Bord befindlichen Kanistern. Sie standen unter der achteren Cockpitbank. Weitere vierzig Liter füllte ich in alte Blechkanister, die ich wegwerfen konnte, sobald sie leer waren. Große Schiffe machen das auch so. Ich war mitten im Ärmelkanal auf eine große rote Boje zugesegelt, die schon von weitem grell leuchtete. In der Nähe entpuppte sie sich dann als ein Ölfaß von Esso. Das hätte ich nicht bei Nacht und Nebel zwischen die Rümpfe kriegen mögen!

Treibstoff war also an Bord. Ich wollte jetzt mit oder ohne Wind aus dem Ärmelkanal raus.

Bis vor Tagen war schwacher Westwind und später nur noch Nebel vor der Küste. Jetzt, am neunten Juni, kündete der Wetterbericht veränderliche Winde an. In der Biskaya sollten Nordwinde auftreten, westlich davon im Seegebiet Finisterre sprach man von Winden aus Nordost. Südlich von Irland war mit Westwind zu rechnen. Überall klare Sicht und nirgends mehr als Windstärke zwei bis vier. Der Barograph war seit dem Vortag um fünfzehn Millibar gestiegen.

Allein die paar Angaben genügten, sich über der Biskaya einen Hochdruckberg vorzustellen, der im Begriff stand, sich nach Norden auszudehnen. Das Druckgefälle vom Zentrum bis zur Normandie war nicht groß, tausenddreißig dort, tausendfünfundzwanzig hier. Nicht viel Wind also, aber der ersehnte Nordwind. Ich rief noch den Flugplatzmeteorologen an, der sich wunderte, warum ich wissen wollte, ob südwestlich dieses Hochs Störungen im Atlantik zu erkennen wären, die eventuell im Süden durchrutschen könnten. Es seien keine in Sicht, außerdem mochte er sich auch nicht auf länger als achtundvierzig Stunden festlegen. Danke schön! Und ich?

Ich hatte mit dem Seewetteramt in Hamburg für alle Fälle eine Rücksprache mit Sonderberatung vereinbart. Aber die Lage erschien mir so klar, daß ich die Zeit für das Ferngespräch sparte. Ich nahm auch keine verschlüsselten Synop-Meldungen mehr auf. Ich brauchte die letzten Stunden für die allerletzten Arbeiten an Bord, die nun nicht mehr länger aufgeschoben werden konnten. Ein Boot ist ja niemals wirklich zu Ende ausgerüstet. Immer gibt es noch irgend etwas zu tun. Es kommt dann der Augenblick, wo man sich einfach sagen muß: Jetzt ist Schluß und basta! So wie in der Schule beim Abgeben der schriftlichen Aufgaben. Würde ich die Prüfung bestehen?

Es war ja nicht damit getan, das Boot für einen oder zwei Monate Seefahrt auszurüsten. Das Boot würde für lange Zeit in Gebieten segeln, in denen jeder Schäkel, jede Bronzeschraube, jeder Meter Kunstfasertauwerk eine Kostbarkeit oder vielleicht überhaupt nicht zu beschaffen war. Vom Lieferzustand, den jede Werft in ihrem Angebot als »segelfertig, Pinne in die Hand« verspricht, bis zum ersten Wochenendausflug hat der neue Eigner einen weiten Weg zurückzulegen. In meinem Fall war es noch ganz anders. Dem Boot wurde unter Umständen eine Reisedauer unter Segeln zugemutet, Tag und Nacht, die von einem Wochenendsegler niemals im ganzen Leben erreicht wird, auch wenn er alle seine Stunden an Bord unter Segeln zusammenzählt. Ein verführerischer Gedankengang: Von einem Hafen zum anderen länger unterwegs zu sein, als viele Segler jemals unter diesen weißen Tüchern verbringen! Segeln mit dem großen Löffel! Wann würde ich wieder Schiffsausrüster mit einer großen und billigen Auswahl finden? Es mußte also von Anfang an alles da sein. Eine ganz weitschauende Planung war nötig und auch die entsprechende Vorsorge an allem, was ein Schiff braucht oder auch nur im übelsten der Fälle vielleicht brauchen würde. Ich konnte mich nicht mit dem liebevollen Versprechen trösten, der Osterhase würde im nächsten Frühjahr schon den fehlenden Ersatzkompaß oder die schwere Schleppangel bringen. Sie mußte heute schon an Bord sein, auch wenn Kingfisch und Barrakuda noch lange nichts von ihrem zukünftigen Schicksal wußten.

In den letzten Nachmittagsstunden packte ich noch einmal die Lötlampe aus und ging der Reihe nach zu allen Leuchtkörpern an Bord, um die Kupferlitzen festzulöten, Navigationslichter eingeschlossen. Die Litzen waren auf der Werft einfach zusammengedreht worden, durch die Messingöse gesteckt und umgebogen. Sie waren jetzt schon oxydiert und fraßen mehr Strom, als sie durchließen.

Dann malte ich auf den orangefarbenen, hufeisenförmigen Rettungsring meine Nummer aus dem Seeschiffsregister, Heimathafen und Bootsnamen. Kein Zweifel mehr, es wurde jetzt wirklich ernst. In die großen Thermosbehälter füllte ich heiße Suppe für die ersten Tage. Ein Blick auf die Gezeitenkarte: Ab zwei Uhr früh würde der Ebbstrom vor der Küste westwärts fließen. Wenn ich also um Mitternacht startete, hatte ich noch zwei Stunden schwachen Gegenstrom, dann sechs Stunden lang mitlaufenden Schub und nach dem Kentern noch einmal zuerst nur schwachen Gegenstrom. In zehn Stunden würde ich unter diesen Umständen wenigstens achtzig Seemeilen über Grund schaffen. Dann konnte ich morgen vormittag nördlich der Kanalinseln und abends vielleicht schon in der Nähe der Bretagne sein.

Ich verstaute die allerletzten Einkäufe tief unten im Boot. Ich kniete vor diesen Löchern, die sich irgendwo im Dunkeln verloren, überschaute alle diese Reichtümer und überschaute sie auch schon nicht mehr. Ich dachte an die vielen Geschäfte, in denen ich ein immer lieber gesehener Kunde geworden war. Längst hatte ich den Überblick verloren, was ich alles eingekauft hatte. Ich ersparte mir auch das Anstreichen der Dosen mit Rostschutzmittel, wie es auf einem rosa Zettel empfohlen wurde, als es noch gar keine Katamarane gab. Ich würde die Dosen auch nicht mit einer Registrierungsnummer versehen. Unter den Bodenbrettern war es trocken. Ich hatte die Dosen nach Kategorien geordnet, hier die Suppen, dort das Gemüse, in einem anderen Verschlag das Fleisch und den Braten, wieder woanders das Kompott. Unter den Stufen, die in die Rümpfe hinunterführen, lagen hinter Leisten, die ich dort festgeschraubt hatte, die besten Fruchtsäfte. Sie waren vom Cockpit am schnellsten zu erreichen. Leicht zu finden waren auch der Kamillentee und das Kindermehl. Ich fürchtete mich immer davor, hier unten, am Boden kriechend, nach Dosen suchen zu müssen, während das Boot allein in voller Fahrt dahinstürmte.

Aber noch lagen wir ja im Hafen. Ich kniete da am Boden, hielt in der einen Hand eine Dose mit grünen Erbsen, drehte zwischen den Fingerspitzen der anderen Hand eine Muskatnuß und suchte den dazugehörigen Reiber.

Während ich so, ganz gedankenverloren, den Duft dieses tropischen Gewürzes einsaugte, stieg ein Bild in mir auf, das ich vor mehr als zwanzig Jahren in langen, hungrigen, kalten und schlaflosen Nächten immer wieder geträumt hatte: Wenn ich einmal hinter diesen Gittern herauskäme, dann würde ich in das einsamste Bergtal hinaufsteigen und in einer ganz unwegsamen Gegend eine Höhle in den Felsen suchen. Dort würde ich Lebensmittel über Lebensmittel anhäufen, Dosen und Schinken und geräucherte Blutwürste für die Linsensuppe, Gläser mit eingelegten Senfgurken und Erfurter Puffbohnen, Säcke mit Mehl zum Brotbacken und alles, was mir in meinem ausgehungerten Körper erträumenswert schien. Dort würde ich mich verstecken. Ich würde viel Zeit haben, die schönsten Gerichte zu kochen, Kartoffelklöße mit Bratensoße, Kartoffelpuffer mit Apfelmus, Hefeklöße mit Pflaumenkompott. Wir waren ja nicht verwöhnt worden im Krieg. Viele große Bleche mit all den Kuchen würde ich backen, die es in meiner Thüringer Heimat vor dem Kriege gab. Das Einkochbuch fiel mir wieder ein. Immer auf der Suche, das Untergründige in meinen wunderlichen Handlungen zu verstehen, erschrak ich vor der Vermutung, ich säße jetzt am Boden der Höhle, von der ich geträumt hatte, oder ich wäre nun aufgebrochen, sie irgendwo hinter dem Horizont zu suchen.

Ich hatte noch ein paar Stunden Zeit. Ich wollte versuchen, sie zu verschlafen, und stellte den Wecker auf eine Stunde vor Mitternacht.

Zuckerinseln im Karneval

Es ist gut, daß mein Bericht bis zu diesem Zeitpunkt gediehen ist. Anders als meine Leser lebe ich ja mit der Hälfte meines Wesens bereits dort, wo wir mit diesem Buch eigentlich erst hin wollen. In diesem Augenblick höre ich nämlich jemanden ins Cockpit springen. Es ist wieder einmal Gerard.

»Hallo, Rudi, komm! Laß mal das dumme Buch, du wirst schon noch rechtzeitig fertig! Nicky wartet, um uns nach St. John's mitzunehmen. Du weißt doch, heute abend ist Calypso-Wettbewerb!«

Ja, es ist Karneval! Karneval in Antigua, die tolle Woche am Ende der Zuckerrohrernte, ein Erntedankfest auf westindisch. Niemand arbeitet mehr. Die Geschäfte bleiben tagelang geschlossen. Alles schmückt sich nur noch, schlüpft in phantastische Kostüme, tanzt und betrinkt sich.

Ein Schritt auf die Straße, und schon hat dich jemand grinsend umarmt, eine Rumflasche in deinen Mund geschoben und dir dabei auf die Schulter geklopft. An harte Arbeit gewöhnte Gestalten, wie aus Onkel Toms Hütte gestiegen und nun froh, das süße Rohr wieder einmal für ein Jahr umgehauen zu haben. Groß und schlank sind auch ihre Frauen und Töchter. Beneidenswerte Körper mit Augen, die lautlos lachen können, mit blanken Zähnen und mit Wangen, die dunkel sind wie bittere Schokolade. Den Hals umschließt das enge Kleid. Nur amerikanische Urlauberinnen zeigen einen tiefen Ausschnitt. Aber was mag sich hinter jenem billigen Leinen mit dem aufgedruckten Blattwerk alles verbergen? Bog sich hier nicht eben ein Zweig im Schwung der Bewegung? War dort nicht eine Blütenknospe am Aufbrechen? Schlanke Beine, hochstämmig wie Eukalyptus, kaum vom kurzen Rock umhüllt, gehen auf dich zu. Dunkelbraune Haut, verborgen hinter dem Lianengeflecht giftgrüner Blätter. Rätselhafte junge Wesen sind das; mit braunen, warmen Augen, die sich suchend in die deinen senken, lautlos aufflackern zu verhaltener Glut, wissend lächeln und im Verlöschen wie ferner Brandungsschimmer aus dem Blick geraten.

Aus dem Palmengarten mit bunten Laternen fällt der aufreizende Rhythmus einer Steelband die Vorübergehenden an. Die Füße folgen nicht mehr dem gewohnten Gang. Sie suchen sich seitwärts einen neuen Tritt, die Fußsohlen nach außen gekehrt, nach links, nach rechts, tastend nach vorn und fliehend zurück. Die Musik aus diesen selbstgefertigten Blechtrommeln reißt alle Vorübergehenden mit. Irgend jemand lacht ein bißchen zu laut, auf vielen Gesichtern zeigt sich eine innere Sammlung, die genausogut Gottesdienst sein könnte. Dort, wo die Straße einen Knick macht und sich der vorbeiziehende Menschenstrom auf der längeren Seite nicht so dicht drängt, entdecke ich einen einsam Verzückten, einen Einheimischen von vielleicht dreißig Jahren, in enger, schwarzer Hose und weißem Hemd, mit schwarzer, herunterhängender Schleife und lässig übergehängter, schief verrutschter, braun-rot karierter Jacke. Die Füße hält er beinahe geschlossen, die Unterarme sind waagerecht angewinkelt, die Ellbogen eng an die Hüfte gedrückt, die Hände mit leicht geöffneten, angespannten Fingern nach oben gekehrt, so, als hielte er etwas Zerbrechliches, vielleicht zwei apfelgroße, hauchdünne, durchsichtige Glaskugeln, vielleicht seine Seele oder all seine Hoffnung auf ein bißchen Glück. Ein abwesendes Lächeln liegt um den geschlossenen Mund mit den wehmütigen, großen Lippen. Der Kopf leicht im Nacken, ein Blick, der zu den Sternen am Ende der Straße über dem Hafenbecken schweift. Kaum eine Bewegung ist spürbar an dieser aufrechten Gestalt; nur die Knie knicken leicht im Takt ein, einmal dieses Bein, einmal jenes. Ein Reflex davon spiegelt sich zwischen seinen Schultern wider. Gebannt schauen wir diesem Schauspiel zu. Gerard flüstert mir ins Ohr, das sei die wirkliche Art, westindisch zu tanzen.

Auf dem größten Platz in St. John's trifft sich alles wieder. Heute streiten sich Calypsosänger mit Stegreifliedern um die Siegespalme. Gestern wurde die beste Steelband ausfindig gemacht. Erst in Trinidad gibt es wieder etwas Besseres als hier in Antigua. Wer wird morgen Eilandkönigin werden? Ob sie diesmal aus Dominica sein wird oder von Guadeloupe? Die Mädchen aus Martinique seien alles andere als schön. Aber sie seien à la mode gekleidet, weiß Gerard zu berichten, wie die jungen Flaniererinnen auf den Champs-Elysées. Französische Lebenskunst wirft lange Schatten! Dort gäbe es auch den einzigen Supermarkt, der der Mühe wert sei in Mittelamerika, erklärt mir Gerard weiter. Spezialitäten aus Frankreich in Hülle und Fülle; alles, was das Herz begehrt an Käse und Flaschenweinen aus Burgund, aus Bordeaux und von der Rhône, und dabei gar nicht teuer.

Ich sehne mich auf mein Schiff zurück. Ich möchte bald Anker lichten und ein paar Inseln weiter segeln . . .

In diesem Augenblick rasselt der Wecker. Es ist elf Uhr nachts, am neunten Juni in Cherbourg.

Der Tagträumer verläßt festen Boden

Das gewohnte Geklapper nicht festgezurrter Fallen gegen den Mast, das so typisch ist für diese große Ansammlung englischer Yachten in Cherbourg, ist heute abend verstummt. Eine reglose Nacht! Der einlaufende Strom hat HOBBY schon fast bis auf die Höhe der Festmacherpoller am Ufer angehoben. Durch die großen Fenster des Yachtklubs sehe ich späte Gäste an der Bar den letzten Cidre austrinken. Irgendwo zwischen den noch am Ufer stehenden, aufgebockten Booten betätigt jemand den Anlasser seines Wagens, um nach Hause zu fahren. Meine Augen wandern über HOBBYS nachtfeuchtes Deck hinweg. Ist das nun mein Zuhause?

Es ist Freitag nacht. Auf einigen Booten glimmt hinter runden Fensterchen matter Lichtschimmer: Segler, die sich zu einem langen Wochenende eingefunden haben. Schon vor dem Schlafengehen hatte ich die Trosse, die vom Poller zu einer Boje lief, zwischen den Rümpfen hervorgeholt. Außer mir hing noch ein anderes Boot an diesem Platz für vorüberkommende Gäste. Ich würde nun den Motor starten müssen und hinten zuerst loswerfen, von der Trosse und den Nachbarbooten freizukommen versuchen, indem ich seitwärts rücklings ausscherte. Dann würde ich nach vorn springen, das letzte Ende lösen, das mich noch mit der Trosse verband. Damit löste ich die Verbindung mit dieser ganzen Welt, meinem bisherigen Zuhause, dem Abendland, der Geborgenheit einer warmen Stube und der Sicherheit des festen Bodens unter mir.

Als ich, immer noch rückwärtsfahrend, im Mittelfahrwasser ankam, das Boot auslaufen ließ und dann bedächtig den Vorwärtsgang einlegte, lagen wir einen Augenblick still. Beinahe zum Greifen nahe schaute aus einer englischen Yacht verwundert ein Kopf heraus. Was sollte ich tun? Sollte ich grüßen, sollte ich sagen, was ich im Begriffe stand, eben zu beginnen? Man verzeihe mir: Ich hatte im Besucherbuch des Klubhauses nur eingetragen, woher ich kam; niemals hätte ich meine Abfahrt eintragen können. Ich stellte mir vor, da stünde: Rudi Wagner, angekommen aus Christchurch, weitergesegelt nach Westindien.

Mich würde niemand suchen, auch niemand finden, und lange Zeit würde mich auch niemand vermissen. Das nasse, schmutzige Ende, das ich eben aus dem Hafenwasser an Bord gezogen hatte, hätte eine Nabelschnur sein können, freiwillig durchtrennt. Ich wollte von nun an, ganz allein auf mich gestellt, alles meistern, was sich mir an Schwierigkeiten vor den Bug legen würde. In einem einzigen Gedanken raffte ich noch einmal alles zusammen, was ich bisher erlebt hatte, seit ich in jenen Weihnachtswochen in der Bozener Buchhandlung das Buch mit dem farbigen Einband und der Seglerin am Steuerrad erworben hatte. Übertrieben langsam, diese Stunde in vollen Zügen als das erlebend, was sie mir nach all den Jahren bedeutete, glitt HOBBY, mein HOBBY, mit kaum hörbarem Motorgeräusch an den Kais des Überseehafens entlang. Ein verspäteter Fischer mit Seespinnen und Taschenkrebsen im flachen, offenen Boot kam mir entgegen. Wir hoben beide die Hände zu einem stillen Gruß. Dann nahm ich Richtung zum Blinkfeuer auf der Innenmole auf. Bald wurde dahinter das Feuer von Fort Quest sichtbar, dem westlichsten dieses einst so stark befestigten Kriegshafens. Als der runde, massige Turm querab lag, hatte der neue Tag auf der Uhr schon begonnen. In zwei Stunden würde ich aus London den nächsten Wetterbericht empfangen müssen. Immer weiter zurück blieben das weiße Blinklicht und das ihm benachbarte rote der Warnboje.

Ich mußte nun alles vergessen, was hinter mir lag. Zum Träumen war jetzt nicht mehr der rechte Ort. Träume gehörten der Vergangenheit an. Wir würden nur noch segeln, einem unglaublich fernen, winzigen Ziel entgegen. Nein, wir würden eigentlich gar keinem Ziel entgegensegeln, nur überhaupt segeln, immer weiter. Abends das Boot nicht mehr an den Steg legen müssen, keine Segel bergen und verstauen müssen, bald die Fock ausbaumen können und den Sonnenaufgang am nächsten Morgen auf See erwarten. Ich war schon am Ziel, heute und morgen und jeden Tag, der über die Kimm heraufkommen würde, solange ich unterwegs sein durfte.

Die Große Reise, wenn wir die nun folgenden siebenunddreißig Tage einmal so nennen wollen, begann in der mildesten Form, die ich mir erhoffen durfte. Der Wind war gleich null, die See kaum gerippelt, und das wohl nur vom Gezeitenstrom vor der Küste. Der Himmel war klar, aber um diese Stunde bereits wieder mondlos. Wir hielten uns etwa eine Seemeile von der felsigen, dunklen Küste entfernt. Die dreißig Pferdestärken des Außenbordmotors gaben uns eine ruhige, regelmäßige Geschwindigkeit von sechs Knoten, ohne daß ich deshalb besonders viel Gas geben mußte. Offensichtlich waren alle Götter, die ihre Hand über das seefahrende Volk halten, heute nacht milde gestimmt. Trotzdem ist es eigentlich unverzeihlich, daß ich das erste Kognakglas dieser Nacht nicht traditionsgemäß über Bord gekippt habe, um Rasmus auch für die kommenden Wochen milde zu stimmen. Wenn wir von Glücksburg aus in die Ostsee aufbrachen, war das bald hinter Holnis immer die erste bedeutende Handlung unseres Wachführers gewesen, die wegen des dann folgenden zweiten Glases die ganze Mannschaft im Cockpit vereinte. Man sollte diese alten Bräuche nicht unterlassen. Wir glauben ja auch nicht an den Osterhasen und freuen uns doch über jedes Osterei. Bestimmt verbirgt sich ein heidnischer Opferbrauch dahinter, ein geschlachtetes Tier, das die Schiffer ins Meer warfen, bevor sie auf eine längere Fahrt gingen. Schreibt doch schon Vergil von Aeneas, er habe die Eingeweide der geopferten Schafe mit Bechern reinsten Weines den Wellen übergeben, bevor er den Anker lichtete. Das geschnitzte Vlies kann man auf Abbildungen alter Mittelmeerschiffe am Bug noch erkennen. Aber verdrängen wir lieber gleich von Anfang an den Gedanken an geopferte Eingeweide!

Zu meiner Rechtfertigung sei vermerkt, daß ich die Kognakflasche gar nicht anrührte. Die Fahrt erforderte doch sehr viel Aufmerksamkeit. In der Nähe von Cap de la Hague, wo der Gezeitenstrom um die Halbinsel von Cherbourg scharf nach Süden abbiegt, waren größere Boote beim Fischen. Ich erkannte nur die Lichter, hielt mich aber in gebührendem Abstand. Nicht nur wegen der Fischer, sondern auch wegen des Gezeitenstromes, der mich hier während der Ebbe sehr schnell in Richtung auf die Kanalinsel Alderney versetzt hätte. Das Navigieren ist nirgends im Ärmelkanal leicht, eben wegen der Gezeitenströme. Aber hier in der Nähe der Kanalinseln ist es bestimmt am schwierigsten und auch am gefährlichsten. Das war die letzte Gelegenheit, alles, was ich über Gezeitenkunde in Glücksburg gelernt hatte, noch einmal anzuwenden. Sehr viel einfacher wird es, wenn man die Gezeitenstromkarten dabei zu Hilfe nimmt, die von Hochwasser zu Hochwasser für jede Stunde Stromgeschwindigkeit und Richtung angeben. Ohne diese Karten kann es leicht geschehen, daß man zwischen den Kanalinseln ins Gedränge kommt.

Um drei Uhr früh hat sich ein bißchen Wind von Stärke zwei erhoben. Aus Nordosten, versteht sich. Wenn ich im folgenden keine Windrichtungen angebe, darf man annehmen, daß ich Nordosten meine, weil ich auf der ganzen Reise kaum etwas anderes erlebt habe. Im Südwesten peile ich den Leuchtturm von Le Casquet, an dem wir zwei Stunden später eine Seemeile entfernt vorbeisegeln. Inzwischen habe ich beim Aufkommen der ersten Brise Großsegel und Fock gesetzt, diese nach Backbord ausgebaumt und den Motor aus dem Wasser geschwungen. Es wird bereits hell. Ein diesiger Morgen. Ich bin ziemlich müde. Abwechselnd rauche ich oder esse einen Apfel, um mich wach zu halten, denn es gibt nicht viel zu tun. Das Cockpit ist vom Tau sehr feucht. Es ist kalt, etwa elf Grad.

Leider habe ich nun wieder zu rauchen angefangen. Wenn ich mein Leben in Abschnitte einteilen müßte, wäre eine Methode, es zwischen Nikotin- und Antinikotinperioden aufzuteilen. Jene sind natürlich viel kürzer als diese. Meistens findet die Nikotinperiode schlagartig ein Ende, wenn ich bei der dritten Schachtel pro Tag angelangt bin. Dann mache ich kurzen Prozeß mit mir, rauche die eben angezündete Zigarette gar nicht mehr zu Ende, sondern werfe sie mit einem lauten »Pfui Teufel!« in weitem Bogen von mir, schüttele mich kurz beim Gedanken an die nach Nikotin stinkenden Finger und lege die restliche

Schachtel irgendwohin, wo sie jemand finden kann. Damit bin ich wieder für ein paar Monate oder auch Jahre schlagartig geheilt. Wer geizig ist und nur die letzte von zwanzig Zigaretten dem unbekannten Finder opfert, hat schon den halben Erfolg verspielt. So banale Dinge sind es manchmal, die den Einblick in das Geheimnis des Opferns erhellen. Das klingt alles ein bißchen wunderlich und hat mit Willenskraft so gut wie nichts zu tun. Es ist nur eine Frage der Überzeugung, daß man kann, was man sich vornimmt. Von früheren Beispielen her weiß ich, daß ich es lassen kann, auch wenn es nicht immer einfach war. Je öfter es trotz aller Rückfälle gelungen ist, um so stärker wird der Glaube an sich selbst. Oscar Schellbach, dem ich als Mentor an dieser Stelle am Beginn meiner großen Reise ein Denkmal setzen möchte, sagt: Wille ist Kraftverschwendung; nur die Überzeugung macht uns frei! Der Leser, der vielleicht aus diesem Hinweis einen Nutzen ziehen mag, verzeihe mir deshalb die kleine Abschweifung.

Zu rauchen hatte ich angefangen, weil die Versuchung an Bord lag. Zollfreie Zigaretten kauft man gerne ein, da man vielleicht einmal jemandem damit eine Gefälligkeit entgelten kann. Sie stellten für mich das einzige Belebungsmittel dar, weil ich seit einem Jahr keinen Kaffee mehr trank. So war es nur zu natürlich, daß ich mich mit Nikotin ermunterte, als mir die Augen zufielen. Unter einem Cockpitsitz standen überdies die beiden Kisten mit vierzig Kilo Äpfeln. Ich aß und rauchte abwechselnd. Ich will nicht bestreiten, daß es vielleicht auch aus einer gewissen Aufregung heraus geschah. Die Nacht war ruhig, und die Gedanken hatten Zeit, nachdem nun das Land endgültig hinter uns lag, die volle Bedeutung dessen zu erfassen, was ich im Begriffe stand zu tun.

Als es tagte, setzte ich die Selbststeueranlage in Betrieb, einen wahrhaft treuen Diener, der deshalb im vertrauten Kreis mit Johann angesprochen wird. Johann tat sofort die ihm anvertraute Pflicht nach bestem Können. Außerdem war der Wind inzwischen bereits wieder um eine Windstärke zurückgegangen, so daß nicht allzuviel passieren konnte, falls Johann uns beim Umschwenken des Windes auf Guernsey zusegeln würde. Es war inzwischen fünf Uhr früh geworden. Ich wollte versuchen zu schlafen. Vorher wollte ich mir noch mit heißem Wasser aus der Thermosflasche und löslichem Teepulver einen Becher voll warmem Tee aufgießen. Ich kannte das Maß noch nicht. Der Tee wurde viel zu stark. Als ich den ersten Schluck im Hals hatte, glaubte ich, es sei Gerbsäure. Der gleichen Meinung war wohl auch mein Magen, der sowieso nicht wußte, was er mit den sechs oder sieben Äpfeln anfangen sollte, die ich ihm im Lauf der Nacht zugemutet hatte. Dazu kam die Giftwirkung der ungewohnten Zigaretten. Kurzum, wenn auch verspätet und nicht aus dem Schnapsglas – Rasmus bekam sein Opfer. Wie die Zukunft zeigt, war er über die Art der Gabe nicht empört. Ich fühlte mich auch gleich wieder wohl. Vorsichtshalber schluckte ich noch eine Dragee Reisegold, aß zum Trotz noch einen Apfel und legte mich angezogen auf die Bank im Salon. Dabei bemerkte ich, daß es mir zum ersten Mal in meinem Leben schlecht geworden war, ohne daß das stundenlange Folgen gehabt hätte, bis zu den mythischen Eingeweiden des Aeneas, meine ich. Allein die Gewißheit, daß ich nicht bei jedem Unwohlsein meine Galle strapazieren mußte, half mir wahrscheinlich bei späteren Gelegenheiten, als es wirklich darum ging, ob ich seekrank würde oder nicht, die Überzeugung zu steigern, daß ich eines Tages die Seekrankheit überwunden haben würde.

Die nächsten Stunden schlief ich. Man muß sich das so vorstellen: Nach zehn Minuten schreckte ich hoch, sprang ins Cockpit, fand die Richtung nach Guernsey immer noch dieselbe und den Dampferverkehr immer noch genauso weit im Norden, schlief dann wieder für eine Viertelstunde, bis ich erneut aufwachte. Inzwischen hatte ich entdeckt, daß ein Rundblick durch die großen Fenster die gleiche Sicherheit bot, ohne daß ich mehr zu tun brauchte, als den Kopf etwas anzuheben. Am Pfosten, der den Klapptisch hält, hing in einer dazu bestimmten Gabel ein kleiner Handpeilkompaß von Sestrel, der sich auch von der Seite her ablesen ließ. Mit einem Blick sah ich darauf, ob die Richtung noch stimmte. Wir machten wenig Fahrt über Grund. Da inzwischen der Strom wieder gekentert war und entgegenlief, traten wir wahrscheinlich auf der Stelle. Ich kann mich jedenfalls erinnern – und das Tonband bestätigt es –, daß ich durchs Fenster neben dem Kartentisch stundenlang die Insel Guernsey immer in der gleichen Peilung hatte. Das beruhigte auch und gab mir zwischendurch längere Schlafruhe. Gegen Abend war der Himmel völlig überzogen. Der Barograph war in zwanzig Stunden um weitere zwei Millibar gestiegen, der Wind hatte sich ganz empfohlen.

Das entschuldigt, warum wir seit Cherbourg erst siebzig Seemeilen am Log zurückgelegt hatten. Es gab mir aber die Gewißheit, daß der Kern des langgestreckten Hochs vor der europäischen Küste noch in der Nähe war. Morgens um sechs wollte ich den Wetterbericht aus London empfangen. Ich hatte den Wecker auf fünf Minuten vor sechs gestellt, sah beim Aufwachen, daß ich noch so viel Zeit hatte, und verschlief dann prompt den Bericht. Dafür bekam ich ihn fünf Minuten vor zwei am Nachmittag. Ich zeichnete die Angaben in die Karte. Der Kern lag mit tausendfünfunddreißig bereits südwestlich Irlands. Der Wind wurde mit Nord bis Nordost angegeben, zwei bis vier, aber das Gebiet schloß zwischen Dover und der Biskaya alles ein. Weiter draußen in Finisterre war der Wind bereits mehr östlich, und bei La Coruña erreichte er nach wie vor fünf bis sechs. Dort war auch Starkwindgefahr.

Die Nacht zum Sonntag sah uns wieder motoren und auf Schiffe und Kanalinseln achten. Das Logbuch ist voll von Peilungen zu entfernten Leuchtfeuern, die gerade noch über der Kimm zu sehen waren. Um vier Uhr früh lag die Ile de Batz genau südlich. Damit waren wir bereits in der Nähe der Bretagne. Zwei Stunden vorher brachte BBC den Wetterbericht und kam diesmal mit veränderlichen Winden eins bis drei dem wahren Sachverhalt schon näher. Was er noch sagte, ließ mich trotz meiner Müdigkeit laut jubeln: »Der Hochkomplex über den Britischen Inseln dehnt sich ohne Unterbrechung von Island bis zu den Azoren.«

Es kam mir vor, als habe er das nur für mich gesagt. Ich war gerührt. Mein Isländisches Frühlingshoch!

Bei Windstille kann auch Johann nicht weiterhelfen. Ich setze das Großsegel, das lustlose Falten über das ganze Gesicht zieht, aber fremden Schiffen ein Hinweis auf meine Gegenwart ist, lasse alles stehen und liegen und gehe um vier Uhr morgens schlafen.

Diesmal habe ich besser geschlafen. Aber fünf Stunden später bin ich doch wieder im Cockpit, weil die Sicht im silbrigen Dunst nicht weit reicht, bunte bretonische Fischkutter aus dem Ungewissen ins Ungewisse vorbeifahren, das Wasser spiegelglatt, aber der Gezeitenstrom spürbar ist. Nur nicht ein zweites Erlebnis wie in jener Nacht vor der Normandie! Nach zwei Nächten unter Motor sind die Reservekanister nun leer. Aber ich werfe sie jetzt doch nicht über Bord. Wenn wir sinken sollten, sind zwei Kanister voll Luft unter Umständen Gold wert. In den achterlichen Cockpitverschlägen ist soviel Platz, dort sollen sie die Reise nach Westindien mitmachen. Ich habe jetzt noch fünfundsechzig Liter Benzin, und es erhebt sich die Frage, was geschehen soll. Warte ich hier auf Wind, kann es sein, daß ich durch die schwer bestimmbaren Stromrichtungen im Dunst wieder in eine Gegend getrieben werde, die mir nicht willkommen wäre und HOBBY auch nicht. Motore ich bis in den Atlantik, also bis jenseits der Westecke der Bretagne, habe ich nicht mehr genug Benzin in Reserve, um für den Landfall auf der anderen Seite gerüstet zu sein. Außerdem werde ich in den nächsten Wochen den Motor ein paarmal laufen lassen müssen, um ihn betriebstüchtig zu erhalten. Wenn also unter Motor, dann nicht in den Atlantik, sondern nach Brest, um nochmals vollzutanken.

Das bedeutete einen bitteren Zeitverlust bei dieser Wetterlage. Außerdem rechnete ich aus, ich würde nach Mitternacht in Brest einlaufen, nachdem ich die Landspitze gerundet hätte. Ich hatte zwar ausgezeichnete Karten und französische Küstenhandbücher für Yachtsegler dabei, aber bei Nacht Brest anzulaufen, weigerte ich mich. Der Wetterbericht hatte zu Mittag das Gebiet mit veränderlichen Winden weiter nach Nordwesten verschoben und mir Nordost zwei bis vier versprochen. Weiter südlich war der gleiche Wind bereits auf drei bis fünf und an der nordspanischen Küste wieder auf sieben aufgefrischt. Das Zentrum des Hochs lag inzwischen über Schottland, und mein Barograph war um ein Millibar gefallen. Im Grunde genommen stand hinter allem unsichtbar eine viel wichtigere Entscheidung: Würde ich jetzt wirklich da vorn an der Ecke in den Atlantik hinaussegeln oder aber die Küste hinunterlaufen?

Da niemand meine stolzen Absichten kannte, würde niemand mein Versagen tadeln. Ich hatte es nur mit mir selber zu tun. Ich spürte, daß dieser Tag wichtiger für mich wurde, als es das entschlossene Auslaufen von Cherbourg gewesen war. Keinesfalls durfte ich ihn als Mutprobe auffassen. Es ging allein um die seemännisch richtige Entscheidung. Da Brest bei Nacht ausschied, nahm ich mir vor, noch einige Stunden zu warten, ob sich die Sicht bessern würde. Sonst könnte ich zwanzig Seemeilen nach Norden motoren und wäre dann nicht nur jenseits der Dampferlinie, sondern auch von der Gefahr befreit, mit der nächsten Flut in die Bucht von St. Malo getrieben zu werden. Ich hätte dort oben genug Raum, um mit den Gezeiten auf und ab getrieben zu werden. Der Wind mußte ja bald eintreffen, und außerdem war für Brest später sowieso der günstigere Augenblick.

Ich habe noch nicht vom Essen gesprochen. Ich hatte die warme Suppe in den Thermosbehältern und normannische sowie bretonische Patés in Hülle und Fülle, die mit Brot gegessen werden mußten. So genoß ich wenigstens im Vorbeisegeln etwas von den Köstlichkeiten der im Süden liegenden Landschaften, die mir der Dunst verborgen hielt. Mittags gab es jedoch aus vier geschlagenen Eidottern und vorsichtig untergehobenem Schnee Omelettes à la Confiture. Nur das Flambieren schenkte ich mir, weil eine angebrochene Kognakflasche eine größere Versuchung für die nächste Zeit darstellt als eine verkorkte.

Da ich schon beim Kochen war, dachte ich an die nächsten Tage, öffnete zwei Dosen Straßburger Sauerkraut und kochte es mit den Schweinsrippchen aus Cherbourg, die sowieso nicht mehr lange halten würden. Das Ergebnis kam in die inzwischen leer gewordenen Thermosbehälter und sollte dort eine Weile drin bleiben. Für den Abend schnitt ich eine Schüssel Tomatensalat auf, diesmal mit italienischem Olivenöl, Zwiebeln und etwas Knoblauch darüber, dekoriert mit feingeschnittenem Tiroler Schnittlauch. Ich kam mir vor wie ein Schauspieler, der bisher seine Rolle gelernt hatte und nun auf der Bühne stand, um sie zu spielen. Ich hatte auch noch eine angebrochene Flasche Rotwein aus Cherbourg und wollte Käse dazu essen.

Eine halbe Stunde nach diesen Vorbereitungen setzte Ostwind ein. Es kann nicht viel gewesen sein. Ich hißte die große blaue Genua und das Großsegel. Mit dem Wind wurde die Sicht klarer. Um vier Uhr peilte ich bereits im Südwesten den Leuchtturm der Ile Vierge. Johann war unterdessen achtern im Dienst und rettete uns wahrscheinlich vor dem Erlebnis, für das ich die leeren Benzinkanister aufgehoben hatte. Ich war aufs Vorschiff gegangen, um unbehindert von den großen Segeln den Horizont im Westen mit dem Glas abzusuchen. Das konnte ich, weil Johann inzwischen steuerte. Wir machten bereits vier Knoten Fahrt. Da entdeckte ich ein paar Schiffslängen voraus das weißliche Holz eines gut vier Meter langen Baumstammes, der genau in unsere Fahrtrichtung trieb. Ein Satz zurück ins Cockpit, das blockierte Steuerrad lösen und herumwerfen war eins. In diesem Augenblick trieb knapp neben uns auch schon dieses Ungeheuer vorbei, wenigstens einen halben Meter im Durchmesser. Wir waren noch einmal davongekommen. Die Genua stand zwar back, aber die empfindlichen Rümpfe waren heil geblieben. Die Bordwände sind so steif verspantet, daß sie absolut nicht federn und bei örtlichem Druck wie Glas sauber durchbrechen. Ich hatte das schon in Weymouth erlebt.

Diesen Ärmelkanal hatte ich jetzt satt. Was war mir da schon alles an gefährlichem Treibgut begegnet! Gestern hatte ich wenigstens etwas Brauchbares aus dem Wasser gezogen, ein langes Bambusrohr mit einer orangefarbenen Flagge am Topp, durch Gegengewicht und dicken Schwimmkorken in senkrechter Lage gehalten. In der Wasserlinie war es dick verkrustet mit dem schwarzen Pech der großen Ölpest dieses Sommers. Es war wohl eine Fischerboje, die sich losgerissen hatte. Ich nahm sie mit. Wer weiß, wozu so etwas einmal gut ist! Für eine ozeangehende Yacht gehört sie sowieso zur Sicherheitsausrüstung, um den Rettungsring leichter wiederzufinden. Nur würde niemand ihn hinter mir herwerfen.

Der Zufall wollte es, daß ich nicht viel später in der Ferne eine schwarze Flagge an langer Stange winken sah, wieder so ein Fischerfähnchen. Es war kein Umweg, also steuerte ich darauf los. Daneben schwammen noch zwei gelbe Gummibojen im Wasser, und unter dem Fähnchen konnte man auch bei Tag ein kleines Blinklicht erkennen, das von einem Akku in wasserdichtem Gehäuse gespeist wurde. Davon ließ ich die Finger. Ich war überhaupt froh, als ich die Gegend hinter mir hatte. Wahrscheinlich lag da gar nicht sehr tief irgendein vorübergehendes Unterwasserhindernis oder ein gesunkener Fischkutter, der auf seine Bergung wartete. Ich sehnte mich nach endlich einsameren Gegenden. Andererseits überholte mich gar nicht weit weg der Hamburger Frachter KANOPUS. Der Gedanke, daß wir denselben Heimathafen hatten, ließ in mir das unbekannte, warme Gefühl aufsteigen, einen größeren Bruder zu besitzen, dem ich eben begegnet war. Es waren zur Zeit acht Schiffe zu sehen, die in einem spitzen Winkel zu meinem eigenen Kurs einem gemeinsamen Punkt im Westen zustrebten, der die Ile d'Ouessant sein mußte. Es waren noch vierzig Seemeilen bis dorthin. Aber der Wind hatte auf gut drei zugenommen. Wir machten fünf bis sechs Knoten Fahrt und würden unter diesen Umständen um Mitternacht vor Ouessant sein. Johann durfte rasten.

Ich übernahm selbst das Ruder, weil das Segeln jetzt schwierig wurde. Ich hatte an Backbord den Großbaum mit einem Bullentau festgesetzt und trug an Steuerbord die große Genua. Die See wurde unangenehm. Der Ostwind warf eine kurze steile See auf, weil wir die auflaufende Flut um diese Zeit von vorn hatten. Zudem war plötzlich eine von Norden herunterkommende Kreuzsee da, die es schwierig machte, das Boot auf Kurs zu halten. Die Wassertiefe betrug nur vierzig Meter. HOBBY versuchte, seitwärts auszuscheren, und mehr als einmal schlug die große Genua back. Wieder auf Kurs zu kommen, bedeutete bei festgesetztem Großbaum jedesmal ein umständliches Manöver. Offenbar war das keine ausgewogene Besegelung; aber ich wollte die große Segelfläche beibehalten, weil ich meine Geschwindigkeit nicht verlieren durfte. Unter diesen Umständen war das Abendessen nicht mehr so, wie es den Vorbereitungen nach hätte sein sollen. Ich konnte das Steuerrad keinen Augenblick aus der Hand lassen. Tomatensalat und Käsekiste kamen ins Cockpit. Die ganze Handlung war nur noch eine Frage von Fingerfertigkeit. Aber wenigstens wehte mir der Wind noch nicht den Inhalt vom Teller.

Leider verschwand der zunehmende Mond schon in der ersten Nachthälfte im Westen. Aber die Nächte sind ja im Juni sowieso sehr kurz, dafür die Tage lang. Das traf sich sehr gut mit meiner Absicht, bei Nacht am Steuerrad zu stehen. Die kommende Nacht würde ich wieder kein Auge schließen können. Es war die gefährlichste Nacht, weil ich in einem Brennpunkt die Großschiffahrtslinie durchbrechen mußte. Um sieben Uhr abends wäre Hochwasser in Brest. Käme ich rechtzeitig an die Ecke, würde ich noch etwas mitlaufenden Strom haben. Das war mir weniger wichtig wegen der Geschwindigkeit als wegen der sich aufbauenden See, falls die Strömung inzwischen bereits wieder gegen den Wind gerichtet sein sollte. Sie war dort an der Ecke jedenfalls besonders stark.

Für mich war der äußerste Zipfel der Bretagne, die Nordwestecke der Ile d'Ouessant, nur noch »die Ecke«, und zwar wirklich im Sinne einer Hausecke am Ende der Straße. Hier empfand ich noch keinesfalls die Weite der See. Cornwall und die Südwestecke Englands schienen mir im Dunkeln gleich jenseits dieser Sträße zu liegen, durch die ich auf den freien Platz hinausdrängte, der sich hinter eben jener Ecke öffnen mußte. Im Ärmelkanal, auch hier draußen noch, fühlte ich mich eingeklemmt.

Über ein trauriges Ereignis an diesem Tag habe ich noch nicht berichtet. Im Salon stand von England her ein dichter Strauß großblütiger lila Rhododendren, die sich sehr wohl in meinem bayerischen Bierkrug fühlten. Leider mußte ich nachts den Tisch herunterklappen, und so stand der Krug dann immer am Boden. Ich sorgte mich, daß ich die Blumen im Dunkeln umwerfen könnte. Von allein fällt ja auf einem Katamaran nicht so leicht etwas um. So nahm ich sie während der ruhigen Mittagsstunden heraus und warf die immer noch frischen Blüten ins Meer. Es war mir eine Farbaufnahme wert, den schönen Strauß langsam davontreiben zu sehen, und ich weiß nicht genau, ob ich dabei nicht eigentlich einem polynesischen Brauch folgte.

Leider hatte ich auch noch einen wirklichen Verlust zu beklagen. Ich besaß ein ganz neues Taschenstenogerät mit einem guten deutschen Namen, von dem ich mir sehr viel praktische Hilfe versprochen hatte. Es sollte sich heute bereits bewähren. Ich zählte Leuchtfeuerkennungen aus, sprach die Peilrichtung dazu und spielte alles zusammen ab, als ich mit dem Leuchtfeuerverzeichnis am Kartentisch arbeitete. So vermied ich das unsichere Aufschreiben im Dunkeln oder das Geblendetwerden vom Taschenlampenlicht. Merkte ich mir eine Kennung im Kopf, hatte ich sie bestimmt bereits vergessen, wenn ich am

Kartentisch ankam, oder ich war ihrer nicht mehr ganz sicher. Aber das Mikrophon, das gleichzeitig zum Abhören diente, war nach einer halben Stunde unbrauchbar. Nie mehr werde ich etwas mitnehmen, das ich nicht bereits an Land länger und unter den schlechtesten Bedingungen ausprobiert habe – am besten unter der Brause in der Badewanne.

Ich hatte mir dieses Diktiergerät, das in der Hosentasche Platz fand, hauptsächlich aus einem anderen Grund mitgenommen. Ich wußte ja noch nicht, ob ich auf das Kajütdach zum Mast steigen müßte, um astronomische Beobachtungen mit dem Sextanten zu machen, oder ob die Höhe im Cockpit genügen würde. Da es beim Sterneschießen in der Dämmerung auf Schnelligkeit ankommt, bevor die Kimm undeutlich wird, wollte ich die Messung zusammen mit der gestoppten Zeit auf Band sprechen. Sonst hätte ich bei drei Messungen jedesmal erst wieder vom Dach steigen müssen und dabei vielleicht den Sextanten verschoben oder das Ergebnis durcheinandergebracht. Das große Tonbandgerät kam für diese Kletterei nicht in Frage. Später vermißte ich das kleine Gerät aber nie mehr, weil der Cockpitboden auf einem Katamaran ja viel höher liegt als in einem Kielboot. Im Niedergang zum Salon stehend, fand ich den besten Halt.

In England sind diese Boote bereits bei der Marine für die navigatorische Ausbildung in Gebrauch. Geräumigere und ruhiger im Wasser liegende Schulboote kann man sich gar nicht wünschen. Es ist vorauszusehen, daß der eigentliche Durchbruch des Katamarans in westlich denkenden Gehirnen auf dem Umweg über Marine oder Berufsschifffahrt erfolgt. Bereits jetzt gibt es große Katamarane, deren Auftraggeber wußten, was sie wollten. Die fünfundachtzig Meter lange E. W. THORNTON wurde gebaut, um von ihrem breiten Deck aus bis siebentausendfünfhundert Meter unter der Erdrinde nach Petroleum zu suchen. Für Ölbohrungen im Kaspischen Meer ist in Gorki ein hundertdreißig Meter langer Kat gebaut worden. Ein anderer ist in Kaliningrad in Bau und als Hochseetrawler gedacht. Noch trägt er den Namen EXPERIMENT. Japan hat bereits Ausflugskatamarane für 700 Touristen, und nichts liegt näher, als im Fährbetrieb große Doppelrumpfboote einzusetzen, auf deren weiten Decks viel mehr Omnibusse und Lastwagen Platz haben als auf den üblichen Schiffen. Auch die Vereinigten Staaten haben für ozeanographische Forschungen bereits einen zweiunddreißig Meter langen Katamaran. TROPIC ROVER ist mit fünfzig Metern der bisher größte Segelkat der Welt und befördert Urlauber durch Westindien. Bekannt ist die dreiundzwanzig Meter lange TSU-

LAMARAN mit ihren fünf Bädern an Bord. Pieter sitzt auf dem sechzehn Meter langen STRANGER; es ist derselbe Entwurf, nach dem in Deutschland ein Schwesterschiff in Holz gebaut wurde. Auf amerikanische Rechnung, versteht sich.

Einsamer Torero beim Stierkampf im Morgengrauen

Während wir so an den größeren Schwestern HOBBYS unseren Mut aufgerichtet haben, ist der große Augenblick gekommen. Die Ecke liegt knapp vor uns. Genau um Mitternacht steht im Süden das Leuchtfeuer mit dem roten Doppelblitz. Wir haben seit Cherbourg in achtundvierzig Stunden hundertsechzig Seemeilen zurückgelegt, trotz der Bummelei also noch achtzig am Tag. Der Wind ist auf zwei bis drei zurückgegangen, die Geschwindigkeit auf drei bis vier Knoten. Noch eine halbe Stunde später habe ich den weißen Doppelblitz im Süden. Nun liegt nur noch der Dampfertreck vor uns. Ich habe ein merkwürdiges Gefühl in mir. Es ist eine nicht abreißende Kette von Navigationslichtern, die dieser westlichsten Ecke Frankreichs zustrebt. Sie kommen mir wie Straßenbahnen vor, und ich bin der Junge, der vor ihnen über die Gleise springen muß. Wem soll ich nun vor die Räder laufen? Dort kommt einer, der nicht sehr anmaßend aussieht. Aber man hüte sich vor griechischen Tankern! Nur langsam kommen die Navigationslichter näher. Mehr ist nicht zu sehen. Ich halte also Kurs. Die geladene Leuchtpistole liegt schon zwei Tage lang in greifbarer Nähe. Eine zum Suchscheinwerfer umgebaute Autolampe ist an die Batterie angeschlossen und braucht nur angeknipst zu werden. Ich strahle die Segel damit an. Aber was bei Tag den Augen wohltut, ist in diesem Fall unpraktisch. Das braune und blaue Segel reflektiert das Licht nicht sehr stark. Doch man hat mich wohl wegen des Scheinwerfers trotzdem gesehen – und so schlecht sind meine Navigationslichter auch wieder nicht. Das freundliche Schiff geht offensichtlich auf einen Kurs, der hinter mir vorbeiführt. An den Lichterbewegungen ist es deutlich zu erkennen. Danke schön, Steuermann! Das war bestimmt kein Grieche!

Wir segeln weiter genau vor dem Wind. Brest wird gestrichen. Am Kompaß liegt West an, das sind zweihundertsechzig Grad auf der Karte. Die weißen und roten Laternen an der Straßenecke versinken nun in der Ferne, und die vorüberfahrenden Straßenbahnen sind nur noch an den weißen Dampferlichtern zu erkennen.

Als hätte sich nicht nur HOBBY auf diesen Augenblick des Hinaustretens auf den weiten Platz gefreut, nimmt auch der Wind im gleichen Maße zu, wie das Festland hinter uns versinkt. Wir haben noch die Genua stehen. Ich lasse das Licht am Masttopp brennen, um den langen Windsack besser erkennen zu können, der die Windrichtung anzeigt. Es ist nicht mehr als Stärke vier, aber das sind keine Kanalwellen mehr, die das Boot hin und her werfen. Gleichmäßig schieben sich hier von hinten die Seen unter die beiden Rümpfe, heben sie an und lassen sie auf der abfallenden Rückseite zurück. Noch sind HOBBY und ich nicht vertraut genug mit diesem neuen Erlebnis. Wir sind beklommen. Ist es zum Fröhlichsein oder zum Fürchten? Die große Genua macht mir jetzt wirklich Sorge. Im Logbuch steht: Machen große Fahrt! Ich halte das Boot auf Kurs, was jetzt viel leichter geht als am Nachmittag, obwohl sich an der Segelstellung nichts geändert hat. Backschlagen wäre jetzt auch kein Vergnügen mehr. Das Log schnellt auf neun Knoten hinauf. Aber ich kann nicht in alle Ewigkeit so weitersegeln. Seit gestern nachmittag stehe ich pausenlos am Ruder. Ich habe unter Ölzeug und zwei Pullovern noch mehrere Garnituren Unterwäsche und Hemden an. Dabei klappere ich vor Kälte. Bald muß es Tag werden. Der Sonnenuntergang war gestern abend sehr schön. Die Luft war klar, die Sicht weit. Ich hatte ganz vergessen, daß ich einen solchen Abend auf See seit vielen Jahren herbeiwünschte. Nun war er beinahe unbeachtet vorübergegangen, weil die Schiffsführung alle Aufmerksamkeit erforderte. Auch der Morgen auf See war nicht danach angetan, davon zu träumen, die Fock auszubaumen und immer weiterzusegeln. Es war im Gegenteil nötig, die Genua herunterzubringen. Das würde eine ungeheure Arbeit werden. Deshalb wartete ich bis zum Tagesgrauen. Beide Segel standen steif wie Bretter. Ich mußte die Geschwindigkeit verringern, weil ich im Stehen einschlief und das Backschlagen des Großsegels demoralisierend auf mich wirkte. Aber ich konnte es nicht immer verhindern.

Damit es nicht auch auf meine segelkundigen Leser so wirkt, muß ich etwas einfügen. Ausgebaumtes Großsegel heißt auf einem Katamaran nicht dasselbe wie auf einem Kielboot. Durch die größere Geschwindigkeit würde nämlich ein weit ausgebaumtes Großsegel bremsend auf die Fahrt wirken. Die Baumnock befand sich ziemlich genau über der seitlichen Belegklampe achtern. Deshalb führte auch das Bullentau hierher und nicht an die Klampe auf dem Vorschiff. Auch die

Genua steht ziemlich dicht. Das gibt uns die schnellste Fahrt. Natürlich ist es auf diese Weise sehr einfach, den Wind aus dem Trichter zu verlieren. Schlägt dann das Großsegel back, meine ich damit, daß das Achterliek herüberschlägt; der Baum bleibt, wo er hingehört. Sich schüttelnde Köpfe dürfen also wieder zur Ruhe kommen. Oder vielleicht besser noch nicht! Das Bild vom so davonsegelnden HOBBY (Umschlag) ist nämlich eine Aufnahme, die ich selbst gemacht habe. Die Kamera und ich befanden sich dabei in HOBBYS Dingi, das an einer langen Leine hinterhergeschleppt wurde, als wir an einem schönen Tag vor der englischen Küste kreuzten. Das kann man sich in einem Bobcat leisten, weil er unter ausgewogener Besegelung auch vor dem Wind schnurgerade weitersegelt, ohne daß jemand am Steuerrad stehen muß. Bei dieser Aufnahme habe ich mir aber doch für die Zukunft ein Segeldingi als Beiboot gewünscht. Dann kann man nämlich hinter HOBBY hersegeln, falls die Leine reißt.

Ich stand jetzt zwölf Stunden ununterbrochen hinter dem Steuerrad und nahm eine der bewußten Pillen, die erste übrigens nach dem verunglückten Morgentee von vorgestern. War das nicht schon ein Fortschritt? Die Arbeit, die jetzt kam, würde mich restlos erschöpfen. Deshalb sorgte ich lieber vor.

Nach einer halben Stunde war es soweit. Ich stopfte mir eine Handvoll Bändsel zwischen die Zähne. Diesmal kam die Genua back, jedoch absichtlich. Los das Fall von der Klampe – aber festhalten! In der anderen Hand die nur noch lose mit zwei Törns um die Winsch laufende Genuaschot, kroch ich auf den Knien übers Kajütdeck zum Mastfuß, pickte dort den Karabiner vom Sicherheitsgurt ein und gab zuerst Lose ins Fall. Das von der Schot noch nach achtern gehaltene riesige Segel rutschte unter dem Winddruck an den Wanten entlang herunter.

Jetzt hilft kein Sicherheitsgurt mehr. Ich brauche Bewegungsfreiheit, helfe am Vorstag nach, lasse dann die Schot sausen und raffe, was ich kann, an Tuch zusammen. Inzwischen ist jede Fahrt aus dem Boot. Die Seen rauschen drunter durch. Wenn es mit dem Vordeck im Schwung in das nächste Wellental geht, habe ich das Gefühl, das Deck fällt mir unter den Füßen weg – wie beim Klettern ein ausbrechender Tritt im brüchigen Fels. Das hinterläßt jedesmal den Eindruck, als bliebe ich in der Luft oben hängen. Ich muß mich festkrallen, das gebändigte Segel zusammenwickeln – der Ausdruck »Auftuchen« klingt lächerlich in dem Zusammenhang – und die dicke Wurst am Bugkorb anbändseln. Mit meinem Körpergewicht halte ich sie vorübergehend dort fest, während die Hände die Bändsel zwischen den Zähnen hervorholen. Das sind die Augenblicke, da einem Bärenkräfte wachsen, weil Überleben und Festhalten ein und dasselbe bedeuten. Es ist ein wütender Kampf und überfällt einen wie ein Blutrausch; aufgerissene Hände und abgebrochene Fingernägel spürt man gar nicht.

Die lange Genuaschot muß nun noch verräumt werden, dann ist die Fockschot einzuscheren. Ich habe an Stelle von Bolzenschäkeln überall Schnappschäkel, wo es auf rasches Arbeiten ankommt. Die Fock war schon am zweiten Vorstag angeschlagen. Jetzt wandern die Bändsel der Fock zwischen die Zähne, die Schot wird eingepickt. Zurück ins Cockpit – das heißt immer: außenrum auf dem schmalen Band entlang. Nun das Fockfall dichtholen! Die Fock schlägt dabei wie verrückt. Die Schot kann man nicht gleichzeitig dichtnehmen, weil sich dann das Fall nicht mehr durchsetzen läßt. (Später lernte ich das auch). Als das Fall belegt ist, saust der Schnappschäkel mit den inzwischen durch das wilde Schlagen vertörnten Schoten durch die Luft und ins Wasser. Die Fock führt jetzt einen Heidentanz auf, nachdem sie vom Gewicht der Schoten befreit ist. Ich muß sie wieder bergen, weil ich nicht weiß, ob das Schothorn aus dem Segel gerissen oder der Schäkel gebrochen ist. Also Segelbergen, vorübergehend an Deck anbändseln und dann die Schot aus dem Wasser fischen. Der Schäkel ist in Ordnung. Durch die harten Schläge hat sich der Bolzen trotz Gegendruck der Feder geöffnet und die Fock freigegeben. Das möchte ich auch nicht um die Ohren kriegen! Wir versuchen es noch einmal. Wieder dasselbe Manöver, dasselbe Schlagen und dasselbe Davonfliegen der Schot. Diesmal berge ich die Fock nicht mehr. Ich luve mit dem Großsegel weiter an, ohne Fahrt beinahe, in diesem Seegang. Jetzt schlägt die flatternde Fock gegen den Mast, ich muß aufs Dach und den Schäkel wieder einpicken. Diesmal entkommt sie mir nicht. Ich fliege mehr, als ich laufe, zurück ins Cockpit. Schot um die Winsch und dann dichtholen, solange wir noch im Wind liegen. Sogar der Schäkel bekommt noch ein Bändsel um den Bolzen, damit er sich an die Bordordnung gewöhnt. Das war wahrhaftig eine Stunde Nahkampf! Ich bin erledigt. Wir nehmen wieder Fahrt auf. Bisher haben wir in dreieinhalb Stunden dreißig Seemeilen zurückgelegt. Die neun Knoten am Log waren keine Täuschung. Wir segeln jetzt mit Backstagbrise, das heißt, wir segeln nicht, wir surfen schräg über die Seen. Wir machen immer noch neun Knoten Fahrt. Der Wind nimmt mehr und mehr zu. Das war aber Zeit, die Genua zu bergen!

Der Kampf ist noch nicht zu Ende. Ich muß wieder aufs Kajütdach und ein Reff eindrehen. Unter diesem Winddruck läßt sich das Segel nicht einrollen. Ich muß vorher in den Wind schießen und dann kurbeln, so schnell es geht. Ich höre nicht auf, bevor zwei Drittel des Segels auf den Baum gerollt sind. Ich bin doch nicht HOBBYS Sklave! Ich will endlich meinen Schlaf haben. Als hätte ich mit dem Reffen auch den Wind in die Falten gedreht, wird es ruhiger. Doch das ist eine Täuschung. Wir machen jetzt bloß eine vernünftige Fahrt von sechs Knoten. Aber ich will überhaupt keine Fahrt mehr machen. Ich habe kein Vertrauen, daß Johann uns weiter steuern wird. Unter diesen Windbedingungen müssen beide Segel an Steuerbord. Ich will auch keine Versuche mehr machen. Ich wollte gestern abend nach der langen Straße an der Ecke auf einen weiten Platz hinaustreten, aber nicht in eine Stierkampfarena. Noch einmal schieße ich in den Wind, bis die Fock back kommt. Die Schot war schon dicht. Nun Gegenruder geben und Steuerrad festlaschen.

Wir haben beigedreht. HOBBY wird so liegenbleiben, bis ich ausgeschlafen habe. Aber wir sind noch nicht ganz allein auf dem Wasser. Zwei Schiffe, eins davon ein Tanker, sind in der Ferne zu sehen. Was geht das mich jetzt an! Die sollen auch ein bißchen aufpassen! Ich werfe keinen Blick mehr ringsum, lösche die Navigationslichter, knipse das Topplicht wieder an, weil es immer noch nicht richtig Tag ist, werfe hinter mir die Kajüttür ins Schloß und sage laut und gut vernehmlich: Gott befohlen! Wozu hat man sonst einen Schutzengel? Ich ziehe nur noch die Wetterjacke aus, Pudelmütze über die Augen und Ohren, um nichts mehr zu hören und zu sehen, und bin ehrlich abserviert.

Leider waren es wieder nur sehr kurze Schlafabschnitte. Nach zehn Minuten stürzte ich hinaus, eine Viertelstunde später wieder. Irgend etwas klappte immer noch nicht. Ich versuchte, das Boot so zu legen, daß das Dröhnen der unter den Rümpfen hindurchrauschenden Seen erträglicher wurde. HOBBY stand auf den Schienen eines Güterbahnhofs, und auf beiden Seiten donnerten lange Züge vorbei. Das träumte ich in den kurzen Zeitabschnitten zwischen dem Wachen. Das Boot lag mit dem Bug nach Nordnordosten. Es lag sicher so. Ich schlief dann trotz des Lärms in kurzen Abständen. Vor allem erwärmte ich mich wieder.

Als ich um elf Uhr vormittags erneut Fahrt aufnahm, stand das Log immer noch bei hundertneunzig. Ich war nicht ausgeruht. Aber es konnte weitergehen. Das Reff blieb vorerst drin. Der Kurs war von nun an Südwest. Ob mein Diener mir die Gefälligkeit erweisen würde?

Versuchen wir es! Windfahne festklemmen, Steuerrad festzurren, und dann, welches Glück, wir hielten unseren Kurs! Ich war vorläufig aus der Sklaverei entlassen. Bravo, Johann! Das hätten wir schon seit heute früh haben können. Ich legte mich gleich wieder waagerecht und schlief noch eine gute Stunde weiter. Dann war es Zeit, ans Mittagessen zu denken.

Es gibt Sauerkraut mit Rippchen, erster Teil. Über den Himmel treiben schnelle kleine Haufenwolken. Wir segeln weiter mit gerefftem Großsegel und Fock. Wenn ich ausreffe, muß ich auch die Segelstellung ändern. Davor habe ich Angst, weil dann die Selbststeuerung bei achterlichen Winden vielleicht nicht mehr funktionieren wird. Ich möchte nicht den ruhigen Schlaf der kommenden Nacht gefährden.

Es könnte die erste erholsame Nacht seit Cherbourg werden. Außerdem machen wir sowieso zwischen fünf und sechs Knoten Fahrt.

Abends peile ich die Funkfeuer von Seine und La Coubre. Wenn man die Ungenauigkeit des Geräts abzieht, befinden wir uns in der Nähe von 48° Nord, 7° West. Die Ungenauigkeit besteht darin, daß sich das Minimum schwer bestimmen läßt. Die tonlose Spanne ist zu breit. Wenn der Ton bei 60° verschwindet und bei 100° wiederkommt, liegt das Mittel bei 80°. Mit anderen Worten, das Gerät überläßt die Genauigkeit der Messung der Musikalität des Gehörs. Aus diesem Grund kamen wir auch in der Nebelnacht in Schwierigkeiten, weil eine Hilfspeilung nach St. Catherine's Point auf der Isle of Wight keine verläßliche Linie ergab. Wir waren schon zu weit weg von den Sendern.

Auch das Echolot kann ich jetzt verstauen. Wir sind hier am Rand des Festlandschelfs. Danach geht es gleich auf viertausend Meter Tiefe. Wenn ich früher die Atlantikkarte studierte und mit dem Finger vom Ärmelkanal in den Atlantik hinausfuhr, hielt ich diesen Augenblick über der Kante des Festlandschelfs immer für einen der eindrucksvollsten der ganzen Reise. Hier ging der Atlantik wieder los.

Die Abendstunde ist sonnig und kühl, mit einem klaren Himmel. Die kleinen Haufenwolken haben sich verzogen. Der Wetterbericht verspricht für Biskaya und Finisterre, das Seegebiet westlich davon, vier bis fünf Windstärken. An der nordspanischen Küste immer noch sechs bis sieben. Wahrscheinlich machen die Isobaren vor der Iberischen Halbinsel einen scharfen Knick, und der Wind preßt sich wie in einer Düse zusammen.

Ich habe keine Lust, wieder Sauerkraut und Rippchen zu essen. Ich sollte niemals mehr als für eine Mahlzeit kochen. Es erregt Widerwillen und Abneigung, zweimal hintereinander dasselbe essen zu müssen. Ich bleibe wieder bei Käse aus der Normandie, von dem ich immer noch eine große Auswahl habe.

Sobald die Sonne untergeht, gehe ich schlafen, nachdem ich die Positionslichter angezündet habe. Um drei Uhr früh lösche ich sie dann wieder, um sechs kontrolliere ich draußen den Kurs. Um acht habe ich ausgeschlafen. Das war eine schöne Nacht! Wir sind schlafend fünfzig Seemeilen vorangekommen. Es ist eine schöne Morgengabe, was mir Johann da auf silbernem Tablett serviert. Allerdings segelten wir in der Nacht nach Westen. Der Wind hatte weiter auf Ost zu gedreht. Am Morgen gibt es wieder Eier mit Speck.

Heute ist der dreizehnte Juni. Ich hoffe, das wird nicht als Herausforderung aufgefaßt. Aber wir sind ja auch an einem Freitag losgesegelt. Das Wetter richtet sich nicht nach dem Kalender. So reffe ich also gleich am Morgen das Großsegel aus, baume die Fock aus – aha, endlich! – und setze zusätzlich an Steuerbord die blaue Genua. Mehr habe ich nicht zu bieten. Ich bin ausgeschlafen und will vorankommen. Wir machen zwischen sechs und neun Knoten Fahrt, aber um den Preis, daß ich selbst das Ruder übernehmen muß. Ich zahle ihn gern.

Mittags wird die erste Sonnenhöhe gemessen. Es ist überhaupt meine erste Messung des Zenitdurchgangs im Ernstfall. Im Logbuch bekommt sie noch das Prädikat »unsicher«. Demnach sind wir jetzt siebzig Seemeilen weiter westlich als gestern. Am Log haben wir seit Cherbourg zweihundertneunzig Seemeilen zurückgelegt.

Auf dem Mittagstisch steht Sauerkraut mit Rippchen, zweiter und letzter Teil. Ich möchte so schnell kein Sauerkraut mehr sehen. Währenddessen spielt im Cockpit das zweite Radio, und zu meiner Überraschung höre ich schon Radio España aus La Coruña. Öffnet sich mir nicht bereits die Welt? Vor mir die weite See und ferne Länder, deren Stimmen ich schon näherkommen höre! Am Himmel sind ein paar Federwolken und der lange Kondensstreifen eines Flugzeugs auf dem Weg nach Amerika. Seit der Stierkampfnacht habe ich keine Pille mehr genommen, aber manchmal, wenn ich mich bücke und eine schwere Arbeit mache, habe ich das Gefühl, es sei zu spät, noch schnell eine zu nehmen. Ich lege mich dann für kurze Zeit rasch auf die Bank; danach geht es wieder. Ich fühle mich nicht wohl, aber mir ist auch nicht schlecht. Das ist immerhin ein Erfolg.

Ich räume den Kartentisch auf. Die Seekarten vom Ärmelkanal, dazu die Handbücher von Irland und dem Bristolkanal, die ich für alle Fälle dabeihatte, werden aussortiert. Es ist mehr eine Geste als eine

Erleichterung für HOBBY. Ohne Wehmut fliegt alles zusammen über Bord. Soll ich auch schon das europäische Leuchtfeuerverzeichnis und die Gezeitentafeln hinausfeuern? Warten wir doch lieber, bis wir Spanien endgültig den Rücken gekehrt haben. Der Motor bekommt seine Schutzhaube übergezogen. Ob er nach Wochen noch anspringen wird?

Ich versuche, den verschlüsselten Wetterbericht von St. Lys zu bekommen. Ich möchte gern ein bißchen mehr über die Wetterentwicklung wissen als die wenigen Angaben von BBC. Nichts zu machen! St. Lys ist heute nicht zu finden. Der Barograph steht auf tausendvierundzwanzig. Irgendein Sturmvogel, den ich nicht kenne, zieht einen Kreis um uns und bekommt ein hartes Stück Brot. Weil es zu hart und groß ist, schwimmt er daneben im Wasser und wartet wohl, bis es aufgeweicht ist. Nach kurzer Zeit ist er wieder da. Nochmals ein hartes Stück Brot. Diesmal verachtet er es nach kurzer Prüfung. Ja, mein Lieber, ich kann doch deinetwegen keine Sardinenbüchse öffnen! Die ganz kleinen Dinge bekommen auf einer solchen Fahrt große Bedeutung. Diesmal ist es ein blinder Passagier, eine kleine Fliege, die ich auf dem Rücken eines Kochbuchs entdecke. Wo mag sie her sein? Aus den Äpfeln? Doch hoffentlich nicht aus dem Käse!

Abends wird die Genua wieder geborgen. Ich entdecke noch eine Glasflasche mit Milch aus Cherbourg. Sie ist sauer geworden und eingedickt. Ich gebe Zucker dazu und Erdbeerkompott aus der Dose. Dazu mürbe Kekse. Das ist einmal etwas anderes zum Abendessen. Soll doch der Käse inzwischen Beine kriegen!

Sieben Stunden lang saß ich an der Pinne, solange alle Segel oben waren. Auf diese Weise machten wir statt nur drei Knoten sechs. Jetzt ist Johann wieder dran. Ich habe meine Wache abgedient. Von neun Uhr abends bis sechs Uhr früh schlafe ich.

Manchmal spreche ich von Steuerrad, manchmal von der Pinne. Ich stecke die Pinne an, wenn ich im Cockpit sitzend steuern will, sonst stehe ich hinter dem Steuerrad. Genauer steuert es sich mit dem Rad. Das liegt aber nicht am Rad, sondern an mir. Stehend übersieht man den Raum vor dem Boot. Sitzend ist man auf den Kompaß angewiesen oder die Windanzeige im Masttopp. Sieht man vom Cockpit aus den Bug des Bootes und das Wasser weiter voraus, bemerkt man sofort die kleinste Kursabweichung, und dann kann man gleich Gegenruder geben. Da die Kompaßanzeige immer etwas hinter der Bootsdrehung nachhinkt, kommt man also zu spät, wenn man darauf wartet, bis sich eine Kursänderung auf der Rose ankündigt.

Das ist ein Problem mit dem Kompaß! Der Steuerkompaß für das Steuerrad hängt über dem Rad am Querschott zum Salon. Es ist ein *Corsair* von Danforth und nur von oben einzusehen. Aber seine rote Nachtbeleuchtung ist sehr angenehm. Wenn ich dagegen auf derselben Backbordseite auf der Bank sitze und die Pinne bediene, kann ich die Rose des höher hängenden *Corsair* nicht mehr sehen. Ich brauchte einen zweiten Kompaß von der gleichen Qualität und entschied mich für den *Sestrel More*, einen kardanisch aufgehängten, breiten, scheibenförmigen Kompaß, der auch von der Seite abgelesen werden kann. Beide Kompasse waren so weit weg voneinander, daß sie sich nicht gegenseitig beeinflußten. Ich ließ sie in Cowes amtlich kompensieren, zu meiner eigenen Beruhigung, denn sonst fragt dort niemand danach. Da ich für die Kursberechnungen immer nur den *Corsair* herbeiziehe, besteht keine Gefahr, die Deviationsangaben durcheinanderzubringen. Im Salon hing der *Sestrel Junior* für die Kurskontrolle beim Schlafen oder Arbeiten am Kartentisch beziehungsweise in der Galley. Er hing so, daß er von jeder Ecke aus gesehen werden konnte. Zum Peilen hätte ich ihn niemals verwendet. Dazu hatte ich einen Flüssigkompaß des englischen Heeres, auch von *Sestrel*, den man als Surplus für viel Geld im Zubehörhandel bekommt. Dank der eingebauten Lupe kann man die Peilung auf den Gradstrich genau ablesen. Ein zweiter kleiner *Sestrel* saß übrigens noch auf dem Funkpeiler; das waren zusammen fünf Stück. Den Kurs würden wir so leicht nicht verlieren. Aber, offen gesagt: Auch wenn ich nur den billigen *Sestrel Junior* dabei gehabt hätte, wären wir drüben angekommen. Auf einer solchen Reise steuert man nach dem Wind, nach der Sonne und nach den Sternen. Ein gelegentlicher Blick auf den Kompaß genügt. Johann kann ja auch nicht lesen.

Mit der Windsbraut auf du und du

Heute, am 14. Juni, habe ich übrigens alle Uhren auf MGZ gestellt. Wie komme ich dazu, immer noch mit britischer Sommerzeit zu segeln? Ich hatte die Einteilung die ersten Tage beibehalten, weil ich sonst zu leicht bestimmte Radiosendungen versäumt hätte, besonders den Wetterbericht. Da gibt es übrigens eine gute Hilfe. Ich fand in der Art einer Küchenuhr einen kleinen englischen Wecker, der bis zu sechs Stunden jedes Zeitmaß einstellen läßt, bei dieser Einstellung bereits aufgezogen wird und dann nach Ablauf der eingestellten Zeit weckt. Dieses englische Fabrikat ist auch in Deutschland im Handel und besitzt als einziges den Vorteil der Sechsstundenspanne. Man kann bereits mittags die Zeit für den Abendwetterbericht einstellen oder morgens die Zeit für die voraussichtliche Kulmination der Sonne. Man kann sich alle halben Stunden immer wieder wecken lassen, wie ich es anfangs im Kanal hielt. Man muß gar nicht auf den Zeiger schauen. Eine halbe Drehung am Zeigergriff sind dreißig Minuten. Man muß ja nicht unbedingt schlafen. Manchmal ist man bloß gerade abgelenkt. Ich nannte ihn die Höllenmaschine, weil er nach dem gleichen Prinzip arbeitet. Ein richtiger Wecker mit Uhr ist lange nicht so praktisch. Es ist nötig, soviel wie möglich von menschlicher Schwäche unabhängig zu werden. Der schwächste Faktor auf einem gutgebauten Boot bleibt ja auf einer längeren Reise doch der Mensch.

Mittags habe ich heute schon mehr Vertrauen in meine Navigation. Demnach sind wir bereits bei 46° 3' N und 10° 15' W, ein Etmal von 110 Seemeilen. Wir fahren Großsegel und Fock, diese mit dem kürzeren Spinnakerbaum an Backbord ausgebaumt. Bei dieser auseinandergespreizten Besegelung bedauert mein Diener wieder. Das schafft er nicht. Ich stehe ab mittags selbst am Steuerrad. Vielleicht ließe sich die Einstellung so regeln, daß sich das Boot selbst steuert. Aber dazu müßte der Wind ganz gleichmäßig wehen.

Es ist vielleicht jetzt an der Zeit, etwas näher auf Johanns Eigenarten einzugehen, damit jeder seine Mitwirkung in Zukunft besser versteht. Ich muß vorausschicken: Es war nicht Johanns Bestimmung, in einem so großen Haus zu dienen. Aber ich mußte nehmen, was sich innerhalb eines Monats herbeischaffen ließ. Das nächste Mal würde ich zuerst die Selbststeueranlage kaufen und dann das Boot.

Um ein Boot selbststeuernd zu machen, gibt es drei Hauptmöglichkeiten. Man kann die Schoten zur Pinne führen, wie ich das mit der Passatwindbesegelung vorhatte, bei zwei Vorsegeln mit beiden Schoten, bei einem Vorsegel mit einem Gummistropp auf der Gegenseite. Auch das werden wir noch an Bord ausprobieren. Dann kann man eine Vorrichtung achtern anbringen, deren äußeres Kennzeichen eine rundum bewegliche Windfahne ist. Die Kraft dieser Fahne kann man dann entweder direkt über seitenverkehrte Züge zur Pinne führen oder mit Hilfe eines unten angebrachten Hilfsruders ausnützen. Entweder korrigiert dann das Hilfsruder das Hauptruder, wofür es mehrere Möglichkeiten gibt, oder es übernimmt selbst die Steuerung. Dann muß aber das Hauptruder blockiert sein. So war mein Diener Johann beschaffen. Eine Windfahne, die direkt auf das Ruder wirkt, müßte sehr großflächig sein, um die doppelte Kraft für die beiden Ruder eines Katamarans aufzubringen. Am besten stellt man dann auf jeden Rumpf eine eigene Windfahne. Man kann das Hilfsruder auch achtern am Ruderschaft anmontieren und direkt auf die Ruder wirken lassen. Das kam bei mir nicht in Frage, weil meine Ruderblätter aufholbar sind.

Für die Anbringung eines dritten Ruders als getrenntes Hilfsruder der Windfahne bietet sich die Brücke zwischen den beiden Rümpfen an. Leider hängt dort in der Mitte der Kasten für den Außenbordmotor. Ich entschied mich für den Backbordzwischenraum zwischen Motorkasten und Rumpf. Die asymmetrische Aufhängung stört nicht.

Die Einregulierung ist sehr einfach. Man läßt zunächst die Windfahne frei schwingen. Das Ruder befindet sich dann von allein in Mittschiffslinie, weil es ebenfalls frei schwingt, solange es nicht über das einfach Hebelsystem mit der Windfahne verbunden ist. Dann stellt man am Steuerrad die Richtung ein, so daß also eventueller Steuerdruck am Ruder von den Hauptrudern getragen wird. In dieser Stellung belegt man das Rad und klemmt sofort die Windfahne fest, die ja immer von selber in die windabgekehrte Richtung schwenkt. Hat man das Hauptruder so fixiert, daß das Boot ein kleines bißchen luvgierig bleibt, klemmt man die Fahne um ein weniges leegierig fest. Sie übt dann über ihr eigenes Ruder einen stetigen Gegendruck gegen die Luvgierigkeit des Bootes aus und hält auf wenige Grade genauen Kurs.

Da Fahne und Hilfsruder nach allen Richtungen drehbar sind, kann man jeden Kurs einstellen, Kurs zum Wind, versteht sich. Die Fahne bringt das Boot auf seinen Kurs auch dann zurück, wenn es durch eine Welle einmal sehr aus seiner Richtung geworfen werden sollte.

Jetzt kommt der Haken. Hat man den Wind von achtern – und in einer Bö vervielfältigt sich seine Kraft –, so wird das Boot wegen des größeren Großsegels stark anzuluven versuchen. Wenn man bedenkt, wie kräftig einer dann Gegenruder geben muß, wenn er selbst an der Pinne sitzt, versteht man, daß die kleine Windfahne nicht genügend Gegenkraft aufbringen kann. Das Boot luvt also weiter an, bekommt den Wind von dwars und schießt erst recht los. Ist die Windfahne mit den Klemmschrauben nicht zu fest an ihrer drehbaren Achse angeschraubt, löst sie sich, und es geschieht ihr kein Unglück. Löst sie sich nicht, weil sie zum Beispiel mit einer Gripzange festgesetzt worden ist (wie von mir), bricht irgendwo das Kraftübertragungssystem am schwächsten Punkt. Aber das geschieht noch lange nicht. Wahrscheinlich würde die Fahne sogar das Boot in die alte Richtung zurückbringen, sobald es stärker anluvt, weil das Ruder ziemlich groß ist und der Katamaran leicht am Ruder liegt. Aber das arme Ruderblatt kann sich nicht mehr bewegen, so sehr die Fahne auch drückt. Das ist ein spezielles Katamaranproblem.

Der Wasserstrom zwischen beiden Rümpfen (wird in meinem Fall noch einmal halbiert: genaugenommen zwischen der bei Schußfahrt am Wasser aufliegenden Motorbox und dem Rumpf) ist so stark wie der Strahl aus dem Turbinenhaus eines Wasserkraftwerkes. Man muß diesen Wasserstrahl gesehen haben. Das Wasser wird hinausgepreßt und formt eine hohe Heckwelle. Genau in der Mitte dieses Kraftstrahls hängt nun das Hilfsruder, das in Wirklichkeit ein hilfloses Ruder geworden ist. Es kann sich unmöglich noch seitwärts drehen. Während nun die Windfahne trotz anluvendem Boot im Wind zu bleiben versucht, verharrt das Ruder in der Mittschiffsrichtung des Wasserstrahls. Wenn nichts bricht, verschiebt sich wenigstens die Fahne, und damit ist das Schiff aus dem Kurs geraten, sobald die Bö vorüber ist. Aus diesem Grund mußte ich so oft nachts heraus, mitunter alle zehn Minuten. Wenn ich länger schlief, dann wahrscheinlich deshalb, weil ich durch das veränderte Wassergeräusch nicht sofort geweckt wurde. Das war aber selten der Fall. Das Boot trieb dann so lange mit backgeschlagenem Vorsegel.

Das Problem besteht nur bei achterlichen Winden und ließe sich vielleicht etwas verringern, wenn man nur mit stark gerefftem Großsegel und vergrößerter Vorsegelfläche segeln würde, um die anluvende Kraft zu verringern. Man würde einen Klüverbaum brauchen und ganz vorn eine kleine, sehr dichtstehende Fock. Aber das wußte bereits Joshua Slocum.

Für achterlichen Wind sind zwei ausgebaumte Focks noch das Idealste. Aber solange in der Nähe Starkwindgefahr war, wollte ich am Boot nicht ein Geschirr mit zwei so langen Bäumen befestigen und dem ganzen Risiko, das mir drohte, wenn sich bei wirklich zunehmendem Wind die Notwendigkeit ergab, diese Besegelung wieder herunterzubringen. Mir reichte schon die Genua, die keinen Baum hat. Von den Bäumen führt ja auf beiden Seiten die Schot zur Pinne. Darauf lastet ein solcher Druck, daß es noch ein Problem werden würde, die beiden Segel überhaupt in dieser Weise zu setzen und alle Schoten dichtzubekommen.

Auf einem neuen und größeren Boot würde ich auf den Außen-bordmotor verzichten und an seiner Stelle, allerdings ohne fahrthem-menden Kasten, Johanns Nachfolger einstellen. Der wird das nächste Mal nach Blondie Haslers Ideen bei Gibb gebaut. Da hängt zwar auch ein Hilfsruder im Wasser. Aber es hat nicht mehr die Last der Steue-rung zu übernehmen. Es dreht sich mit der Windfahne, wie das schon Johann tat oder tun sollte. Weil das Ruder pendelnd aufgehängt ist, wird es beim Schiefstellen vom Fahrtstrom in die Höhe geschwenkt. Dieser Druck wirkt sich über ein einfaches, aber geniales System di-rekt auf die Pinne aus und bringt auf diese Weise über die Hauptruder das Boot in die alte Richtung zurück. Der starke Fahrtstrom wirkt hier also sogar fördernd auf die Regelkraft, weshalb das Hilfsruder sehr kurz sein kann. Das ist die Selbststeuerung, die sich bei den Einhand-seglern durchgesetzt hat. Theoretisch gibt es noch sehr viele mehr, die alle bei der A.Y.R.S. veröffentlicht sind. Wichtiger aber als eine ausge-tüftelte Neuigkeit ist eine robuste Handwerksarbeit, die unterwegs nicht die Einzelteile verliert.

Bei sehr schnell segelnden Mehrrumpfbooten arbeite eine Wind-fahne nicht gut, hat man sich anfangs erzählt. Tatsächlich schwenkt ja die Fahne auf den scheinbaren Wind ein, sobald das Boot lossegelt. Da dieser immer vorlicher einkommt, je schneller das Boot segelt, stimmt dann die Regelung zum Hilfsruder nicht mehr, denn beim Los-segeln wurde ja die Fahne auf den wahren Wind eingestellt. Das Boot läuft also aus dem Kurs in Richtung vom wahren Wind weg. Das sind Spitzfindigkeiten, die sich Arthur Piver ausgedacht hat, als er unter die Leute bringen wollte, seine kleinen Trimarane könnten mit Etmalen von 300 Seemeilen über den Atlantik segeln. Ich möchte den Steuer-mann sehen, der bei 25 Knoten Fahrt über den Atlantik – das sind sechsundvierzig Kilometer pro Stunde, aufs Auto übertragen – die Steuerung seinem Diener überläßt!

Ich habe versucht, das Problem der Selbststeuerung auf HOBBY dar-zutun. Für mich war sie das wichtigste Ausrüstungsstück an Bord und im Hinblick auf Brauchbarkeit die größte Unbekannte.

Aus der Summe aller Erfahrungen seit Slocums erster Weltumsege-lung in der SPRAY hat sich bereits viel Wissen darüber gesammelt, wie sich ein Alleinsegler aus der Sklaverei des Rudergehens befreien kann, aber jede neue Bootsform gibt neue Probleme auf.

Habe ich bis jetzt erklärt, worin Johanns Mitwirkung am Gelingen dieser Reise bestand, so brauche ich nun nicht mehr zu erklären, warum ich in den nächsten Tagen auf mich selbst angewiesen war.

Was ich bis jetzt für den Atlantik gehalten hatte, war bloß das Vorspiel, die Einleitung zum ersten Akt. Es war immer noch der vierzehnte Juni. Seit Vormittag stand ich wieder hinter dem Steuerrad und gab in den Böen Gegenruder. Trotzdem kam es manchmal zum Backschlagen, und dann wurde das Rigg heftig geschüttelt. Wahrscheinlich aus diesem Grund löste sich das Bändsel trotz fachmännischer Knüpfung vom Schnappschäkel. Eine Stunde vor Mitternacht, so lange stand ich nun schon wieder am Ruder, knallte dann der Spinnakerbaum aufs Deck, weil sich der Schnappschäkel wieder gelöst hatte; die Fock aber flatterte uns voraus. Ich brachte es nicht fertig, jetzt auf dem Vordeck die flatternde Fock wieder am Baum einzuhängen. Sobald ich das Schothorn zu fassen bekam, riß sie mich beinahe über Bord. Als ich dagegen versuchte, zuerst das andere Ende des Spinnakerbaums draußen ins Schothorn einzupicken, schlug die Fock sofort den Baum wie einen Knüppel über das Boot, und ich war unfähig, ihn am Mastbeschlag einzuhängen. Dabei wickelte sich die wildgewordene Fockschot wie eine Schlange um meine Beine. Es war sowieso kaum möglich, vorn festen Stand zu finden. Das Boot verstärkte wie ein Schaukelpferd die Wellenbewegung, da wir keine Fahrt mehr machten. Schwerelosigkeit, Nahkampftechnik – alles wie bereits vor zwei Tagen gehabt. Den Sicherheitsgurt verwendete ich, so oft ich irgendwo einen Augenblick verweilte, aber er ist auch eine Gefahr, weil er beim Arbeiten die Bewegungsfreiheit einschränkt und zusätzliches Gewirr in das herumsausende Tauwerk bringt. Wenn ich am Gurt erst im Wasser hänge, zieht mich niemand mehr raus. Die beste Lebensversicherung waren auf dem Vordeck die stabile, hüfthohe Bugkanzel und die drei Vorstagen. Am Vordeck lag auch das immer noch mit Luft gefüllte Beiboot. Es lehnte gegen die Fenster und war nicht im Weg.

Während dieser Arbeiten vorn vermißt man eine zweite Hand, die das Boot so lange in den Wind gedreht hält. Theoretisch müßte Johann diese Arbeit allein übernehmen können, wenn die Großschot dichtgeholt ist, das Boot anluvt, aber dank Johanns Hilfe nicht durchluven kann. Nur hat man für solche Feinheiten in dem Augenblick keine Gedanken. Ohne Fock und gegen Wind und See würde das Boot sowieso nicht durch den Wind gehen. Es nähme mit dwars einfallendem Wind bei dichtgeholter Schot nur Fahrt auf und würde parallel zu den Wellen davonwetzen wie ein gehetzter Hase in der Ackerfurche.

Ebenso unmöglich war es, die Fock zu bergen, an Deck in Ruhe alles neu einzuschäkeln und dann neuerlich vorzuheißen. Verklemmt sich der wildgewordene Baum zwischen den Wanten, habe ich unter

Segeldruck die einfachste Hebelwirkung, um den Mast über Bord zu werfen.

Die Fock mußte sowieso geborgen werden. Bei Tag hatte sie bereits zwei Stagreiter verloren. Einem flog der Bolzen weg, als dieser sich am zweiten Vorstag verfing, der andere schied aus, weil der Hanffaden, mit dem er angenäht war, vom ungeeigneten Schmiermittel für die Feder im Bolzen angegriffen worden war. In der Folge mußte ich sämtliche Stagreiter neu annähen, allerdings nicht mehr mit Hanfgarn.

Der Wind war in den Böen bei sechs. Es sah nicht so aus, als ob sich das ändern würde. Deshalb barg ich die Fock, schlug sie auch gleich vom Vorstag ab und schleppte sie ins Cockpit. Denselben Weg gingen dann der Baum und die Schot. Wenn Alleinsegeln gefährlich ist, dann sind das die wirklich lebensgefährlichen Augenblicke.

Ich hatte noch eine zweite Fock in der gleichen Größe, aber damit hätten sich die Schwierigkeiten nicht verringert, sie zu setzen. Das Setzen ohne Baum wäre natürlich immer möglich gewesen, ich hätte dann aber meinen Vorwindkurs aufgeben müssen.

Über den Rand Europas: Finisterre

Inzwischen war es Mitternacht geworden. Ich segelte mit dem Großsegel allein weiter. Da der Segeldruckpunkt nun noch weiter achtern lag, konnte von meinem Diener Johann erst recht keine Rede sein. Ich hatte weiterzusegeln, eigenhändig, bis es Tag wurde, wenn ich nicht beidrehen wollte. Aber auch dazu hätte ich eine Fock gebraucht. Als es gegen vier Uhr hell wurde, setzte ich wieder die Fock, diesmal die neue mit der zweiten Fockschot. Der an ihr sitzende Schnappschäkel war von besseren Eltern, und so hatte ich keine Ausrede mehr, das Manöver aufzuschieben. Es würde mich erwärmen.

Bis die Sonne über die Kimm heraufkam, stand die Fock wieder, wir hielten weiter unseren Kurs von zweihundertzwanzig Grad, und niemand sah mehr, was in der Nacht alles vorgefallen war – außer vielleicht an meinen geröteten Augen.

Aber an Schlaf war nicht zu denken. Um sieben Uhr mußte ein Reff eingedreht werden, um den Druck zu verringern. Jetzt sah man auch, daß die Windstärke fünf keine Täuschung war. Zeit, von Schokolade und Bananen zu leben! Als ich eine halbierte Pampelmuse mit viel

Zucker auf den Schnittflächen ins Cockpit holte, um sie auszulöffeln, hatte ich im nächsten Augenblick den klebrigen Zucker im Gesicht, und der Teller war leer. Mögen sich die Sturmvögel mit der ungezukkerten Pampelmuse ärgern; ich leckte mir wenigstens die Lippen ab.

Was bis jetzt Wellen waren, wurden nun ausgesprochen lange Seen. Das Meer veränderte sein Gesicht. Bisher hatte es verspielt gewirkt. Was jetzt angerollt kam, war Ausdruck einer ganz anders entschlossenen Kraft: langgezogene, flachgepreßte Wellentäler mit steil aufgeworfenen, rasch herankommenden Kämmen, die hier und dort bereits brachen und große Schaumflächen zurückließen. Um zwölf Uhr steht im Logbuch bei der Ortsbestimmung nur ein lakonisches Wort: Wellen!

Wir hatten ein Etmal von einhundertfünfzehn Seemeilen hinter uns, trotz der behinderten Segelei in der Nacht. Ich schaffte es, um dreizehn Uhr fünfundfünfzig den Wetterbericht von BBC aufzufangen: Finisterre und Biskaya Nordost vier. South Finsterre kam dann noch getrennt, was immer verdächtig ist: sechs, örtlich sieben. Ich befand mich jetzt auf einer gedachten Verlängerung der nordspanischen Küste. Das betraf also mich. Als ich den Kopf hob und wieder hinausschaute, sah ich bereits die Seen sich aufpumpen und noch größer werden. Auch der Wind nahm noch zu. Ohne Wetterbericht hätte ich mich heute um eine Windstärke wohler gefühlt. Ich wollte von nun ab auch keinen mehr hören.

Nach vierundzwanzig Stunden am Ruder war ich sehr müde. Ich mußte mir einreden, daß das eigentlich ein so herrlicher Segeltag sei, wie man ihn im Leben nur ganz selten erlebt. Die Sonne schien, der Horizont war milchig vom Wind, das Meer eisblau. Achterlicher Wind, und auf den langen Seen ließ sich prächtig segeln. Immer wieder stand der Zeiger bei zwölf Knoten fest, weil dort der Meßbereich zu Ende war. Mehrmals sausten wir mit einem unvergeßlichen, zischenden und knatternden Geräusch vor dem Wellenkamm her talabwärts, wo wir jedoch bald eingeholt wurden. Am Morgen noch hatte ich mich nicht gerne umgesehen, als die Wellenkämme immer höher wuchsen. Jetzt schaute ich absichtlich weg, weil ich bald verstanden hatte, daß die ganze Drohung in Nichts zerfiel, sobald der Kamm heran war. Dann wurde HOBBY einfach von hinten hochgehoben, die See gurgelte unten drunter durch. Dann stieg das Vordeck hoch, während wir achtern bereits ins nächste Tal hinabsanken, bis ein anderer Kamm sich näherte.

Während dieser Aufundabbewegung hatte das Meer zwei ganz verschiedene Gesichter. Waren wir unten, reichte die Sicht nur bis zu den nächsten Wellenkämmen, und das wirkte so beklemmend, als säßen wir in einer Pfütze auf dem Grund eines Eimers. Kamen wir oben an, weitete sich plötzlich der Blick bis zur Kimm. Soweit das Auge blicken konnte, nichts als rasch wandernde Seen, vereinzelt durch besonders hoch geworfene, brechende Wasserberge gezeichnet, die wie ein ferner, mit Gletschern bedeckter Gebirgsstock aussahen.

In diesen Augenblicken hatte ich wirklich das Gefühl, auf einem Berg zu stehen und ringsum in Täler zu blicken. Das lag daran, daß jeder Maßstab fehlte, mit dem ich die Umgebung hätte auf die richtige Größe einstufen können.

Beim Voraneilen ließ ich auf der Wasserfläche eine breite Blasenbahn zurück, die sich manchmal wie eine Skispur ausnahm, die im Bogen über einen Hang herunterführt – dann nämlich, wenn ich das Boot nicht mehr ganz gerade auf Kurs halten konnte, weil wir beim Erreichen des Wellenkammes etwas schräg zum Wind gerieten. Dann füllten sich die Segel erst recht, und wir hielten uns einen Augenblick lang auf dem Wellenkamm, weil wir genauso schnell vorwärts segelten, wie die Welle eilte.

Während ich diese zurückgebliebene Schaumspur auf den nachfolgenden Kämmen noch überblicken konnte, fiel mir auf, daß die Wellenkämme an diesen Stellen ein bißchen eingedrückt wirkten, wie besänftigt, während sich zu beiden Seiten überstürzende Kämme bildeten. Ich gab den ganzen Nachmittag acht und gewann eine immer größere Sicherheit. Ein paar Schiffslängen seitlich hinter mir stürzten brechende, mannshohe Kämme nach vorn und verursachten ein widerliches Geräusch. Ich hätte sie nicht über meinem Cockpit haben mögen. Aber da hinter mir schien überhaupt keine Gefahr zu bestehen. Die fünf Meter breite Blasenbahn meiner Turbine wirkte beruhigend auf die nachfolgenden Seen. Ganz brav und vergleichsweise platt kamen die Wellenkämme hinter mir her, während sie mir seitwärts wenigstens ein paar ordentliche Motive zum Fotografieren boten.

Ich dachte an die vor dem Sturm beigedreht liegenden Schiffe, deren breite Blasenbahn ebenfalls diese Wirkung haben sollte. Ein Katamaran ist so breit, daß er eine breite Spur zurückläßt, auch wenn er nicht beigedreht liegt, sondern weitersegelt. Die Beobachtung wollte ich mir merken. Ich war schon immer mehr dafür, vor dem Sturm wegzusegeln und nicht beigedreht liegenzubleiben.

In all dieser Wassereinöde entdeckte ich plötzlich Leben, nicht viel mehr als eine Handvoll Federn: schwalbengroße, braune Vögel mit einem weißen Fleck am Schwanzfedernansatz streckten ihre Beinchen gegen die Wasseroberfläche, als ob sie darauf laufen könnten oder wenigstens möchten, pickten mit dem gebogenen, verhältnismäßig kurzen Schnabel immer wieder ins Wasser wie eine Amsel im herbstlichen Garten und ließen sich dabei schwerelos über die Wellen tragen.

Ich sorgte mich, sie könnten vom Wasser festgehalten werden; aber sie schienen ganz eins mit der Bewegung unter ihren Füßen und verloren niemals den Abstand. Einen Augenblick lang wünschte ich mich an ihre Stelle und beneidete sie. Fliegen sollte man können!

Ich warf einen Blick nach vorn, ob mein Gummiboot noch da war, das einzige, was mich über Wasser halten konnte. Das waren also Wellenläufer oder *Storm Petrels*, wie bibelkundige Engländer dazu sagen, weil sie dabei vielleicht an Petrus' Versuch dachten, übers Wasser zu gehen. Wir wollen darüber den Küchenzettel nicht vergessen. Ich hatte meine Rolle nicht nur gelernt, ich spielte sie auch gut.

Der rauhen Lebensführung entsprechend, gab es etwas Deftiges, nämlich Linseneintopf mit geräucherter Blutwurst. Das war aber schon gestern; da ließ sich noch verhältnismäßig bequem leben. Heute mittag war es ein Kunststück, überhaupt etwas zum Essen zu kriegen. Ich sauste sechsmal hinunter, weil ich das Boot nicht für länger als einen Augenblick allein lassen konnte. Hintereinander brachte ich eine Dose Ochsenzunge, einen Dosenöffner, die Majonnaise, zwei Tomaten, das Brot und eine Dose Bier an Deck. Messer hatte ich immer in der Hosentasche, seit ich gesehen hatte, wie eine losgekommene Genuaschot beinahe einen Mann zwischen Vorstag und Bugkorb erwürgt hätte. Unnötig zu sagen, daß ich diesmal alle diese Schätze am Boden im Windschatten ausbreitete, weil ich das Gelächter der Sturmvögel nicht mag, wenn etwas über Bord fliegt. Zum Abschluß nahm ich eine Pille. Es war die erste heute. Auch ohne Pille war es schwierig, munter zu bleiben. Ich hatte nun schon dreißig Stunden keinen Schlaf mehr. Und immer stehend, wie in der Straßenbahn. Laßt uns was singen! Aber auch die Erinnerung war schon eingeschlafen; über die zweite Zeile kam ich bei keinem Lied hinaus. Auf der nächsten Reise würde ich ein Liederbuch und ein Witzbuch mitnehmen! Ich rauchte immer noch wie ein Dampfer. Die breite Kielspur mit den darin umsonst nach Abfall suchenden Sturmvögeln stärkte zusätzlich mein qualmendes Selbstbewußtsein.

Um acht Uhr abends der nächste Tonbandbericht: »Ich habe eben das Großsegel noch weiter gerefft. Der Nachmittag hat alles überboten, was ich schon am Vormittag für einmalig hielt. Windstärke sechs hat nicht auf sich warten lassen. Ich habe nicht mehr den Mut gehabt, sie auch noch zu messen – aus Sorge, es könne schon sieben sein. Mit dem Wind wurde die nachfolgende See steiler und bedrohlicher. Das Meer verfärbte sich bleiblau.«

Ich weiß, das ist keine Farbe, die es gibt. Es war etwas zwischen bleigrau und graublau. Die Bewegung im Boot wurde ruckartig. Mit jeder See, die uns folgte, wurden wir zuerst scharf hinten hochgerissen, der Bug zeigte dann nach unten, der Mast nach vorn, und der Blick fiel auch nach unten wie auf der Achterbahn vor der ersten Steilabfahrt. Ob wir uns überschlagen? Ich glaube, die geschlossene Brücke zwischen den Rümpfen ganz vorn hat auch ihre Vorteile. In einer Lage wie dieser bekommt das Boot nicht nur Auftrieb durch die breiten Rümpfe, sondern zusätzlich durch die nach unten abgeschrägte Brücke. Viel Luft ist in diesem Augenblick nicht mehr darunter. Das Boot sitzt wie ein breiter Ski auf dem Wasser und rodelt. Das Vordeck verläuft in manchen Augenblicken eben zum Wasser weiter. Durch den vervielfältigten Wasserstau wird das Boot achtern auf eine noch höhere Heckwelle gesetzt. Aber das darf nicht verallgemeinert werden, denn mein Boot war zweifellos überladen. Trotzdem werde ich in Zukunft nicht mehr neidvoll auf so schneidig aussehende Katamarane blicken, die weit nach vorn stehende, getrennte Rümpfe besitzen, zwischen denen nur ein Trampolin gespannt ist. Aber offensichtlich sind wir bei dieser Lage zu vorlastig. Ich werde ein paar Wasserkanister von vorn ins Cockpit holen müssen.

Wozu eigentlich das ganze Wasser? Bis jetzt hatte ich noch keins gebraucht. Nicht einmal zum Waschen. Ich rasierte mich alle zwei Tage elektrisch mit einem Batteriegerät. Das hob die Selbstachtung. Ein Glas Wasser täglich zum Zähneputzen war genug. Dann das Glas nochmals füllen, die Fingerspitzen eintauchen und damit die übernächtigten Augen kühlen. Das war die Morgenwäsche. Ich hatte seit Cherbourg noch die Bootsschuhe an und den Pudel auf dem Kopf. Leben wird sehr anspruchslos unter diesen Umständen. Erstaunlich: Das Leben ist schön auf diese Weise. Man spürt, daß man lebt. Manchmal ist es sogar lustig und voller Komik. Ich hatte doch kein kleines Waschbecken im sogenannten Waschraum gewollt, das sei nur für die Fingerspitzen. Nun tauchte ich sie in ein Zahnputzglas! Ich hatte auf die übrige Bequemlichkeit des kleinen Raumes ebenfalls verzichtet; ich wüßte auch nicht, wann ich einmal für länger die Hand vom Steuerrad würde nehmen können.

Nicht etwa, daß es im gutgelüfteten Cockpit bequemer gewesen

wäre. Es ging jedesmal zu wie in einer Komödie von Molière, grob-
schlächtig lustig. Die gewisse Papierrolle ließ sich bei Windstärke fünf
genauso schwer bändigen wie die Genua oder die Fock. Und dabei
mußte ich beim Segelbergen nicht auch noch das Steuerrad festhalten
wie hier; das aber war schon wegen des Gleichgewichts erforderlich.
Es war wie ein deftiger Witz, den man leider nicht erzählen kann; aber
ich lachte jeden Morgen immer wieder pünktlich darüber.

Dieser Nachmittag war der bisherige Höhepunkt an seglerischem
Genuß und Hochgefühl. Wir segelten hart an jener Grenze entlang,
hinter der Seesegeln zu einem Kreuzweg werden kann. Ich ließ keinen
Augenblick ein Angstgefühl hochkommen, sondern sagte mir immer
wieder vor, daß ich jetzt mitten in dem großen Abenteuer drin stünde,
von dem ich jahrelang geträumt hatte. Daß ich das alles wirklich erlebte, nicht nur versuchte, es in den Büchern anderer nachzuerleben.
Daß ich jetzt selbst der Handelnde sei und daß diese Tage für mich zu
den dick angekreuzten Erinnerungen meines Lebens würden.

Ich versuchte, mich in Feststimmung zu halten. Wenn die Feier nur
nicht schon seit gestern vormittag ununterbrochen andauern würde
und ich nicht so todmüde wäre!

Gegen Abend holte ich mir die letzten Frischeier aus Cherbourg
herauf, Ovomaltine und eine Flasche Tonicwater. Das war alles in wenigen Sprüngen greifbar. Keine Rede mehr von Schnittlauch auf Tomatensalat! Ich musterte einen Augenblick die restlichen Tomaten im
Korb. Sie wurden bereits schlecht. Was kam es darauf noch an! Es
war, wie wenn man mit dem Auto einen Wehrstein umfährt und im
Graben landet. Was kam es auf den Wehrstein an! Man lebte!

Heute bin ich auf HOBBY erst richtig heimisch geworden. Wir kennen uns jetzt. Ich weiß, was ich meinem Boot zumuten kann und wieviel es zu geben bereit ist. In gewissem Sinne bin ich auch mit der mich
umgebenen See familiär geworden. Ich habe jeden Tag Wellen fotografiert. Ich werde mich aber später fragen, wenn ich frühere Bilder
betrachte, was ich an der flachen See damals so anziehend fand. Heute
hatte ich auch einmal ein bißchen Gischt im Cockpit, genauer gesagt:
auf den Bänken. Die schaumige Brühe kam über das abgeschrägte
Plattgatt heraufgekrochen und verlief sich hinter die Bänke, als ein
Schuß Wasser der hinten aufsteigenden Wasserwand vorauseilte. Die
Welle selbst blieb, wo sie hingehörte. Aber ich habe gar nicht weit weg
von uns, auf gleicher Höhe, über eine bereits steile See von hinten eine
noch mal so hohe hinaufklettern sehen. Die zweite lief viel schneller
als die kleine Schwester. Sie kam auch mehr aus Osten und schüttete

einen Güterwagen voll Wasser über die kleinere. Diese Schwemme habe ich Hobby gern erspart und mir auch. So eilig habe ich es doch nicht, gebadet zu werden. Lieber vergammeln!

Es kreuzten heute übrigens öfter solche Einzelgänger unser ausgeprägtes Wellensystem, das mehr nordsüdlich verlief. Das waren wohl Grüße aus der Biskaya. Einer ging gegen die Bordwand. Aber er hatte sich schon woanders die Zähne ausgebissen. Trotzdem war es ein Knall wie ein Kanonenschuß.

Der Lärm im Boot war mitunter furchtbar. Sobald etwas an der Segelstellung nicht mehr in Ordnung war und das Boot aus der Richtung geriet, knallte es ekelhaft wie von Bombeneinschlägen. Das liegt nicht am Sperrholz allein und nicht daran, daß das Boot innen keine räumliche Unterteilung hat, die den Lärm verschlucken könnte. Das liegt vielmehr an dem geringen Tiefgang und dem aufrechten Segeln. Ein Kielboot, das in diesem Augenblick bereits bis zur Windhutze unter die Wasseroberfläche kriecht, kann nicht so heftig von den Schaumkronen getroffen werden. Aber man gewöhnt sich auch daran, sobald man merkt, daß es sich nur um bellende und nicht um beißende Hunde handelt. (Erst seit Eric Hiscock weiß ich, daß der Lärm in Kielbooten bei stürmischem Wetter ebenso unerträglich ist.)

Viel schlechter gewöhnt man sich an die kleinen Geräusche. Auch knallige Farben springen wortwörtlich ins Auge. Heute nachmittag mußte ich in die andere Cockpitecke hinüberhechten und schnell das orangefarbene Tuch des Fischerfähnchens aus der Normandie wieder einrollen, das der Wind entfaltet hatte. Der Farbfleck irritierte mich so lange, bis ich den Übelstand abschaffte.

Vom Wetter her gesehen, war auch der Abend schön. Auf den sonnigen Tag folgte ein rosa Abendhimmel mit langgezogenen Wolken, die wie Hände über den Himmel griffen. Der Wind war noch nicht vorbei. Vor Beginn der Dunkelheit mußte das Weiterreffen noch geschafft werden. Ich fürchtete mich vor diesem Gang aufs Dach der Kajüte. Ich hatte mir bereits vor einer halben Stunde eine genaue Uhrzeit vorgenommen, die ich einhalten wollte, weil ich eigentlich schon seit Stunden wußte, daß ich weiterreffen mußte, aber immer noch ein Weilchen wartete. Dann legte ich das Boot quer zu diesen furchterregenden Wellen, löste die Großschot etwas und kurbelte los. Ich hatte nur diese eine Reffkurbel an Bord und hütete sie wie meinen Augapfel; es ist der einzige ernste Vorwurf, den ich mir machen muß, daß ich keine Ersatzkurbel dabeihatte. Sie war bestellt, aber ich hatte vergessen, nachzuprüfen, ob sie wirklich an Bord war. Sie entgleitet so leicht den Händen. Verwunderlich, daß es den Herstellern noch nicht eingefallen ist, auf der Kurbel einen gleitenden, aber nicht abstreifbaren Ring mit Öse anzubringen, in den eine Sorgleine eingepickt werden kann. Man stelle sich einen Kletterhammer ohne Sorgleine oder einen Eispickel ohne Handschleife an einem Gleitring vor!

Während dieser Arbeit glaubte ich, die Fock endgültig zu verlieren. Es läßt sich nicht beschreiben, wie verrückt sie um sich schlug, obwohl sie (oder vielleicht gerade weil sie) am Spinnakerbaum hing. Zuletzt blieb mir nichts als Verwunderung übrig, wieviel so ein Ring aushält. Wieder im Cockpit, das nach diesem Kampf die Geborgenheit eines Betonbunkers vermittelte, segelten wir gleichmäßiger. Fock und Großsegel hatten nun nahezu die gleiche Fläche. Wir machten jetzt lediglich sechs Knoten. Nur noch selten geschah es, daß HOBBY auf dem Wellenkamm nicht mehr ganz dem Ruder gehorchte, wir Fahrt aufnahmen und dann die ungeheure Schußfahrt ins Tal begann. Fünfzig Seemeilen schafften wir in den letzten sieben Stunden.

Mit der Nacht kam die Müdigkeit verstärkt wieder. Aber ich mußte durchhalten. Ich sah nicht mehr auf den ermüdenden Kompaß. Voraus stieg das Sternbild des Krebses über die Kimm. Das war meine Richtung für die nächsten Stunden. Damit war die Nacht angebrochen, mit der ich meinen Leser auf den ersten Seiten dieses Buches gleich in die aufregendsten Tage der Reise hineingerissen habe. Die Nacht, die ich stehend am Steuerrad verbrachte, als ich nicht mehr wußte, ob ich wachte oder schlief, ob da wirklich eben ein Zug durch den Bahnsteig geprescht war und mich mit seinem Windstoß beinahe umgeworfen hatte. Es jammerten mich meine Segel, besonders die große Fock, die sich beim Backschlagen an den Wanten rieb.

Was ich in jenen Zeilen nicht geschrieben hatte: daß ich mich in diesen Stunden an den Gedanken klammerte, das würde alles vorübergehen. Ich versuchte, die Umwelt zu vergessen und an die Ankunft in Westindien zu denken. Ich hatte mir eine Aufgabe gestellt. Ich dachte über den Text der Telegramme nach, die ich am Tag meiner Ankunft losschicken würde. Am liebsten würde ich sie mit Gloria, Viktoria, Alleluja beginnen lassen; aber das ging doch nicht. Wie liest sich das in der Geborgenheit des Zuhauses!

Als der erste Morgenschimmer über den Himmel gekrochen kam und der Nordostwind noch immer mit unverminderter Härte wehte, gab ich endlich nach. Ich konnte nicht tagelang so weitersegeln, mußte mal schlafen. Dann schon lieber jetzt bei Tag und nicht erst, wenn ich völlig erledigt war und apathisch wurde. Ich bändselte das restliche

Großsegel um den Baum, barg die Fock und setzte das Sturmsegel. Mit dem Sturmsegel allein ließ sich aber ohne meine Mithilfe nicht steuern, weil doch nicht genug Druck darauf stand, um das Achterschiff genau vor der See zu halten. Das war der Augenblick für die Ersatzreifen vom Wohnwagen. Anstecken, wie schon erklärt, dann über Bord damit! Das kleine weiße Segel stand jetzt voll, ohne am Mast zu zerren. Ich belegte das Steuerrad, und dann lagen wir nahezu an der gleichen Stelle. Die See verlor ein bißchen ihr gefährliches Aussehen, als wir selbst keine Fahrt mehr machten. Es ging nur noch auf und ab, wie im Fahrstuhl, und ich fand es an der Zeit, wieder einmal ein Dragee Reisegold zu nehmen. Als ich auf der Bank lag, alles dichtgemacht und den Pudel über Augen und Ohren gezogen hatte und schon einschlafen wollte, konnte ich das nicht. Aber es war nicht wegen des Lärms, den die Wellen verursachten, die neben meinem Ohr unter der Brücke hindurchquirlten. Es war wegen eines anderen Geräusches, eines dünnen Klick-klick-klick: das Großfall, das an den Mast klopfte.

Überzeugt, so nicht einschlafen zu können, stieg ich noch einmal aufs Dach, wie ein Schlafwandler bereits, und spreizte den Schlafstörer mit einem Gummistropp gegen ein Want hin. Jetzt war Ruhe! Gewohnheitsmäßig sah ich mich noch einmal um, ob kein Schiff in der Nähe war – und da erlebte ich einen Augenblick das Gefühl des Reiters auf dem Bodensee. Während ich mich nämlich so umschaute, glaubte ich ganz sicher, ich triebe in einer späten Sommernacht irgendwo mitten im Comosee, wo er am breitesten ist, zwischen Bellano, Bellaggio und Menaggio. Daß ich die hohen Berge dort drüben nicht sehen konnte, auch die Küstenstraße nicht mit den kleinen Ortschaften am Ufer, das lag nur an dem fahlen Dunst dieser Morgenstunde. Ich überlegte, wie weit ich so nach Süden treiben konnte, bis ich auf Land stoßen würde. Ist dort vorn was? Muß ich mich in acht nehmen?

Ach du lieber Gott! Geradeaus ging es schnurgerade zum Äquator und weiter in die Antarktis. Rechts war genausowenig bis nach Amerika, und links, wo ich die östliche Steilküste des schmalen Sees vermutete, war wer weiß wo Cap Finisterre und die Küste von Portugal. Finisterre! Das Ende der Welt! Einen Augenblick erfaßte ich die ganze Verlorenheit dieses Morgens. Aber da tanzten schon wieder vereinzelte Sturmtaucher über dem Wasser. Ich war nicht ganz allein. Diesmal schloß ich endgültig die Tür hinter mir, und weil das feine Klick-klick zwischen dem Dröhnen des vorbeirauschenden Wassers nicht mehr zu hören war, schlief ich nach fünfundvierzig Stunden Ruderwache sofort ein.

Jedoch am Vormittag dieses 16. Juni war ich schon wieder auf den Beinen. Es war doch kein reines Vergnügen gewesen und Schlaf nur möglich, so lange er bleiern und ohnmachtsähnlich war. Man stelle sich vor, man säße auf einer auf und ab wippenden Gummischaukel in der Werkshalle einer großen Kesselschmiede zur Zeit der Vollbeschäftigung!

Im Lauf der paar Stunden Schlaf waren wir keine Seemeile weiter gekommen, wenigstens nicht auf dem Log. Aber die Segelstellung hatte sich bewährt. Die an Backbord sehr dichtstehende Fock wurde durch das ebenfalls nach Backbord gelegte Ruder gezwungen, back zu stehen. Während das Boot versuchte, linksherum anzuluven, drückte das backstehende, platte Segel das Boot im gleichen Maße rechtsherum zurück. Dieser Schwenkkreis blieb dank der nachgeschleppten Seeanker in seinem Winkel zu den nachfolgenden Wellen ungefähr gleich. Bekam die Fock einmal den Wind von der rechten Seite, stand sie einen Augenblick voll, dann trat aber das gelegte Ruder erst recht im Aktion und, schwapp, stand sie wieder back. Wir nahmen während dieser Zeit die Seen in einem Winkel zwischen recht achteraus und zwei Strich nach Backbord. Man könnte diese Stellung als ein beigedrehtes Vor-Seeanker-Liegen bezeichnen. Dadurch, daß ein Seeanker allein sehr einseitigen Zug ausübt, denn die Klampe ist mehr als zwei Meter von der Mittschiffslinie entfernt, kann man zusätzlich die Stellung zur See verbessern oder ändern, indem man statt zwei nur einen Anker nachschleppt. Ich habe auch das ausprobiert. Es könnte eine gute Methode sein, das Boot in bestimmtem Winkel zu den nachfolgenden Seen zu halten, wenn man einmal vor Topp und Takel dem Wetter preisgegeben ist. Es muß ja nicht unbedingt ein Autoreifen sein; auch eine Trosse mit drei Knoten darin geht. Hier bietet der breite Katamaran einen deutlichen Vorteil gegenüber dem Kielboot. Es wird auch schon aufgefallen sein, daß der Kampf mit den Vorsegeln auf einem beinahe vier Meter breiten Vordeck weitaus sicherer ist als auf einer schmalen Yacht. Der neue Tag gab schon am Morgen zu verstehen, daß er genauso stürmisch sein würde wie der vergangene. Ich rieb mir die Augen über dem Wasserglas, löste dann die Bändsel am Großbaum und reffte soviel aus, daß vielleicht fünf Quadratmeter zu sehen waren. Die Sturmfock blieb stehen. Nun zeigte das Log wieder fünf Knoten.

Ich war hungrig. Eier mit Speck? Ich ließ das Ruder einen Augenblick allein, sprang hinunter, hielt in der einen Hand die Eier, in der anderen den Speck und wußte, daß ich nicht genügend Zeit haben würde, sie zu backen. Ich steckte die Eier in die Hosentasche, kam wieder ins Cockpit und trank sie der Reihe nach aus. Es geht auch ohne Speck. Gaumenkitzel war Nebensache. Nur auf den Beinen bleiben! Um mich zu erwärmen, setzte ich Teewasser auf.

Wir mußten schon in eine turbulente Kreuzsee geraten, damit einmal etwas vom Herd heruntergestoßen werden konnte. Die Bewegung des Katamarans ist im normalen Wellensystem weich und angenehm. Ich sah einmal als Gegenüberstellung zum Kielboot zwei brettähnliche Gegenstände, schmal und lang. Das eine Brett stand dank eines Bleigewichts senkrecht im Wasser, das andere schwamm flach an der Oberfläche. Auf beiden Schwimmkörpern lag oben ein Ball. Die Bewegung warf den einen Ball sofort herunter, als die erste Welle ankam. Das lag daran, daß der tiefe Kiel unten in der Welle in seiner Bewegung gebremst wurde, während sich das Brett oben überlegte. Es stolperte sozusagen über seine Füße. Das flachliegende Brett, das hier stellvertretend für Mehrrumpfboote beobachtet wurde, verlor selbst dann nicht seinen Ball, als es in der Welle sehr viel Schräglage bekam.

Für Augen, die an das Leben in traditionellen Kielbooten gewöhnt waren, sah es haarsträubend aus, wenn meine Teller auf See lose in der Abtropfe steckten, eine Blumenvase auf dem Tisch stand und unbeachtet ein Topf mit Suppe auf dem nicht kardanisch aufgehängten Herd kochte. Auch das war ein völlig neues Segelerlebnis, und man darf deshalb nicht sagen, daß dieser neuartige Lebensstil an Bord weniger seemännisch ist. Auf alle Fälle lebt es sich so leicht und angenehm.

Wir hatten einmal auf der großen KONDOR, als wir mit Windstärke fünf bis sechs von beinahe achtern Faaborg in der Ostsee anliefen, in wenigen Minuten einen unbeschreiblichen Scherbenhaufen auf den Bodenbrettern im Salon, weil wir gerade in dem Augenblick zu einem Manöver an Deck stürzen mußten, als der Tisch für fünfzehn Leute gedeckt war: mit gebratenen Fleischklößchen, Kartoffeln, Blaukraut, Vanillepudding und Himbeersaft. Das waren vielleicht vierzig Teller und Schüsseln. Die restlichen wurden einschließlich ihrer Halterung aus der Kajütwand gerissen und machten den Polterabend erst recht malerisch, weil sie zusammen mit den auf der Anrichte stehenden Puddingschüsseln in die Besteckschubladen darunter rutschten, welche auch bereits aufgegangen waren. Das Durcheinander war unbeschreiblich. Noch Stunden später schütteten wir Pfützen mit Scherben, Klopsen, Blaukraut und Vanillepudding über Bord. Dabei war es kein Segeln am Wind gewesen und der Tisch sogar ein Pendeltisch!

Kehren wir auf HOBBY zurück, weil der Teekessel pfeift. Ich goß einen Becher voll Tee auf und gab Zitrone dazu, weil er wieder so herb geworden war. Aber er war auch zu heiß zum Trinken. Vielleicht wurde er durch Zugabe von etwas Milch schneller trinkbar? Damit beging ich eine jener Fehlleistungen, wie sie noch öfters vorkamen. Das weiß schon ein Kind, daß sich Zitrone und Milch nicht vertragen. Das restliche heiße Wasser hatte ich über die abzuwaschenden Teller gegossen. Die standen schon seit Linsen mit Blutwurst dort. Nun wollte ich nicht noch einmal von vorn anfangen mit dem Wasserkochen. Ich schloß die Augen und trank. Noch vor dem dritten Zug hing mein Kopf jenseits der Cockpitreling, und das mühsam erkämpfte Eierfrühstück aus der Hosentasche war wieder da.

Mit dem Ausgang der Geschichte war aber mein Drang nach Frühstück nicht gestillt. Ich sprang wieder in die Galley. Diesmal griff ich nach einem Paar flacher Hartwürste, die in irgendeinem Tiroler Rauchfang ihren Rauchduft mitbekommen hatten, klemmte das Schwarzbrot unter den Arm und nahm auch noch einen Becher voll Milch mit hinauf, in den ich schnell ein paar Löffel Ovomaltine geschüttet hatte. Kaum wieder an Deck, hatte mir der Wind den vollen Becher über Bord gerissen. Um so fester hielt ich die Hartwürste und das Schwarzbrot. Während dieses kräftigen Bauernfrühstücks, das ich mit Lust verschlang, dachte ich an Kinderbrei und Kamillentee, die ich für ähnliche Rekonvaleszenzfälle auf die Reise mitgenommen hatte. Alles ist einfach nicht vorausschaubar, Rudi!

Heute hatte ich eine Konsolfunkpeilung vor, um meinen Standort genauer zu erfahren, obwohl das ziemlich nebensächlich war. Der Äquator war noch weit weg. Ich hatte die Spezialkarten mit dem aufgedruckten Strahlennetz an Bord, also keine Rechnereien nötig. Lugo war leicht zu empfangen. Sevilla gab nur einen Peilstrich und war offensichtlich außer Gebrauch. Ich hatte in meinem Nautischen Funkdienst seit einem Jahr selbst die unwichtigsten Veränderungen aus den Amtlichen Berichtigungen eingetragen, sogar jene von der Beringstraße und dem Chinesischen Meer, wo ich bestimmt niemals hinkommen würde. Aber über Sevilla war nicht vermerkt, daß es außer Betrieb sei. Mit dem Rundumpeilstrich konnte ich auf diese Entfernung nichts anfangen. Lugo gab fünf Striche. Die anderen erreichbaren Peilsender lagen alle in der gleichen Richtung wie Lugo. Kein Gedanke mehr, Ploneis zu kriegen, von Bushmills gar nicht zu reden, obwohl auf dieser Spezialkarte die farbigen Peillinien stolz über den ganzen Atlantik liefen. Ich hatte zwei *Trans-Oceanic Zenith* dabei, einen ganz neuen am Kartentisch und einen, der mir schon seit drei Jahren zuverlässige Dienste geleistet hatte und jetzt für Musik im Cockpit sorgte. Beide waren mit BFO-Schaltern versehen, die ich selbst eingebaut hatte. Als Außenantenne hatte ich ein isoliertes Backstag angeschlossen, das mir die halbe Welt hereinholte. Aber das ozeanweite Strahlennetz auf der Karte schien mich zu verhöhnen. Warte nur, du kommst auf die schwarze Liste! Vorläufig merkte ich mir die fünf Striche, die mir nur eine Richtung gaben, aber keinen Kreuzungspunkt. Selbst sie konnten ebensogut eine andere Fünferlinie sein.

Seit vier Tagen lief der Barograph beinahe waagerecht auf tausendvierundzwanzig Millibar. Wir segelten offensichtlich auf der Isobare entlang. Der Barograph war von Theodor Friedrichs aus Hamburg und bereits der zweite an Bord. Den ersten, einen englischen in wunderschönem Mahagonigehäuse, hatte ich nach der ersten Probesegelwoche bereits billig an Tom verkauft, der damit seinen Klubraum schmücken wollte. An Bord war er jedenfalls unbrauchbar. Ich benötigte ja keinen Seismographen. Dieser schöne Edelholzkasten registrierte jede einzelne Welle als millimeterlangen Haken. Das war nach ein paar Stunden Segeln dann eine dicke Schmutzspur, die gar nichts mehr aussagte. Sein Nachfolger, der jetzt den Platz über dem Kartentisch einnimmt, besitzt eine Ölkompensierung für den Schreibarm und stoßabfangende Gummistelzfüße. Es läßt sich nicht genug Lob über ihn verbreiten. Niemand hat Geld zum Wegwerfen. Er ist das einzige seetüchtige Gerät, das ich kenne, auch wenn manche finden werden, daß das aluminiumfarbene Gehäuse nicht in ein Holzboot passe. Damit der neue Barograph einmal einen Zacken zeichnet, muß schon der Spinnakerbaum an Deck knallen. Dreimal tat er das auf der Reise. Es läßt sich nicht verheimlichen. Tonband und Barograph schwindeln nicht.

Die Linie war übrigens doch nicht so gerade, wie ich vorhin leichtweg schrieb. Just von gestern mittag bis heute abend fiel sie um zwei Millibar tiefer aus. Das mußte von einer vorübergehenden Ausdehnung des Tiefdruckgebietes über Spanien herrühren. Wahrscheinlich kam auch der stärkere Wind daher und nicht von dem Hochdruckgebiet im Norden.

Da wir schon beim Wetter sind – auf der Suche nach einem Wetterbericht hörte ich plötzlich: »Leichte Winde aus Nordost!« Das konnte doch nicht wahr sein! Doch, es war der Schweizer Kurzwellensender.

Die See hat heute wieder ein anderes Gesicht als gestern. Verglich ich das Nahen der Wellen mit der Arbeit eines Bauern, der auf einer

Wiese mit der Sense Gras mäht, ergab sich ein gutes Bild, in das ich
auch selbst hineinpaßte, nämlich als armer Frosch, der sich bei jedem
Sensenschnitt vor dem heransausenden Eisen duckt. Vorgestern arbeitete dieser Mäher hastig und überstürzt, er war wohl noch sehr jung;
gestern setzte er Schnitt auf Schnitt, im besten Mannesalter, nicht getrieben, aber eilig, als ob noch viele Arbeiten am Hof bis zum Abend
zu erledigen wären. Heute stand ein alter Bauer auf dem Feld, und
seine Sense schnitt in weiten, gemächlichen Bögen durch das hohe
Gras, als habe er ein ganzes Leben nichts anderes mehr zu tun als nur
noch diese gleichmäßige, schwingende Bewegung, jenseits aller Eile.

Die anrollenden Seen waren noch ausgeprägter als gestern, noch
großzügiger in ihrer Linie, noch flacher gewölbt in dem langen, durch-
hängenden Bogen ihres Schwunges. So hatte ich mir den Atlantik immer vorgestellt. Der Wind pfiff noch in den Wanten und Stagen, die
Sonne übergoß die nach Süden eilenden Seen mit glitzernden Refle-
xen, die von den winzigen Rippelwellen herrührten, die sich auf den
Wellen oberflächlich bildeten. Sturmvögel segelten in weiten, flachen
Schwüngen durch die breiten Wellentäler. Ganz nebensächlich war in
diesen Stunden die Erinnerung an eine Nacht im Cockpit, an drei
Stunden Schlaf seit wer weiß wann, an ein danebengegangenes Frühstück, ein ungewaschenes Gesicht und eine verschnupfte Nase. Ich genoß diese Vormittagsstunden mit wachen Sinnen. Es war wie auf der
großen Firnkuppel am Montblanc, als wir nach einer letzten Nacht im
Biwaksack den Gipfel bald nach Sonnenaufgang erreichten. Solche
Glückstage sind nicht sehr häufig im Leben. Für mich standen sie in
beiden Fällen am Ende sehnsuchtsvoller Jahre. Heute durfte ich wieder einmal sagen: Ich bin am Ziel. Meine Träume waren in Erfüllung
gegangen. Ich hatte sie selbst verwirklicht.

Lauter Mißklänge

Wie sollte ich diesen Tag feiern? Die Möglichkeiten waren beschränkt.
Ich war immer noch mit einer Hand ans Ruder gebunden. Wie sah das
eigentlich mit dem Weinplan aus? Ich hatte doch den voraussichtli-
chen Weinverbrauch durch Bordvorschrift geregelt! Ich würde mir jedesmal eine Flasche leisten, hatte ich festgesetzt, wenn ich entweder
fünf Längen- oder fünf Breitengrade übersegelt hätte. Fünf Breiten-

grade waren dreihundert Seemeilen. Nach meiner Faustformel war das eine Flasche alle drei Tage. Ich hatte auch die Längengrade eingeschlossen, weil ich mir sagte, ich würde dann wahrscheinlich erst recht versuchen, möglichst diagonal über den Atlantik zu segeln. Die zu überwindenden fünf Grade würden immer dieselben sein, aber zeitlich lagen sie nun einmal gedrängter hintereinander.

An der bretonischen Ecke war eigentlich schon die erste Pulle fällig gewesen, und schon vor einigen Tagen hatten wir zehn West und fünfundvierzig Nord hinter uns gelassen. Das hatte ich mir ganz gut ausgedacht. Vorschriften, die ich mir selber mache, haben mich noch niemals gekränkt. Nur wenn sie von anderer Seite kommen, werde ich widerspenstig. Also: Kellner, wo bleibt der Wein? Was war das für eine Bedienung! Ich schob im Laufschritt eine jener flachen Pastetendosen mit Fleischfüllung ins Rohr, denen ich in Zukunft noch manchen Spott und Vorwurf gegen die englischen Supermärkte abbat. Der Deckel wird vorher entfernt, und im Lauf einer halben Stunde wächst dann bräunlich der knusprige Teig mit seiner guten Füllung in die Höhe. Auch deshalb hatte ich ja das Backrohr im Herd so gern. Von Porzellantellern war heute keine Rede. Die Pastete blieb in der Backform, was das Abwaschen sparen würde. Als Tischdecke diente ein Topflappen im Cockpit, die Flasche kam zwischen die Knie. Ich saß nämlich an der Pinne.

Was nun den Wein betraf, so sollte das Fest mit einem argen Mißklang enden. Es war Nuits St. George, wie schon irgendwo gesagt. Ich füllte ihn in ein Glas, um ihm wenigstens die Schmach des Kunststoffbechers zu ersparen. Aber das war doch kein Wein! Das war Essig, ekelhaftes Zeug, das den Gaumen zusammenzog und die Zunge dick werden ließ. Was war geschehen? Nichts! Der Wein war ganz unschuldig. Ich hatte mir, ohne es zu merken, in den letzten Tagen mit Zigaretten oder sonst etwas die ganze Mundhöhle verdorben. Mein Gaumen und die Zunge waren pelzig, als wären sie voll jener kleinen Samensplitter, die mitunter in zu alten Artischockenböden sitzen. Der erdige Geschmack des Burgunders war wie geschaffen, diesen Zustand ans Licht zu bringen. Es hätte Moorerde sein können, was ich da im Mund hatte.

Nach dieser Erfahrung wurde die kurzlebige Weinvorschrift außer Kraft gesetzt. Auch würde ich jetzt mal zählen, wie viele Schachteln Zigaretten ich in vierundzwanzig Stunden rauchte. Außerdem hätte mich natürlich interessiert, wie meine Mundhöhle eigentlich aussah. Aber ich hatte seit Cherbourg keinen Kamm und Spiegel mehr in der

Tasche. Ich hatte schließlich einen Pudel auf! Der nächste Spiegel hing unten im Waschraum. Der Weg war mir zu weit und zu gefährlich.

Ich hege seit den Segeltagen auf großen Yachten eine unüberwindbare Abneigung gegen diese kleinen, abschließbaren Räume. Was ich da schon gesehen hatte an menschlicher Schwäche, an versagenden Ventilen, an undichten Abflußrohren und bis ins Boot laufender Überschwemmung, die schale Luft mit kitschig ekelhaftem Fichtennadelduft geistlos gewürzt – das war der eigentliche Grund, warum ich dort nur die Seifenschachtel aufbewahrte. Auch waren mehrere Boote schon gesunken, weil wegen einer Dichtung, die keine mehr war, von unten das Wasser langsam das Boot füllte, bis nur noch ein paar auseinanderstrebende kreisförmige Wellen die Stelle markierten, wo einmal etwas vor Anker gelegen hatte. Jedesmal, wenn ich auf einer Bootsausstellung diese Keramikhändler stehen sah, die ihre weißen, schwarzen und nun auch farbigen oder mit Blümchen bemalten Sitzmöbel mit gewinnendem Lächeln anboten, als wüßten sie nicht, was für ein Teufelszeug das war, geriet ich in Wut. HOBBY jedenfalls sollte nicht nach einer Woche auf See zur Kloake werden. Das Cockpit war so groß, daß es mir wie ein Garten hinter dem Haus vorkam, und es war leicht, sich irgendwo in der Ecke ein Häuschen vorzustellen, mit geschnitztem Herz in der Tür. Gewiß, ich war allein an Bord. Aber wenn eine Crew schon den Mut zum gemeinsamen Segeln und Ertrinken hat, sollte sie auch in diesem Punkt nicht zimperlich sein. Dieser Ort ist auf jeder Yacht der Anfang vom Ende der guten Laune und nicht selten auch der Anfang der Seekrankheit.

Es tut mir leid, daß das beabsichtigte Festessen mit diesem Mißklang endete; aber ich hatte mir da einfach etwas vom Herzen zu schütteln – und wie ich weiß, nicht nur von meinem Herzen allein.

Bevor der Tag zu Ende ging, wollte ich Johann wieder einstellen. Konnte ich die schwenkbare Windfahne so festklemmen, daß sie keinesfalls von allein an ihrer senkrechten Achse verrutschte, dann mußte es gehen. Das war der Augenblick für die Gripzange, die für Arbeiten an Rohren und sonst alles mögliche praktisch ist. Sie läßt ihr Maul auf bestimmte Weiten einstellen, besitzt ein Kniehebelgelenk und löst sich nicht mehr von allein, wenn sie einmal festgesetzt ist. Ich wollte sie so an der Achse befestigen, daß ihr Hebel als Stütze für den Fuß der Windfahne diente und diese nicht mehr auskneifen konnte. Unbehindert war allerdings die Schwenkbewegung nach der anderen Seite. Aber die Fahne war ja so einzuregulieren, daß sie immer nur nach einer Richtung Ruderdruck gab. Ich versuchte es. Beim Dunkelwerden arbeitete Johann bereits, wie von ihm erwartet. Ich konnte das gereffte Großsegel oben lassen. Bis morgen mittag würden wir trotzdem ein Etmal von über hundert Seemeilen schaffen.

Die Nacht war den Umständen entsprechend. Ich schlief bis gegen drei Uhr früh. Vom Morgengrauen ab übernahm ich das Ruder wieder selber, weil wir über Nacht nach Westen gesegelt waren. Der Wind hatte weiter nach Osten gedreht.

Rasieren und Zähneputzen fielen heute aus. Es war ganz ausgeschlossen, das Boot sich selbst zu überlassen. Auch war es gar nicht so schlecht, mehr westlich auf die Azoren zuzuhalten. Je näher ich diesem Hochdruckgebiet kam, um so geringer wurde der Wind. Ich hatte jetzt genug vom notorisch starken Norder vor der portugiesischen Küste.

An das Leben im Cockpit hatte ich mich gewöhnt. Das Tonbandgerät steckte am Schiebeluk unter der gleichen Schlaufe, die den Rettungsring hielt. Den würde ich dem ersten Haifisch über die spitze Nase werfen, den ich sehen sollte. Das Mikrophon in Reichweite, konnte ich während des Steuerns in Ruhe erzählen, was ich zu Mittag gegessen hatte. Oft sprach ich nur, um mich vor dem Einschlafen zu bewahren. Streckenweise kann man später gar nicht mehr hinhören, weil man vor lauter suggestivem Gähnen in wenigen Minuten einschläft. Das sind die Stellen, die ich heute aus der Erinnerung niederschreiben muß. Was muß ich müde gewesen sein!

Ich sprach da von dem Abenteuer, zu Mittag eine Suppe zu kochen: Nudeln, Hühnerfleisch aus der Dose, junge Möhren, ebenfalls aus der Dose. Der Duft war ausgezeichnet und belohnte mich bereits für das kurzbefristete Hinundherspringen zwischen Steuerrad und Herd.

Der Topf kam neben der Winsch vor den Kompaß. Da konnte er nicht davonlaufen. Nun einen Löffel voll herausschöpfen und zum Mund führen! Ich schaute verblüfft: Er war leer. Beim nächsten Löffel ging es mir ebenso, obwohl ich eben noch die junge Möhre darauf gesehen hatte. Bis ich begriff, daß der Inhalt, kaum daß er aus dem windgeschützten Topf war, waagerecht davonflog.

Der Wind hatte noch immer Stärke fünf. BBC verkündete weiterhin für Südfinisterre fünf bis sechs. Ich fragte mich, ob ich nicht schon weiter südlich sei. Dieses Finisterre hatte ich jetzt seit dem Wetterbericht in Cherbourg tagtäglich in den Ohren. Die wunderbare Nudelsuppe brachte ich unterdessen auf kürzerem Weg dahin, wo sie hingehörte.

Am Nachmittag holte ich das zweite Radio ins Cockpit. La Coruña und San Sebastian waren am Abklingen. Ich jubelte. Was ich da eben hörte, schien Marokkanisch zu sein. Nein, das klang nach Rumänisch oder einer anderen Balkansprache. Aber die nasalen Laute verwirrten mich. Das war eine Mischung aus Zisch- und Nasallauten und vielen dunklen Us. Dann hörte ich etwas, das wie *bom vinju du portu* klang. Die Klappe fiel. Das war Portugiesisch! Hier lobte jemand den guten Wein aus Porto. Portugiesisch war eine der Sprachen, von denen ich kein Wort verstand, außer wenn es sich um alkoholische Getränke handelte.

Von England über Frankreich nach Spanien war es ein Vergnügen gewesen, nebenbei Radio zu hören. Das Vergnügen sollte mir auch hier erhalten bleiben, denn das Zweite Programm von Radio Lissabon brachte den ganzen Tag über klassische Musik. Das ging um acht Uhr morgens mit einer großen Oper los und dann mit einem Klavierkonzert von Liszt weiter. Ich war auf Mittelwelle störungsfrei für lange Zeit der Mühe enthoben, mich selbst zu unterhalten. Ich brauchte das Radio nicht auf Zimmerlautstärke zu stellen. Meine an Fortissimo gewöhnten Ohren bewiesen zwar schlechten Geschmack, aber die aufgedrehte Lautstärke paßte in die Umgebung. Den Sturmvögeln verging das Lachen dabei. Wir müssen ihnen vorgekommen sein wie ein segelnder Konzertflügel.

Die Wellenkämme reichten noch immer bis zur halben Masthöhe, wenn ich vorsichtig schätzte und mir dabei bewußt blieb, wie schwer es ist, verläßliche Angaben darüber zu machen. Heute bekamen wir auch einen Guß über den Pelz. Das war während der Vorbereitungen zur Nudelsuppe. Einen Augenblick zu lange im Topf gerührt, und schon lag das Boot quer zu den Wellen. Die erstbeste Welle schien nur darauf gewartet zu haben. Die kleine überstürzende Schaumkrone boxte gegen die Bordwand, und ein Gischtturm von Spritzern ging oben drüber und zum Teil durchs offene Schiebeluk genau auf den Kartentisch. Später am Tag überraschte mich eine See, die ich erst bemerkte, als HOBBY bereits mitten in einer großen Fläche brodelnden Wassers saß. Es kam mir vor, als seien wir von oben in ein Schaumbad geplumpst. Da war wohl unter uns eine See gebrochen. Es geschah gerade, als ich aufs Tonband von den eindrucksvollen, schönen Wellen sprach, die von hinten auf uns zuliefen. Der Schreck ist mir deutlich anzuhören, aber geschehen ist sonst nichts, auch kein Wasser ins Cockpit gekommen, außer durch die Lenzklappen von unten herauf. Das passierte öfter und lag am Druck der Turbine, die sich einen Ausweg suchte. Ich war an diesem

Nachmittag in beinahe übermütiger Stimmung: wahrscheinlich die Auswirkung der warmen Nudelsuppe.

Heute früh war eine schwarze Wolkenwand im Osten aufgetaucht und immer höher gewachsen. Da von dort der Wind herkam, war ich nicht sehr erbaut über diese näher rückende Drohung. Zuletzt verlief sich alles in Nichts, und übrig blieben nur noch einige wenige schnell fliegende Fetzen. Auch daher mochte meine übermütige Stimmung rühren. Aber der Himmel war nicht mehr so blau, eher weißlich überzogen. Die Sonne drang jedoch noch hindurch.

Was mögen bloß die kleinen Sturmschwalben mit dem weißen Schwanzring auf der Wasseroberfläche finden? Mit ihrem krummen Schnabel holen sie ohne Unterbrechung etwas aus dem Wasser. Das kann nur Plankton sein, dieses Kleinzeug, das bei Nacht die Bug- und Heckwelle so magisch erleuchtet. Diese Vögel müssen noch ein drittes, übersinnliches Auge haben. Ich kann beim besten Willen keine Lebensspur auf dem Wasser entdecken. Trotzdem ist sie da, wie das phosphoreszierende Leuchten bei Nacht beweist.

Während ich so ins Wasser starrte, stieg plötzlich hinter uns eine unheimlich steile, blaue Wand empor; eine Eiswand mochte das sein. Ich glaubte, jetzt sei es aus und vorbei. Aber nichts dergleichen. Sie nahm uns wie alle Vorgängerinnen auf ihren Buckel. Mir tat es gleich darauf leid um den versäumten Schnappschuß.

Am späten Nachmittag trat eine Veränderung ein. Die Wellen peitschten in der gleichen Geschwindigkeit heran. Aber wir machten nur noch vier Knoten Fahrt. Was war geschehen? Der Wind ließ wohl nach, nur die Wellen schossen noch mit dem gleichen Schwung vorwärts; aber es fehlte der entscheidende Druck dahinter. Der Schnitter ermüdete. Das Pfeifen und Zischen verstummte. Später am Abend wirkten die langen Seen wie dicke, müde Bären, die vorwärts tapsten und sich manchmal wie im Spiel rollten. Aber ganz eindeutig ging das Schauspiel, das uns Finisterre geboten hatte, seinem Ende entgegen.

Ab neun Uhr abends darf Johann wieder steuern. Ich schlafe heute besser. Am folgenden Morgen, es ist der 18. Juni, ist der Wind auf zwei bis drei zurückgegangen, der Barograph über Nacht um drei Millibar gestiegen, der Himmel wieder wolkenlos blau. Waren die langen Haufenwolkenbänke im Westen über der Sonne gestern abend das Ende eine Wetterperiode? Die Nachttemperatur liegt jetzt nicht mehr bei elf Grad, sondern bei siebzehn, die Höchsttemperatur bei neunzehn. Da wir immer noch so schnell segeln, daß wir von gestern mittag bis heute annähernd hundert Seemeilen schaffen werden, reffe ich noch nicht aus.

Zum Frühstück gibt es wieder drei Spiegeleier, diesmal mit Butter, weil die restlichen Speckscheiben nicht mehr sehr gut schmecken. Auch die Butter ist schon ein bißchen ranzig. Das stört mich aber merkwürdigerweise nicht. Nur den Bratgeruch kann ich nicht ertragen. Ich überlasse die Eier in der Pfanne sich selbst und schließe nach einem prüfenden Blick vom Cockpit aus den Hauptgashahn. Den Hahn am Herd vergesse ich. Wer aufgepaßt hat, weiß, daß ich mich in Kürze ein paarmal heftig an die Stirn klopfen werde; aber zweimal soll man nicht den gleichen Witz erzählen.

Später holte ich eine große Waschschüssel ins Cockpit, setzte im großen Teekessel Wasser auf, und was dann folgte, war im wahrsten Sinne des Wortes ein Waschfest. Es dauerte Stunden. Im Kielwasser verschwand bis auf die Pullover und Bluejeans alles, was ich nun schon acht Tage lang anhatte, auch das wollene Sporthemd. Ich benahm mich so, als würde ich in Zukunft nur noch in den Tropen unter Palmen leben. Ich war seit gestern eine Woche auf See. Das schien mir viel länger, vielleicht weil ich tags und nachts wachte. Ich hatte mir absichtlich die langen Zeitspannen nicht besonders ins Bewußtsein gerufen, sondern nur von Tag zu Tag gelebt. So geschah es auch, daß ich mitten in der fünften Woche bei einer genauen Überprüfung merkte, daß es erst die vierte war; ich hatte immer im Glauben gelebt, bereits eine Woche länger unterwegs zu sein.

Niemals hatte ich mich nach einem Bad so wohl gefühlt. Die salzverkrustete Arbeitshose zog ich gar nicht mehr an, sondern ein Ersatzpaar dicker Unterhosen. Plötzlich merkte ich, daß ich mir mit der ungewohnten Arbeit beim Waschen doch ein bißchen viel zugemutet hatte, denn die Badewanne war ja noch ganz schön in Fahrt. So verzichtete ich aufs Mittagessen und legte mich wieder schlafen.

Das verschaffte mir einen fünf Stunden langen Schlaf, den ich auch brauchte, und danach war ich wirklich munter. Diese Hochstimmung schlug sich gleich auf dem nächsten Tonband nieder, und zwar in ganz unerwarteter Weise. Ich bezichtigte mich, ein Nichtstuer zu sein. Nichts als faul auf der Bank liegen, Tag und Nacht! Ein bißchen Abschalten und Erholen schien mir unverdientes Glück. So groß war der Gegensatz zur zurückliegenden Woche und der pausenlosen Anstrengung dieser letzten Tage, daß ich mir bereits wie ein Nichtsnutz vorkam, nachdem ich fünf Stunden lang, sauber gewaschen, zusammenhängend geschlafen hatte.

Jetzt konnte die Arbeit losgehen! Der restliche Nachmittag war ausgefüllt damit. Zuerst war die Zeit reif, das Großsegel auszureffen und die Sturmfock gegen die Arbeitsfock zu vertauschen. Ich mußte für diese Arbeit hintereinander zwei Pillen nehmen. Das war der Beweis dafür, daß es noch ein ganz bewegtes Segeln war. Dann nähte ich alle Stagreiter wieder an die mitgenommene Fock. Die Gripzange wurde zur Vorsicht irgendwo festgebändselt. Sicher ist sicher! Im Augenblick hing unser Wohlleben allein von ihr ab.

Dann machte ich mich an eine Arbeit, von der es leider kein Bild, nur eine Erinnerung gibt. Das Tonband hatte nämlich auf der zweiten Spur versagt. Ich breitete alle feinmechanischen und elektrischen Werkzeuge auf dem Tisch im Salon aus und begann, das Gerät in seine Einzelteile zu zerlegen. Ich glaubte, der Spurschalter sei kaputt. Dabei vermißte ich etwas an Bord, was wirklich nicht häufig vorkam: Ich hatte das elektrische Schaltschema nicht dabei. Inzwischen war der Tisch übersät mit Einzelteilen und Schrauben. Hätte ich das Schema besessen, hätte ein Blick darauf genügt, mir klarzumachen, daß nur der Tonkopf verschmutzt sein konnte. Der seitlich am Band liegende Kopf der zweiten Spur war in diesem Punkt besonders empfindlich. Ein bißchen Spiritus und Watte hätten genügt, um ihn zu säubern. Das begriff ich leider erst später, obwohl es in der Gebrauchsanweisung steht; aber die las ich nicht. Für den Rest der Reise würde ich nur noch die erst Spur besprechen können. Damit hatte ich nicht gerechnet und mußte darum einige Musikbänder für die späteren Reiseberichte opfern. Welche Bänder ich für entbehrenswert hielt, wäre eine eigene Abhandlung wert; aber ich sage es nicht.

Nach dem Zusammenbau arbeitete auch die erste Spur nicht mehr. Das versetzte mir einen Stoß. Ich hatte noch nie viel von meinem Herumbasteln an elektronischen Geräten gehalten, aber das brachte mich der Seekrankheit nahe. Doch ich hatte nur vergessen, die Batterien wieder zu versorgen. Anscheinend war ich schon seekrank, sonst wären solche Fehlleistungen undenkbar gewesen.

Hier schnell ein guter Wink: Ich hatte von Anfang an, als ich das Boot ausrüstete, in großen Ordnern mit durchsichtigen Plastikhüllen alle Gebrauchsanweisungen eingereiht, und zwar von jedem Gerät, das ich an Bord nahm. Die Liste reichte von der Einwinterung des Außenbordmotors bis zur Wartung des an der Wand befestigten, sehr praktischen Dosenöffners und hörte bei der Anleitung auf, wie man Injektionsspritzen keimfrei zu machen hat. In einem anderen Ordner steckten in Hüllen alle jene Tabellen und Hinweise, die bei der Navigation von Wichtigkeit sind, angefangen von der Umrechnung von Meter in Fuß bis zu jenen Tabellen in den Ephemeridentafeln, die alle Jahre unverändert blieben und aus einem alten Jahrgang stammten. Das erspart Hinundherblättern.

In diesen Hüllen steckten auch interessante hydrographische.Tabellen und Abbildungen, zum Beispiel, wie die See bei Windstärke neun aussieht. Natürlich waren hier auch einige Beispiele für alle denkbaren astronomischen Berechnungen, für den Umgang mit Sternfinder und Azimutdiagrammen. Ja, die hatte ich auch, Jahrgang 44, mit einem Adler als Dekoration auf dem Einband und zum Schockieren ausländischer Besucher genauso geeignet wie das Kruzifix im Tiroler Hergottswinkel des Salons. In diesen Hüllen steckte einfach alles, was ich aus sämtlichen nautischen Lehrbüchern herausgesiebt hatte, um es jederzeit bei der Hand zu haben.

Die letzten Tage hatte ich weiterhin Lugo in Nordspanien angepeilt und jedesmal nur eine Standlinie bekommen. Aus der abgesegelten Entfernung und meiner Richtung konnte ich mir ungefähr vorstellen, wo sich mein Kurs schräg durch den Linienfächer hinzog. Morgen wollte ich wieder die Sonnenhöhe messen. Heute mittag schloß ich befriedigt die Augen, als ich bemerkte, daß der Himmel vorübergehend bedeckt war. Jetzt am Abend war es sehr dunstig, wie oben im Ärmelkanal. So nahe wollte ich dem Roßbreitenhoch nun auch wieder nicht kommen!

Ich hatte den ganzen Tag noch nicht geraucht. Nach dem Waschfest wäre es mir als eine neuerliche Verunreinigung vorgekommen. Es war an der Zeit, damit aufzuhören. Die angebrochene Schachtel räumte ich aus dem Blickfeld; ich habe unterwegs auch nicht mehr damit angefangen. Im tiefsten Innern hoffte ich wohl, mein kranker Gaumen würde wieder etwas mehr Gefallen an dem Rest der Flasche Nuits St. George finden. Es ist nämlich in jedem Falle einfacher, ein Laster durch ein anderes zu ersetzen. Die Entsagung fällt dann leichter!

Wolken- und Seeungeheuer segeln mit

Es würde jetzt eintönig, wenn ich den Ablauf der nächsten Tage in der gleichen Weise beschriebe wie bisher. Die Tage waren ausgefüllt mit Arbeit, die Nächte waren nur noch zum Schlafen da – und zwar von

Sonnenuntergang bis zu dem Augenblick am nächsten Morgen, da die Sonne durchs Cockpitfenster von achtern genau auf mein Gesicht fiel.

Der Wind schwankte zwischen zwei und drei und wehte immer noch aus Nordosten. Der Barograph war inzwischen auf tausendeinunddreißig geklettert. Das Thermometer stand tagsüber bei zweiundzwanzig Grad, einen Tag später schon um zwei Grad höher und am 22. Juni bei siebenundzwanzig Grad. Das Segeln übernahm nachts Johann, wie üblich. Ich stellte ihm das ausgereffte Großsegel und die ausgebaumte Fock zur Verfügung, wobei er sich als ein ganz gewiegter Steuermann erwies, denn das war die Stellung, bei der ich selbst so häufig versagte. Allerdings wurde Johann auch nie müde. Möglich war das aber nur, weil der Wind gleichmäßig blies und nicht mehr als mit Stärke drei. Bei Tag setzte ich zusätzlich auf der Großsegelseite die blaue Genua. Unter dieser Besegelung mußte ich selbst steuern. Immerhin gelang es uns auf diese Weise trotz der zurückgegangenen Windstärke, noch neunzig bis hundert Seemeilen am Tag zu schaffen. Das tägliche Setzen und Bergen der Genua stellte keine Mühe mehr dar.

Der 20. Juni war deshalb bemerkenswert, weil ich an diesem Tag die ersten tausend Seemeilen zurückgelegt hatte. Also wiederum ein Mittel von hundert Seemeilen am Tag. Ich räumte wieder einmal auf der Kartentischseite auf, und dabei gingen nun auch die Handbücher Frankreichs und die dumme Konsolfunkkarte über Bord. Während ich so beim Staubwischen war, fragte ich mich, warum ich eigentlich noch nach Amerika wollte. Im Grunde war doch die Fahrt im wesentlichen beendet. Da drüben lag Gibraltar, und ein Urlaub in der griechischen Inselwelt war doch auch sehr schön! Ich weiß nicht, inwieweit hinter diesen Einflüsterungen der Verführer steckte. Jedenfalls dachte ich ein paarmal mit Unwillen daran, daß ich jetzt nur noch stumpfsinnig Seemeilen abzusegeln hätte. Ich kam mir vor, als säße ich an einem schönen Fensterplatz in der Eisenbahn auf einer jener todlangweiligen Strecken, die jeder kennt und vor denen man sich fürchtet, weil sie keinerlei Abwechslung versprechen. Ein Glück, wenn man dann wenigstens im Speisewagen sitzt! Selbstverständlich verdankte ich dieses atlantische »Dolce vita« nur meinem allseits ergebenen Diener Johann, der immer noch ungebrochen seine Schuldigkeit tat.

Am 18. Juni fand das Mittagessen im Salon bei gedecktem Tisch statt. Es gab nur kalte Platte, weil es höchste Zeit wurde, dem letzten Camembert ein würdiges Lebewohl zu sagen. Ebenfalls am Ende waren die Tomaten. Es reichte gerade zu einer Schüssel voll gepflegtem

Salat. Eine Handvoll grüne Oliven und einige Perlzwiebeln machten ihn noch reizvoller. Unter Würdigung der Tatsache, daß wir uns augenblicklich auf einem Breitengrad zwischen Madrid und dem Escorial befanden, erschien er als *Ensalada Felipe Segundo* auf der Speisenkarte.

Mit dem Zeitzeichen versorgten wir uns täglich in Lissabon auf Mittelwelle. Ich habe keinen Bordchronometer, sondern verwende meine Armbanduhr für die astronomischen Berechnungen. Das ist bei einer automatischen Uhr kein Problem. Sie hatte eine Abweichung, die täglich zwischen zwei und fünf Sekunden lag. Eine jener praktischen Wachstafeln unter Zelluloid, die man immer wieder verwenden kann und die auf dem Kartentisch stand, diente zum täglichen Vermerken der anzubringenden Verbesserungen am Stand der Zeiger. Das einzige Unpraktische an einer automatischen Uhr ist an Bord, daß man sie immer tragen muß, damit sie nicht stillsteht. Aufziehen mit der Hand wirkt sich nämlich merkwürdigerweise auf die Genauigkeit der Uhr ungünstig aus. Beim Arbeiten an Bord ist sie aber einer Menge Gefahren ausgesetzt, und eigentlich war es nach jedem Nahkampf am Vordeck ein Wunder, daß sie kein eingeschlagenes Glas davongetragen hatte. Für die nächste Atlantikreise würde ich eine elektrische Uhr mitnehmen. Die käme auf einen sicheren Platz am Kartentisch und würde nur in die Hand genommen, solange der Sextant bedient wird. Auch die Zeit der Schiffschronometer im Mahagonikasten ist vorüber.

Zu Ende war auch das übliche Eierfrühstück. Es gab jetzt jeden Morgen drei verschiedene Marmeladen und Honig; der Frühstückstisch sah wie zu Hause aus. An Stelle von Schwarzbrot, das ich mir für die derberen Würste aufhob, schmeckte Zwieback viel besser dazu. Ich öffnete merkwürdigerweise niemals eine der Dosen mit Butter, die ich an einem der letzten Tage mühselig entlang der ganzen englischen Südküste gesucht und dann in einem Feinkostladen in Bournemouth gefunden hatte. Ich hegte kein Verlangen nach Fett und fürchtete mich auch ein bißchen vor dem Anblick eines halben Kilos aufgeweichter gelber Butter, für die ich an Bord niemals Verwendung haben würde. Ich hatte versuchsweise Margarinewürfel dabei, die tatsächlich auf der ganzen Reise würfelförmig blieben. Ich verwendete nur ganz wenig davon.

Am 19. Juni erlebten wir unsere ersten Fische. Es waren fünf oder sechs, etwa mannslang. Sie hatten es sehr eilig, irgendwohin zu schwimmen, und überholten uns. Bevor ich sie fotografieren oder auch nur ein zweites Mal hinschauen konnte, waren sie schon über alle

Berge. Bei einigen zeigte sich eine Flosse über dem Wasser, aber ich will keine Rückenflosse daraus machen. Es mögen Haie oder Thunfische oder Delphine gewesen sein.

Manche Atlantiksegler beschreiben das beobachtete Viehzeug mit einer solchen Genauigkeit, daß man glauben muß, sie hätten es mit dem Bestimmungsbuch in der Hand am Tisch seziert. Ich war in diesem Punkt sehr schlecht vorbereitet und kannte weder Fische noch Vögel. Ich glaube aber, es ist ganz nebensächlich für meine Leser, ob der beobachtete Sturmtaucher noch britisch oder bereits kanarisch war. Ich werde auch nicht oft in Verlegenheit geraten, mich meiner Unwissenheit zu schämen. Wir kamen nur noch einmal auf der ganzen Reise dazu, einen Schwarm Fische zu sehen. Die sprangen wie auf Befehl immer wieder gruppenweise aus dem Wasser und legten so wie die Flöhe ihre Reise zurück. Vielleicht waren es Bonitos. Es können aber auch ganz andere Meeresbewohner gewesen sein. Einem Atlantiksegler ist ja sogar ein durch die Luft schießender Tintenfisch an den Kopf geknallt, als er nachts an der Pinne saß. Was soll man da noch an neuen Sensationen bieten! Ich fürchte, ich habe den ganzen Atlantik verschlafen, nachdem ich mich ausgiebig im Speisewagen verköstigt hatte. Das war für mich die größte Sensation, besonders wenn ich dann wieder den Bericht eines Seglers in die Hand nahm, der die gleiche Reise, ich meine von Las Palmas nach Barbados, unter unsagbaren Strapazen bewältigt hatte.

Da verstand ich mich auf eine andere Sorte Tiere viel besser. Sie waren gerade in jenen Tagen um den 20. Juni häufig zu sehen. Sie entsprangen ausschließlich meiner Phantasie und hingen in der Luft, wo sie sich allerdings auch einer längeren prüfenden Betrachtung nicht so schnell entziehen konnten. Es sah manchmal wie im Kinderzimmer aus, besonders gegen Abend. Auf langen, flachen Abstellborden standen aufgereiht die komischsten und absolut nicht zusammenpassenden Tiere. Pudelwolken waren am häufigsten vertreten. Aber es gab gleich daneben auch Schildkröten mit hochgerecktem Kopf, krähende Hähne, in der Luft fummelnde Elefanten, aufrechtstehende Eisbären, die ihre Tatzen täppisch nach vorn hielten, und Giraffen, die sogar zwei Hälse hatten. Es gehörte gar nicht viel Phantasie dazu, sie zu erkennen.

Mein Tiergarten entstand, wenn die aufsteigende feuchte Luft weiter oben bereits eine feuchte Luftschicht vorfand und deshalb kondensierte. Die geringe Luftströmung verzog dann die einzelnen Wolkentürmchen zu den lustigsten Quellformen.

Bald nach dem Auftauchen der Himmelsschildkröte segelten wir eine Schiffsbreite an einer Seeschildkröte vorbei. Sie war groß wie eine Waschschüssel, besaß einen Zackenpanzer wie ein mittelalterlicher Ritter und schaute mit hochgerecktem Kopf bewegungslos zu mir herüber.

Das Leben im Cockpit wurde tagsüber zu einer harten Prüfung, denn es war unter der Sonne schon sehr heiß, und ich war noch gar nicht an diese Umstellung gewöhnt. Unnötig (oder vielleicht doch nötig) zu sagen, daß bereits paradiesische Zustände an Deck ausgebrochen waren und ein nasses Handtuch über dem Kopf in der heißen Tageszeit mein einziges Kleidungsstück darstellte. Abends war es jedoch noch kühl, und sobald die Sonne verschwand und Johann wieder an die Arbeit ging, zog ich mir warme Wäsche an.

An Schlafmangel hatte ich nun nicht mehr zu leiden. Einmal wachte ich bereits um neun Uhr abends wieder auf und wunderte mich, warum es am späten Vormittag noch so dunkel war. Ich klagte dann in meinem Bericht, daß es schwer war, vor Mitternacht wieder einzuschlafen und bis zum nächsten Sonnenkuß auf die Stirn ununterbrochenen Schlaf zu finden. Das lag natürlich auch daran, daß bei dem stark zurückgegangenen Seegang und Wind das Boot sehr gleichmäßig segelte. Mehrmals stand ich auf und sah draußen nach, ob wir überhaupt noch vorwärtssegelten. Aber ich greife da vor. Am 19. Juni, als wir noch schöne Fahrt machten, hatten wir eine einzigartige Begegnung auf See. Es sollte auch die einzige bleiben, wenn ich von denen absehe, die sich gegen Ende der Reise ereigneten.

Gegen Mittag tauchte im Westen eine große Motoryacht auf. Sie mußte meine Genua wohl schon von weitem gesehen haben, denn sie hielt bald auf mich zu. Ich setzte die Nationale, um den Augenblick formvollendet zu begehen, und war ungeheuer aufgeregt. Beim Näherkommen erkannte ich: Es war ein Schiff unter britischer Flagge, von der protzigen Größe, die der Stolz jeder italienischen Bootsausstellung ist. Der Name: Fontainebleau.

Das Boot gehörte wohl nach Malta oder Gibraltar und war auf einem Ausflug von den Azoren zurück nach Almeria. Die jungen Leute auf der Brücke erkundigten sich durchs Sprachrohr nach meinem Woher und Wohin und ob ich etwas brauche. Ich lachte und überlegte schnell, ob ich ihnen die Kiste Coca-Cola anbieten sollte. Aber die Verständigung über Megaphon wäre zu umständlich gewesen. Weil ich auf Kurs geblieben war und ihr Schiff furchtbar stampfte, hielten wir gut fünfzig Meter Abstand. Eine Maid zum Tellerabwaschen schienen auch sie nicht an Bord zu haben. So wünschten wir uns noch einen guten Trip. Als die FONTAINEBLEAU sich stampfend wieder auf ihren alten Kurs begab, dachte ich mir: Nicht geschenkt möchte ich dieses Seeungeheuer haben, das sich da durch die Dünung wühlt! Erst dann fiel mir ein, daß ich vergaß, sie wirklich um etwas zu bitten, nämlich von Almeria eine Karte zu verschicken mit der Kunde, sie hätten mich bei den Azoren wohlauf gesehen.

Dann war ich wieder allein, einsamer als zuvor, und das Radio war eine Wohltat, weil es mir die Verbindung zur übrigen Welt aufrechthielt. Ich wunderte mich, woher ich überall deutsch gesprochene Nachrichten auf Kurzwelle bekam, die mich gar nicht besonders interessierten, zum Beispiel aus Schweden und Moskau. Aus einer unbekannten Gegend empfing ich eine Sendung, in der Deutsch gelehrt wurde, und zwar in einer völlig unverständlichen Sprache. Wahrscheinlich ein Entwicklungsland. Dementsprechend war auch das Lehrbuch. Man lernte gerade: die Schuhe, die Schokolade, das Ei. Das Rufzeichen von Cap Spartel an der südlichen Seite der Straße von Gibraltar verbreitete bereits einen Hauch Afrika. Zum Peilen war es zu weit weg. Die Flugfunkfeuer von Madeira und Santa Maria auf den Azoren wären zum Peilen besser geeignet gewesen, weil sie bereits ganz laut durchkamen. Aber ich legte gar keinen Wert auf eine doch nur ungenaue Radiopeilung. Meine Sonnenmessung klappte ja jeden zweiten Mittag. Wir befanden uns bereits in einem Gebiet mit fünfzehn Grad Kompaßmißweisung, was ich bei einer Peilung des Polarsterns überprüfte, denn vor diesen Seekartenangaben warnt selbst das Handbuch der Nordatlantischen Inseln.

Ein besonderes Erlebnis war es, als ich das erste Mal Radio Teneriffa und das Wort »Islas Canarias« hörte. Besonders laut war von dort Radio Atlantico zu empfangen. Nur war das Programm nichts wert. Es handelte sich meistens um Werbesendungen, untermischt mit Namenstagswünschen an dieses und jenes Kind, und dann kamen auf spanisch nochmals dieselben Schlager, die ich schon von England her nicht mehr hören konnte, weil sie täglich mehrmals im Langwellenprogramm von BBC ausgestrahlt wurden. Während die spanischen Sender entweder in Folklore machten oder in politisch oder kirchlich gefärbten Berichten, war Lissabon noch immer ein reiner Genuß. Ich fürchtete schon jetzt den Tag, an dem ich von dort keine gute Musik mehr empfangen würde. Leider erwies sich der Sender auf den Azoren als zu schwach für mich hier unten. Ich hatte gehofft, es gäbe dort eine Übertragungsantenne von Radio Lissabon, die mir das Zweite Programm noch über den halben Atlantik nachwerfen würde.

Das sehr religiös ausgerichtete Programm von Las Palmas hatte aber auch sein Gutes. Hätte ich doch einmal beinahe vergessen, den Stand der Uhr zu überprüfen, wenn nicht Punkt zwölf Uhr im Funkhaus der »Engel des Herrn« gebetet worden wäre.

BBC war auf Langwelle immer noch einwandfrei zu bekommen. Ich nahm zum Spaß ein letztes Mal den Wetterbericht auf. Südlich von Irland war ein Tief gemeldet. In Finisterre Westwind Stärke acht. Good bye, das lag hinter uns!

Einmal hörte ich aus Lissabon Tschaikowskys Violinkonzert. Es schien unnatürlich in die Länge gezogen, selbst für Vater Oistrach an der Geige. Das hörte sich an, als drehe sich die Schallplatte nicht mit der gehörigen Geschwindigkeit. Lag es nur an meinem Radio? War zu wenig Strom da? Schnell ersetzte ich die Batterien durch neue. Das war meine dümmste Fehlleistung auf der ganzen Reise.

Meine Gedanken kreisten in jenen Tagen darum, wie lange der Nordostwind uns noch treu bleiben würde. Nordostwind, das hieß auch Passatwind. An Stelle des Mitte Juni von den Azoren nordwärts gewanderten Hochdruckgebiets hatte sich längst ein neues Azorenhoch gebildet. Das konnte nicht ausbleiben, denn die Hitze in Äquatornähe reißt die feuchte Luft in die Höhe, läßt sie sich dabei ausregnen, wovon das Mallungengebiet seine Unbeliebtheit hat, und führt diese Vertikalströmung dann weiter polwärts wieder zur Erdoberfläche zurück. Der Kreislauf schließt sich, wenn diese Luft zum Äquator zurückströmt. Während dieser Zeit erleidet sie jedoch eine westwärts gerichtete Ablenkung, weil sich die Erde ja auch weiterdreht, und die Passate sind fertig. Auf der Südhalbkugel wehen sie aus südöstlicher Richtung, auf unserer Seite des Äquators aus Nordosten.

Das war der Wind, der bereits Christoph Kolumbus Amerika finden ließ und auch alle seine weniger kühnen Nachfolger bis auf den heutigen Tag, sofern sie sich segelnd dieser Strömung anvertrauten. Dort, wo der absteigende Ast des Windsystems wieder auf die Erde trifft, finden wir einen Wüstengürtel, der sich um die ganze Erde spannt, denn die Luft ist ja nun trocken. Über dem Atlantik liegt in diesem Bereich das Azorenhoch. Während meiner Überfahrt füllte es wie ein flachgedrückter Faschingskrapfen (oder wie eine Frikadelle – für den, der das Süße nicht so liebt) den weiten Seeraum zwischen dem nördlichen Afrika und Florida. Sieht man sich den weit auseinandergezogenen Isobarengürtel auf der Wetterkarte an, versteht man sofort, daß unter der weiten Kuppel dieses trockenen Hochdruckbergs keine Hoffnung auf Wind oder Regen besteht. Seit Segelschiffe über den Atlantik segeln, geben sie acht, nicht in die Kernzone dieser nervenzermürbenden Roßbreiten zu geraten.

Ich hatte mein Fotozubehör in einen Safarikoffer gesteckt. Das hat ihm nicht geschadet; aber es war nach Verlassen des feuchten Klimas im Ärmelkanal nicht mehr nötig. Wegen ihres gesunden, trockenen Klimas sind wohl auch die Atlantischen Inseln so beliebt.

Kehren wir noch einmal zu unserem Luftdruckgebilde zurück und stellen wir uns vor, wie die Luft in entstehende Tiefdruckräume nach ehernen Gesetzen aus der Nachbarschaft zyklonal einfließt; dann wird das Wettergeschehen in diesen südlichen Breiten einigermaßen klar. Spiralförmig im Uhrzeigersinn aus dem überströmenden Hochdruckberg heraus und umgekehrt weiterdrehend in den ansaugenden Unterdrucktrichter eines Tiefs hinein, gibt uns das großräumige Windgeschehen keine Rätsel mehr auf. Dieser Druckausgleich brachte mir westlich von Portugal den berühmten portugiesischen Norder. Er weht parallel zur iberischen Westküste zwischen dem Azorenhoch und einem über Spanien und Portugal liegenden Wärmetief.

Fragen wir uns nochmals, wo die Passatwinde wirklich diesen Namen verdienen. Das kann erst weiter im Süden sein. Segeln wir in gebührendem Abstand an bewußtem Pfannkuchen entlang nach Süden und später nach Westen, dann werden wir an seinem südwärts gerichteten Hang in jene Luftmassen geraten, die zum Äquator zurückströmen. Dort dürfen wir auch Nordostpassat zu ihnen sagen.

Wem es hier unten gelingt, eine ordentliche Wetterkarte zu zeichnen, der soll sich aber durch die vorhin erwähnten, weit auseinanderliegenden Isobarenlinien nicht zu sehr einschüchtern lassen. In der Segelschule hört jeder, der Seemeilenabstand zwischen zwei Isobaren könne als Richtschnur für die Vorausberechnung der zu erwartenden Windstärke dienen. Das stimmt auch. Nur wird vergessen zu sagen, daß zum Beispiel am zehnten Breitengrad die Windgeschwindigkeit doppelt so hoch ist wie am sechzigsten (immer auf den gleichen Isobarenabstand bezogen). Im Handbuch des Atlantischen Ozeans steht es jedoch, und das sollte man auch noch aus anderen Gründen lesen.

Mit dem jahreszeitlichen Hinundherwandern der Sonne als Urheberin allen Wettergeschehens verschieben sich Mallungen, Passat und Roßbreiten, und in jedem Monat sucht der Westindiensegler den Passat auf einer anderen geographischen Breite. Manchmal sucht er ihn auch vergebens, weil das Azorenhoch vorübergehend auf die Wanderschaft gegangen ist, um zum Beispiel mir an der Westecke der Bretagne mal schnell die Hand zu reichen und mir in der Folge auch noch die schützende Ostflanke mit den nördlichen Winden zu bieten. Lange genug hatte ich ja um diese Hand geworben!

Was nun weiter? Eine Wetteranalyse nach dem Schlüssel FM 46 über Funk wäre jetzt genausoviel wert wie zu Hause die Wetterkarte vom Deutschen Wetterdienst im Briefkasten. Dann wäre nämlich das Rätsel gelöst, wo das Roßbreitenhoch genau liegt, wie weit es reicht und was es vorhat.

Der Ozeanwetterbericht von Quickborn bietet sich da an, sofern einer ihn hier unten noch hören kann. Man kann es mit Whitehall, Porteshead oder St. Lys versuchen, mit den Portugiesen oder Spaniern. Alle senden für dieses Seegebiet eine Analyse des Wetters. Der Nautische Funkdienst klärt einen weiter auf.

Es ist jedoch nicht richtig, wenn ich schreibe, man könne es mit dem oder jenem versuchen. Man muß vielmehr bereits vorher wissen, was man will. Man muß diese Sender schon zu Hause oder im letzten Hafen ins Ohr bekommen und Wetteranalysen auf der Bordkarte ausgewertet haben. Man muß den charakteristischen Ton des Senders und die Art des Gebers unter vielen Nachbarsendern herauszuhören verstehen.

Jeder Sender hat seine Eigenart, seine bestimmte Methode, vor Beginn der Übermittlung eine V-Schleife mit eingestreutem Rufzeichen zu geben, manchmal auch verschiedene Rufzeichen, wenn der gleiche Bericht über verschiedene Frequenzen ausgestrahlt wird. Voraussetzung ist freilich, daß ein Kurzwellenempfänger mit durchlaufendem Band an Bord ist. Wer weltweite Reisen vorhat, unterrichtet sich am besten vorher, ob die gewünschten Frequenzen auch alle auf dem Band sind. Wir Ozeanwanderer von der vorletzten Klasse – die letzte sind die Ruderer – werden es mit unseren kleinen Bordgeräten trotzdem nicht leicht haben, aus weiter Ferne einen vollständigen Bericht zu empfangen, auch wenn das Bordgerät ein paar tausend Mark gekostet hat.

Meine Versuche, nachts auf die Jagd nach Sendern zu gehen, endeten jedesmal mit einer Nervenzerrüttung. Da war die Negermusik aus dem afrikanischen Mali noch Mozart dagegen. Wenn einem aus Ost und West die Morsezeichen dreier Erdteile um die Ohren pfeifen und wahrscheinlich jene aus Asien und Australien tief im Hintergrund die Geräuschkulisse bilden, dann suche mal einer die erwartete Fünfergruppe 10001, die erste der Analyse! Der Empfang ist zwar weltweit, aber was für ein Empfang! Es kommt also nur der nächstliegende Wettersender in Frage. Vielleicht würde man mit einer Richtantenne etwas verbessern können. Aber wer schafft das schon auf einem kleinen Segelboot! Meine Antenne war das Backstag, zwölf Meter über dem Wasser.

Hier zeigt sich der innere Bruch, der irgendwo zutage treten muß, wenn kleine Segelboote sich die Hilfsmittel der Großschiffahrt zunutze machen wollen, ohne deren Geld- und Stromquellen zu haben. Wer es nicht schafft, tröste sich also. Früher kam man auch ans Ziel, ohne Radar, Decca und Wettersatellitenprognose.

Wie dem Bauern der Wetterspruch, bleibt dem Kleinsegler dann immer noch die statistische Erfahrung des Deutschen Wetterdienstes, an die er seine Hoffnung klammern kann. Daß das kein schlechter Rat ist, zeigt dieses Buch von vorn bis hinten.

Kehren wir also zu den Monatskarten zurück, von denen wir vor Jahren ausgegangen sind, als wir an den langen Pfeilen entlang die dünne Bleistiftlinie erstmals über den Atlantik zogen. Es ist immer noch die Junikarte. Wenn sich um diese Jahreszeit die Passatwinde nach den statistischen Mittelwerten des Deutschen Wetterdienstes richten, müßten wir sie nach weiteren zweihundert Seemeilen erreicht haben.

Leider schien es gerade in diesen Tagen so, als habe uns das Azorenhoch endgültig verlassen. Der Wind ging am 21. auf Stärke eins zurück und war nur noch als sanftes Fächeln spürbar. Einige Regenspritzer fielen; aber sie hätten niemals ausgereicht, das Salz vom Deck zu waschen. Der Barograph war dabei, eine durchhängende Kurve zu beschreiben. Am 20. stand er noch auf tausenddreiunddreißig, fiel dann in drei Tagen um zehn Millibar und kletterte erst dann wieder zur Ausgangshöhe zurück. Auf diesem gleichmäßigen Bogen zeichneten sich bereits die zweifachen Druckstöße pro Tag ab, die typisch für das Passatgebiet und darauf zurückzuführen sind, daß in gleichbleibendem Abstand zweimal am Tag eine Druckwelle um die Erde läuft. Da ich immer noch nach MGZ segelte, fielen diese Wellen auf der ganzen Reise auf Mittag und Mitternacht und waren in der ersten Zeit um Mitternacht jedesmal mit heftiger Windzunahme verbunden, wie ich auf dem Meßstreifen vermerkte. Am 25. riß um Mitternacht bei einer solchen Gelegenheit die Fock entzwei.

Am 22. mußte ich das Großsegel streichen, da die dahinterstehende Genua nicht mehr genug Wind gekam. Ausgebaumte Fock und Genua arbeiteten willig zusammen; Johann tat das Seine dazu, den geringen Druck am Ruder auszugleichen. Wir schafften nur ein Etmal von siebzig Meilen. Das war bei so wenig Wind noch ganz ansehnlich, auch wenn ich zu Fuß nebenher genauso schnell vorangekommen wäre.

Das war der ruhigste Augenblick auf der ganzen Reise und gerade richtig, den Motor zu starten und die Batterie zu laden. Die Starterbatterie war unbenutzt und immer noch voll. Beim dritten Knopfdruck klappte es. Johann durfte sich eine Stunde lang ausruhen. Ich ließ den Motor so langsam laufen, daß die Vorsegel nicht einfielen. Nach einer Stunde war die Übung vorüber. Am späten Nachmittag desselben Tages änderte sich die Lage. Der Wind ging zum ersten Mal, seit wir unterwegs waren, auf Nord. Nicht genug damit, hatte er bis Mitternacht noch zwei Strich weitergedreht. Wollten wir nicht nach Madeira segeln, mußte ich die Segel umbauen. Die Fock kam auf den Bugkorb, die Genua nach Backbord und das Großsegel dazu. Das war ein ungewohnter Anblick, die Genua auf der Backbordseite!

Es kam noch besser. Bis zum folgenden Mittag hatte der Wind auf Südwest gedreht und war auf drei hinaufgeklettert. Im Westen waren hohe Schichtwolken am Himmel zu sehen, der Barograph hatte auf der ganzen Reise noch nicht so tief gestanden: tausendzwanzig Komma fünf. Damit waren wir wenigstens einmal in den ganzen fünf Wochen in die Lage versetzt worden, hoch am Wind zu segeln. Das Vergnügen dauerte eine ganze Nacht lang und einen Tag. Johann war jetzt erst richtig in seinem Element und bewährte sich tadellos. Wer weiß, wie ihm die Segelei vor achterlichen Winden zum Hals herausgehangen hatte! Mich erinnerten die veränderten Schaukelverhältnisse daran, daß es noch irgendwo eine Flasche mit Reisegold gab. Ich hatte sie ganz vergessen. Johann hielt uns so hoch am Wind, wie ich es selbst niemals gekonnt hätte, wenigstens was die Gleichmäßigkeit der Ruderführung betraf.

Er ging aber auch nicht zu hoch an den Wind, wie mir das manchmal passierte. Unter Genua und Großsegel lachte HOBBY nur über das Märchen, ein Katamaran sei schwer zum Wenden zu bringen. Bevor ich mich versah, konnte er durchluven, wobei es dann zum Abfallen wegen seiner Leichtfüßigkeit immer zu spät war. Ein Kielboot mag mit Schwung noch zurückzuholen sein, sobald die Vorsegel richtig killen. HOBBY aber war dann wirklich gekillt und nur auf dem Teller durchhalsend wieder auf Kurs zu bringen. (Natürlich blieb immer die Möglichkeit, die Genua übergehen zu lassen, als sei die Wende beabsichtigt gewesen; aber es sah uns ja keiner zu.)

Es ist heute für mich interessant zu wissen, daß an jenem Tag tatsächlich eine Kaltfront über uns drüberging. Der Ausläufer gehörte zu jenem sich bildenden Tiefdruckgebiet bei Irland, von dem ich schon im Radio gehört hatte und das bereits am nächsten Tag sechs und am übernächsten acht Windstärken nach Finisterre bringen sollte. Nach dem Durchgang der Front kehrte der Wind nach Norden zurück und war am 24. als getreuer Nordostwind wieder da. Ich möchte sagen, er roch etwas nach Finisterre.

Wer genau wissen will, wo ich in diesen beiden Tagen mit HOBBY stand, sehe sich die dazugehörigen Wetterkarten an! Ich war am 23. im Schnittpunkt der Kaltfront mit der Tausendzwanzig-Isobare. Wie verständlich wird so das Wettergeschehen! Andere mögen unterwegs Stürme und furchtbares Wetter erlebt haben. Für mich wurde ein Tag mit Südwest der Stärke drei zum großen Ereignis.

Das Thermometer war um fünf Grad gefallen. Das Paradies schloß vorübergehend die Pforten. Wir segelten nun wieder unter ausgebaumter Fock und Genua. Johann, der das schon kannte, murrte nicht. Manchmal jedoch und besonders oft um Mitternacht mußte ich jetzt an Deck, weil der Wind aus unbegreiflichen Gründen ausgerechnet zu dieser nachtschlafenden Zeit zunahm. In Böen war mein Diener gegen den stärkeren Druck der Genua nicht gerüstet. So kam es häufig zum Backschlagen der Fock, und wenn sie sich wieder mit Wind füllte, knallte das ganz schön. Ich wurde ärgerlich über mich selbst, weil ich es am Steuerrad auch nicht besser konnte als Johann hinter mir. Ich fragte mich nach jedem Knall, wie lange das noch gutgehen würde. Etwas anderes unternahm ich aber nicht dagegen. Ich hätte leicht schon die Passatwindsegel setzen können. So aber steht dann zwei Nächte hintereinander auf dem Barographenstreifen über dem Mitternachtsbuckel: »böig«. Die dritte Nacht steht da: »Fock gerissen!«

Um Mitternacht zum 26. hatte nämlich die Fock ausgeknallt. Sie machte diesmal »ratsch«, und obwohl ich vom Cockpit aus nicht sah, wo der Riß saß, machte es »ratsch« auch in mir. Hastiges Bergen des ausgebaumten Segels war meine erste Handlung. Der Schaden bedrückte mich sehr, weil das eins meiner Passatwindsegel war. Außerdem sagte ich mir nun, daß es besser gewesen wäre, vorher etwas zu unternehmen und nicht erst im nachhinein sich selber zu bestätigen, daß das eigentlich schon lange vorauszusehen war.

Ich versuchte zuerst, unter Genua allein weiterzusegeln. Das würde mich aber als nächstes die Genua kosten. So setzte ich die starke Sturmfock und ging schlafen.

Erst am Morgen besah ich mit den Schaden genauer. Zum Glück war nicht das Tuch gerissen, sondern eine Naht zwischen zwei Bahnen, natürlich auf ganzer Länge zwischen Vorliek und Achterliek, etwa anderthalb Meter. Nun saß ich da mit meinem Fahrrad an Bord und hatte es doch nicht mehr geschafft, rechtzeitig eine moderne Kurbelnähmaschine mit Zickzackstich einzukaufen (Singer hat eine!). Mit Nähzeug war ich natürlich eingedeckt, und bereits am frühen Morgen begann die Arbeit. Die übereinandergelegten Bahnen waren am Falz entlang mit zwei Zickzacknähten verstärkt, an jeder Kante eine Naht. Ein Glück, daß ich wenigstens die alten Fadenlöcher noch hatte. Da man nicht mit einer Nadel und einem Faden im Zickzack nähen kann, stichelte ich mich viermal durch die ganze Länge, je zweimal hoch in Zick und zweimal runter in Zack. Ich saß nicht nur den einen Tag, sondern auch noch die Hälfte des nächsten an dieser Arbeit und hatte sogar das Radio abgestellt, um so ungestört wie möglich voranzukommen. Ich kam mir vor wie in der Volksschule beim Nachsitzen und war überzeugt, zu Recht bestraft worden zu sein. Einmal muß man am Anfang dieses Lehrgeld zahlen. Ich würde in Zukunft meine Segel besser schonen und auf durchgescheuerte Fäden an den Nähten achten. Der Verkäufer von Singer darf sich auch schon heute die Hände reiben; ich komme bestimmt vor der nächsten Reise zu ihm. Da war am Großsegel auch so eine fettige, dunkle Stelle bei einer Naht, die wahrscheinlich vom Scheuern am Want herrührte. Gleich morgen wollte ich nachsehen.

An diesem Tag nahm ich trotz der Strafarbeit meine Mittagsposition. Wir standen jetzt auf einem gedachten Schnittpunkt, von wo eine Linie zu den Azoren im Norden und eine andere zu den Kanarischen Inseln im Osten führte. Hier ging ich endlich von dem Generalkurs ab, den wir seit der Bretagne eingehalten hatten. Die Kompaßanzeige hatte sich in diesen anderthalb Wochen wegen der veränderten Mißweisung etwas nördlich verschoben, das heißt: mehr auf Westen zu. Aber unser rechtweisender Kurs lag immer zwischen zweihundert und zweihundertdreißig, war also nahezu Südwest.

Wir steckten jetzt doch sehr tief im Süden und hätten eine ganze Menge Seemeilen sparen können, wenn wir uns näher an die Azoren hätten heranhalten können und vor allem schon um den 22. herum nach Westen abgebogen wären. Aber gerade in den entscheidenden Tagen hatten wir so gut wie überhaupt keinen Wind und am 23. den berühmten Südwestwind gehabt. Segeln heißt eben, mit dem Wind gehen! Nachdem die Fock wieder instand gesetzt war, sollten die Passatwindsegel gesetzt werden. Der Nordost war ja wieder da.

Ich würde hier unten nicht mehr plötzlich einen Windstoß von vorn auf die Nase bekommen. Außerdem hatten wir am 23. Juni bereits unseren ersten fliegenden Fisch durch die Luft sausen sehen; daran war zoologisch absolut nicht zu rütteln. Wir hatten bei Windstärke zwei nur noch ein Etmal von fünfundfünfzig Seemeilen geschafft. Das lag an der völlig verfehlten Sturmfockbesegelung, die ich wählte, weil ich nicht auch noch die zweite Fock riskieren wollen, solange ich mit dem Flicken der anderen unabkömmlich war und mich nicht ums Ruder kümmern konnte. Johann zeigte die ersten Alterserscheinungen. Während der Mitternachtsböen war er überanstrengt worden. Die Gripzange hielt die Fahne fest; also mußten die geleimten Tufnolscheiben nachgeben, in denen der Fahnenstock steckte. Aber ich wollte die beiden Scheiben mit langen Gewindebolzen quer durch den Stock schon gefügig machen!

Das Setzen war eine Arbeit von gut einer Stunde. Die Bäume hingen bereits vorher in ihren Ringbeschlägen am Mast. An Stelle der Schot griff je ein schwerer Schnappschäkel in das Schothorn der beiden Focks. Der Schäkel saß mit einem Ring im Endbeschlag des Baumes. Im zweiten Ring hing die zur Pinne führende einzelne Schot. Ein weiteres Ende führte ebenfalls von dort als Niederholer zu einem Beschlag am Vordeck, um die Bewegungsfreiheit der beiden Bäume einzuschränken. Beide Schoten führten vorerst achtern an eine Winsch. Da das Vorliek der Fock bekanntlich fliegend gesetzt wird, ist es am besten, man heißt zuerst das eine Segel, dann das andere vor. Sonst kann es geschehen, daß sich die beiden lose flatternden Tücher untereinander verheddern, da ja beide vom Wind in die gleiche Leerichtung geweht werden. Sind beide Fallen durchgesetzt und die Schoten an der Winsch eingeholt, hat man die halbe Arbeit hinter sich. Das sind die beiden Brauereipferde, wie sie am Anfang im Buche stehen. Nun fehlt noch der Kutscher auf dem Bock. Solange die Schoten an der Winsch belegt sind, hat man selber zu steuern. Omoo steuerte sich selbst, ohne daß die Schoten zum Steuerrad geführt werden mußten (demselben Steuerrad übrigens, hinter dem die kleine Frau mit der gelben Wetterjacke stand und nach fernen Küsten Ausschau hielt). Doch auf der Omoo war die Lage eine andere. Man kann die Passatsegel auf zwei Arten setzen. In beiden Fällen werden die Segel zueinander ein großes V bilden. Zeichnet man es aufs Deck, dann war das V der Omoo nach vorn offen, meins nach achtern.

Der Vorteil der Omoo war, daß das Ruder in einer bestimmten Lage belegt werden konnte und daß es möglich war, die Vorwindstrecke zu verlassen und einen um wenig davon abweichenden Kurs einzuhalten. Das war damals neu. Wir werden noch sehen, daß HOBBY dies auf seine Weise auch kann. Nun kam das Belegen der Schoten an der Pinne, am besten mit zwei halben Schlägen, weil es sich dann am leichtesten nachregulieren läßt.

Wie nun die Schot von der Winsch auf die Pinne bringen? Das geht am besten mit einem Hilfstampen, der die Fockschot vorerst auf eine brauchbare Weise festhält, so daß die restliche Schot von der Winsch genommen und an der Pinne belegt werden kann. Niemals kann man die Schot unterdessen in der Hand halten und auch noch zwei Schläge über die Pinne werfen, abgesehen davon, daß das Boot sofort querschlägt und die zweite Fock back kommt. Ist dann die zweite Schot auf dieselbe Weise an der Pinne belegt, löst man beide Hilfstampen. Beim nachträglichen Durchholen der Schot und beim Knoten-Verstellen bekommt man einen Begriff, welcher Zug von beiden Seiten auf der Pinne sitzt. Da beide Pferde gleich kräftig in den Strängen liegen, heben sich die Kräfte auf. Nur durch die geringe Verschiebung der Bäume nach vorn und gleichzeitig auf der anderen Seite nach achtern wird auf dem Weg über die durch Blöcke gleitenden Schoten die Pinne seitlich bewegt, und so korrigiert sie den Weg in den vorausbestimmten Vorwindkurs zurück. Das klappte vom ersten Augenblick an, und Johann war damit beurlaubt. Wir werden ihn aber bald wiedersehen, zu seinem und auch zu meinem großen Schaden.

Es ist ein sehr zufriedenstellendes Gefühl, sobald die beiden Braunen in den Sielen liegen. Die Segelstellung erfordert überhaupt keinen Blick mehr und keine Sorge. HOBBY wird Tag für Tag so weitersegeln, wochenlang. Der Gedanke, auf einem Segelboot zu sitzen, wird immer dünner. Sitzt man im Schnellzug, denkt man auch nicht an die Lokomotive, die das alles erst ermöglicht. Ich wandte mich neuen Tätigkeiten zu.

Wo Leben zum Erlebnis wird

Ich habe eben beinahe wie in einer Gebrauchsanweisung beschrieben, wie die beiden Passatwindvorsegel vorzuheißen sind. Das habe ich noch nirgends gelesen. Höchstens steht da, daß es eine stundenlange Arbeit sein kann. Ich hoffe, ich habe mich damit bei den Praktikern verdient gemacht und will mir deshalb gleich eine Freiheit herausnehmen, die weniger angenehm klingen mag. Aber ich muß mich bei jenen Lesern entschuldigen, die keine Ahnung von Schnappschäkeln, Schothörnern, Winschen, Vorlieks, Tampen und zwei halben Schlägen über die Pinne haben. Ich hatte anfangs versucht, Ausdrücke zu vermeiden, die dem Nichtsegler nicht wenigstens aus dem Satzzusammenhang heraus ihren Sinn und ihre Bedeutung klarmachen – selbst wenn mich das einige Beliebtheit kosten sollte.

Es ist für den Außenstehenden nicht ohne Belustigung, mit welchem Eifer die geheimbündlerische Abkapselung der Segler mancherorts noch gepflegt wird. Ich meine in diesem Fall das starre Festhalten an einer sogenannten Seemannssprache, gegen die zu sündigen eins der peinlichsten Vergehen ist, das einem zustoßen kann. Im Hafen kentern oder unter den hohen Steg fahren und den Mast absegeln ist nichts dagegen.

Es ist schön, daß unsere Muttersprache so wortreich ist und daß sich auf der Suche nach dem richtigen Ausdruck eine solche Fülle an Wörtern darbietet. Bei einem Handwerk, das vorwiegend im Umgang mit Tauwerk besteht, ist es unumgänglich, jedem Ende seinen eigenen Namen zu geben, damit keine Sprachverwirrung ausbricht. In tausend Jahren Seefahrt sammelt sich da etwas an! Wenn richtige Seebären so reden, weil es die einzige Sprache ist, die sie sprechen und verstehen, wird niemand etwas daran finden. Aber da gibt es Bücher und auch Aufsätze in Seglerzeitschriften, die nur mit einem Fachwörterbuch in der Hand verstanden werden können. Ein Anhang mit der Erklärung der Fachausdrücke gehört auf die letzten Seiten eines jeden Seglerbuches. Bezeichnenderweise ist 1967 das Seemännische Handwörterbuch mit derzeit 600 Seiten auf diesem Gebiet das dickste Segelbuch überhaupt auf dem deutschen Büchermarkt. Aber nicht alles ist Fachsprache, was veröffentlicht wird. Viele Ausdrücke sind nur aus dem Niederdeutschen, Niederländischen, Englischen oder einer gemeinsamen mittelalterlichen Quelle überkommen und könnten durch ein gemeinverständliches Wort ersetzt werden. Im Münchener Platzl steht auch das urige Bayern auf der Bühne; aber da soll man darüber lachen, woanders darf man es nicht.

Pressearbeit hat allgemeinverständlich zu sein. Wir sind doch alle bloß Epigonen einer großen Seglerzeit, insofern es um das rechte Wort geht. Es muß nicht zu Manierismus werden, was auch heute noch Stil sein könnte. Die Hellhörigkeit der ins Segelerlebnis erst hineinwachsenden Jugend geht daran vielleicht noch vorbei, auch wenn sie die falschen Töne vernimmt. Aber was hat Jugend nicht schon wirksam lächerlich gemacht im verzerrten Nachäffen überlebter Ausdrucksformen! Der Ausdruck braucht nicht nur am Wort zu hängen. Bluejeans und Rollkragen sind natürlich ein Protest gegen Klubjacken mit Goldknöpfen und gegen noch viel mehr. Ich habe wochenlang in den großen Yachthäfen der englischen Südküste beobachtet, ob jemand abends die Flagge am Boot einholte. Ich habe unter hundert Yachten nicht eine gesehen. Die haben mich angeschaut, als glaubten sie, ich hätte Angst, jemand könne die meine über Nacht als Erinnerungsstück mitnehmen.

Sicher haben auch die jungen Engländer heute noch unter den Folgen des muffigen letzten Jahrhunderts zu leiden; aber sie kommen darüber hinweg. Wenn wir noch einen Kaiser, König oder Prinzgemahl hätten, der sich mit dem seglerischen Nachwuchs an einen Tisch setzt und die seglerischen Probleme von heute bespricht, würden wir vielleicht auch bald vergessen, die Segeletikette bei Kaiser Wilhelm abzumessen. Die alte Form wird bestimmt zerbrechen. Je weniger Scherben es dabei gibt, um so besser für alle. Schon beim Bergsteigen sagten wir »Strick« zum Kletterseil, um die Alten zu erschrecken, die noch mit der Alpenstange ins Gebirge stiegen wie einst der Wanderklub *Vom Fels zum Meer 1878.*

Die Aufgabe der Älteren darf nur sein, aus dem größeren Wissen und der Erfahrung heraus zu lehren, hilfreich zu sein und die Ahnungslosigkeit zu beseitigen, mit der viele neue Bootsbesitzer aufs Wasser gehen. Ob dann das Boot am Steg angebunden oder festgemacht wird, sollte wirklich wurscht sein.

Zurück zum näher liegenden Landfall! Das Studium der Handbücher über Westindien ist fällig – und besonders im Hinblick auf eine Landung in Antigua. Je früher ich Bescheid weiß über das, was auf mich zukommt, um so ruhiger kann ich weitersegeln, auch wenn ich die letzten Tage in schlechtes Wetter kommen sollte und dann keine Zeit mehr für Bücher und Karten hätte. Zusätzlich kundschaftete ich alle Landungsmöglichkeiten an den übrigen Westindischen Inseln aus. Wußte ich denn so genau, wo ich ankommen würde? Beim Studium des Handbuchs über Westindien las ich besonders eingehend die Abhandlung über die westindischen Orkane, die manchmal als »Ehemalige« bis in die Deutsche Bucht vordringen.

Damit setzte ich mir manche ärgerliche Grille in den Kopf. Jede Kreuzsee aus Richtung der Kapverdischen Inseln wurde zum Vorboten eines großen Sturmes, und jeder Wolkenstreifen aus Südwest machte mir Sorgen, denn eine böse Ahnung ging in diesen Tagen in mir auf. Auf den Monatskarten waren in den betreffenden Monaten die Häufigkeit und das Seegebiet angegeben, wo in den letzten sechzig Jahren Orkane vorgekommen waren, die bei Messungen eindeutig Windstärke zwölf und mehr ergeben hatten. Solche lagen nicht in meinem Bereich und meinem Zeitabschnitt. Aber was war mit den kleineren Stürmchen, die nicht ganz an zwölf heranreichten? Hurrikane waren für mich in Selbstgesprächen schon lange zu Curryhähnen verniedlicht worden, weil beim Gedanken an etwas Eßbares der schlechte Beigeschmack vergeht. Ich begann, mich jetzt vor jenen Curryhähnen zu fürchten, die zwischen Windstärke acht und zwölf nicht den gebührenden Respekt des Deutschen Wetterdienstes gefunden hatten, mich aber vollständig bedienen würden. Sollte Hiscock doch besser Bescheid gewußt haben, als er von der Überquerung im Sommer abriet?

Fachleute dürfen jetzt lächeln. Aber mir verging manchmal der gute Appetit, wenn der Barograph bei den zwei täglichen Hopsern nicht mehr auf die Ausgangshöhe zurückfand. Drei Millibar weniger seien bereits ein ernstes Anzeichen für eine herankommende tropische Störung, heißt es in einem anderen Buch über Schiffsführung in der westindischen Orkanzeit, das ich an Bord hatte. Vom 4. bis 6. Juli ging es in achtundvierzig Stunden von Mitternacht zu Mitternacht um drei Millibar hinunter, und die Buckel waren fast weg. Darüber steht »düstere Stimmung«, womit ich zwar den Wolkenhimmel meinte, aber auch meine eigene hätte meinen können. Fachleute mögen nachträglich feststellen, ob damals eine Wellenstörung über mich drüberging, die manchmal zur Hurrikanbildung führt.

Noch eine andere Erscheinung erregte meine Aufmerksamkeit. Als ich noch südöstlich der Azoren war und der Unterschied der Wassertemperatur zur Lufttemperatur bei Tag sehr groß, beobachtete ich jeden Abend eine auffällige Zunahme des Seegangs, ohne daß der Wind zunahm. Das ließ sich an der Fahrtgeschwindigkeit leicht überprüfen. Wir segelten nicht schneller; aber der Seegang war deutlich höher geworden und im Boot unten auch lauter. Das beunruhigte mich immer, wenn ich mein Abendessen zubereitete. Der Unterschied reichte bei Windstärke zwei von einem Viertelmeter bis zum doppelten und verlief sich später wieder. An einer anderen Stelle hatte ich mit Bezug auf die hohe See im Nordatlantik gelesen, daß kalte Luft zu höherer Wellenbildung führt als warme Luft, immer zu einer bestimmten Wassertemperatur ins Verhältnis gebracht. Warme Luft kann dann weniger Schubkraft entwickeln – also eine Wirkung wie beim Öl zum Glätten der See. So denke ich mir, daß am Abend durch die Abkühlung der Luft das Temperaturgefälle zum Wasser ganz gering wurde und die höher aufgeworfene See erklärte. Mich beruhigte diese Erklärung jedenfalls. Der Leser mag es als Teilantwort auf die Frage nehmen, was sich so ein Atlantiksegler unterwegs denkt.

Schon lange war vom Essen nicht mehr die Rede. Das lag aber nicht am eben Geschilderten. Der Appetit war schon noch da. Das erste Festessen an Bord bestand aus Hammelbraten und Pfanniklößchen. Der fette irische Braten aus der Dose war genau das Richtige für die Klöße, weniger geeignet allerdings für meinen auf solch deftige Dinge nicht mehr eingestellten Magen.

Der Knödel wurden acht, bevor sie wohlgeformt im kochenden Seewasser verschwanden. Sechs davon habe ich gegessen. Zwei habe ich im Topf vergessen und erst zwei Tage später wiederentdeckt. Preiselbeerkompott sorgte zum Schluß für den Ausgleich zum fetten Braten. Aber was die Hauptsache war: Der Wein schmeckte wieder. Ich brauchte mir keine Sorge mehr um die richtige Temperatur zu machen; er hatte sie bereits.

Anfangs hatte ich manchmal das Mittagessen vor die Sonnenmessung gelegt. Aber die Esserei schwächte mich immer wie eine große körperliche Anstrengung. Bevor die Sonne im Zenit stand, war ich danach trotz Höllenmaschine bereits so selig eingeschlafen, daß ich von nun an immer zuerst die Pflicht erfüllte und dann ans Kochen ging. Erst messen, dann essen!

Zu den immer wieder gelungenen Gerichten gehörten Nudeln mit italienischen Soßen. Ich zog die dicken, kurzen Röhren den richtigen Spaghetti vor, auch wenn sie länger zu kochen hatten. Bei diesen blieb immer die Soße zurück, jene ließen sich auch hinunterlöffeln. Ich kannte mich selbst nicht wieder, wenn ich in der Galley stand und dicke Zwiebeln als Grundlage für die Soße kleinschnitt. Fast jedes gute Gericht fängt ja mit einer Zwiebel an. Es ist noch gar nicht so lange her, da konnte ich nicht einmal den Geruch von heißem Wasserdampf in der Nase vertragen. Jetzt schnitt ich dicke Zwiebeln wie der Küchenjunge auf einem Fahrgastschiff.

Während die Petersilie und die getrockneten Salbeiblätter mit den Zwiebeln und den Speckwürfeln im Olivenöl angedünstet wurden, rührte ich gleichmütig in der Kasserolle. Später kamen dann das Fleisch aus der Dose dazu und die geschälten Tomaten. Die Gewürzkunde ist eine eigene Wissenschaft auf dem Gebiet dieser Soßen, so vielfältig wie die Menschen zwischen dem Alpenbogen und Sizilien.

Aber mit einer Prise wildem Majoran oder Origano, wie er italienisch heißt, geht man niemals fehl. Wem das Leben an Bord zu eintönig wird, darf dem Kapitän eine kleine Spitze Pfefferschote mitdünsten, die von der gemeinen Sorte aus Sardinien. Wichtig ist das ganz schwache Vorsichthinbrodeln und Eindicken, das die runden italienischen Mamas stundenlang mit großer Liebe und Behutsamkeit betreiben.

Bei einem Mann allein wird es immer eine Menge für wenigstens zwei unflätig große Mahlzeiten, weil sich einfach nicht weniger zusammenmischen läßt. Damit haben wir eigentlich schon wieder gegen die bereits bekannte Erfahrung verstoßen, nie zweimal hintereinander dasselbe zu servieren. Zum Glück hält sich die Soße, die von Olivenöl sehr fett ist, auch ein paar Tage ohne Eisschrank. An Stelle von Nudeln passen ebensogut dazu weißer Reis oder Polenta. Immer ist es jedoch das richtige Essen für einen guten und langen Schluck Rotwein.

Polenta dürfte nur Mittelmeerseglern bekannt sein. Nicht einmal die motorisierten Urlauber werden während der Mittagsrast in den Gasthäusern an der Landstraße häufig auf sie stoßen, denn sie ist eine Spezialität der nördlichen Provinzen und wird am liebsten zu am Spieß gebratenen Vögeln serviert. (Ich vermeide absichtlich das Wort »Singvögel«, weil ich keinem das Vergnügen an der Polenta nehmen will.) Früher war das mit der Polenta eine umständliche Kocherei im Kupferkessel über dem offenen Feuer. In modernen Kochbüchern wird es zwar genauso empfohlen, wie ja auch alte Kupferkessel wieder gesucht sind. Heute gibt es aber auch bereits vorbereitetes Polentamehl, das nur noch in kochendes Wasser gerührt zu werden braucht, fünf Minuten lang weiterzukochen hat, Blasen wirft und spritzt und dann auf ein Brett gestürzt wird. Der festgewordene Maiskuchen läßt sich in Scheiben schneiden und wie Kartoffeln servieren. Er hält sich tagelang, läßt sich auch in Würfeln rösten wie Bratkartoffeln, und wer das Süße liebt, mag ihn auch mit Marmelade bestreichen. Zu Spiegeleiern und zu gebratenen Schweinswürsten ist Polenta ideal. Aber ich bin ja nicht ausgezogen, ein Kochbuch zu schreiben.

An einfachen Tagen kam auch die Blutwurst wieder zu Ehren. Es gab sie mit Sauerkraut, das ich nach dem Unwillen in der Bretagne wieder gern mochte. Am urwüchsigsten schmeckt die Blutwurst zu Linsen, die in England unbekannt sind, und sogar der schottischen Gemüsesuppe aus der Dose hat sie sich nicht nur dem Geschmack nach, sondern auch der rauhen Machart wegen gut angepaßt. Ein Ring Blutwurst ist nun weg. Ich glaube aber nicht, daß ich auch noch die anderen beiden essen werde. Sie haben sich unter dem Kartentisch trotz der Wärme tadellos gehalten. Nur die äußere Haut verbreitet einen Geruch, der das tägliche Eintragen meines Standortes auf der Karte schwierig macht.

Nach dem Setzen der Passatsegel begannen nahezu zwei Wochen schrankenlos schöner Segelei. Ich frage mich im Ernst, ob ich diese vierzehn Tage so beschreiben soll, wie sie verliefen, denn zu leicht schwingen junge Herzen in Begeisterung mit und übersehen das ganze Drum und Dran, das immer im Leben vor den Erfolg gesetzt ist. Diese beiden Wochen stellten die eigentliche Überquerung des Atlantiks dar, denn von nun an rutschten auf dem Globus die bisher zuerst nordwestlich, dann nördlich gelegenen Azoren in die hinter mir gelassenen Längengrade gegen Sonnenaufgang hinunter, und am Ende dieser schönen Zeit hörte ich im Äther bereits Radio Antilles, auch wenn es noch eine Segelwoche weit weg lag. Es war die Strecke, auf der ich ganz allein war, wo die Weite der See – oder sagen wir ruhig ganz ohne kitschigen Zungenschlag: die Unendlichkeit dieses Weltmeeres – von allen Seiten auf mich einwirkte, mich eigentlich überfallen und erdrükken wollte mit der Wucht des ungeheuren Gedankens, wie unerreichbar weit weg das nächste Land war. Es ist die Gegend auf der Atlantikkarte, die beim Betrachten ein Grauen hervorruft wegen der Verlorenheit, in der sich dort ein kleines Segelboot befinden muß, das auf einer tischgroßen Karte seinem Ziel jeden Tag um fünfzehn Millimeter näher kommt.

Wie soll ich erklären, was man in solchen Wochen fühlt und denkt? Es sind die Wochen des körperlichen Einswerdens mit dem Weltall. Nichts stört mehr, nichts lenkt mehr ab, sogar das Radio schweigt still auf den üblichen Wellenbändern. Zwischen diesen sechstausend Metern Wasser unter mir und dem Sternenzelt über mir gibt es nichts mehr von Bedeutung auf dieser Welt. Nicht einmal mein Boot, das sowieso nur ein Hobby ist, oder ich selbst haben Gewicht. Gewicht hat vielleicht allein noch der zaghafte Gedanke, der sich in mir formt und mir das Bewußtsein der Winzigkeit gibt, in der ich selbst und alle meine möglichen Probleme neben dieser körperlich gefühlten Unendlichkeit stecken, dieser greifbar gewordenen Unfaßbarkeit, die uns umgibt und in der wir nach Atem ringen, wo wir uns ernähren, mehren und vergehen.

Solche Abende, wenn ich, auf der Cockpitreling sitzend, dem untergehenden Mond, der ihm wenig später nachfolgenden Venus, dem hoch am Himmel stehenden Mars zusehe, wie sie gleichmäßig langsam ihre Bahn nach Westen wandern, sind wirkliche Sternstunden. Hier bekommt dieses schöne Wort seinen Sinn zurück, der ihm zusteht. Wie schön stehen immer wieder jede Nacht der Krebs im Süden, nahe beim roten Mars die leuchtende Spica, im Osten und schon nördlich die Wega! Genau über mir der Arcturus im Bootes, die Cassiopeia verloren im Nordosten. Wo ist meine Heimat? Zu Hause auf dem Balkon stand dieses große Himmels-W zum Greifen nahe über mir. Überall, wo ich bisher segelte, brauchte ich nur zur Cassiopeia aufzuschauen, und ich stand im gleichen Augenblick zu Hause auf dem Balkon. Die Cassiopeia war bisher überall mein Schlüssel fürs Zuhause. Nun stand ich dem Krebs näher und dem Schützen, und wenn ich meinem Sternfinder glauben durfte, hätte ich in den letzten Tagen bereits das Kreuz des Südens über der Kimm entdecken müssen.

Dieser Umgang mit den Gestirnen, dem einzigen Bindeglied zu dieser Welt, die es jenseits der Kimm noch irgendwo geben mochte, dem einzigen Haltegriff auch, der mein Dasein auf dieser Wasserkugel an einen genau zu berechnenden Ort band, öffnete mir die Augen zu neuer Sicht. Wer denkt schon beim Fahren in der Straßenbahn, im Vorortzug, im Auto auf dem Weg zur Arbeit bewußt an dieses Dasein, ein wirkliches Da-Sein, ein auf Gradminuten und -sekunden genau festlegbares Hiersein in dieser Welt, an diesem einzigen Punkt! Mit der Erkenntnis des Da-Seins kommt das Wissen um das Leben überhaupt. Niemand wird sich seines Lebens bewußt, bevor die erste ernste Krankheit den Gedanken ans Fortgehen wachschreit.

In diesen Nächten, allein mit den Sternen und zwei Planeten, nach der Berechnung eines astronomisch genau bestimmbaren Flecks in dieser Wasserwüste, ziehe ich einen kleinen Kreis um ein winziges Kreuz und weiß: Hier bin ich. Darüber aber steht nun sichtbar das Wissen: Ich bin! Ich werde meiner selbst bewußt. Mag sein, ich bin nur ein Erdenkloß, ein Stäubchen, das in der Sonne flimmert. Was macht das schon! Das hier ist mein eigenes kleines Leben, mein Ich, genau festgelegt in seinem Hiersein durch einen Lichtstrahl, der vom Arcturus fast senkrecht über mir auf mich trifft und als Schatten weiter hinabfällt zu einer genau auslotbaren Stelle auf dem Meeresgrund unter meinen Füßen. Wenn mir diese ganze Reise kein größeres Glück eingebracht hätte als das Wissen, hier und dabei zu sein, mit einem Wort: zu leben – dann wäre die Fahrt allein schon der Mühe wert gewesen.

Es ist ein großes Glück, das eigene Selbst als ein Teil dieser Welt zu erkennen und das fühlbare, ja greifbare Wissen, in ihr zu leben. Je mehr die heutigen Lebensbedingungen uns krankmachen, der vermeintliche Fortschritt uns blendet, je schneller unser kurzes Leben durch die paar Jahre gerissen wird, wir taub und blind werden unter tausendfältiger Ablenkung von außen, die eigenen Gedanken verkümmern, wir nachplappern und tun, was uns andere aus geschäftlichen oder sonstwelchen Gründen einreden, die Hoffnung auf Entspannung sich von einem Wochenende zum nächsten weiterhangelt und es dann doch keine Entspannung gibt, je sinnloser die Jagd nach Geld wird, das dann andere abschöpfen – um so öfter werden sich Menschen herausreißen wollen und auf die Suche nach dem verlorenen Ich gehen. Hier, wo sich drei Erdteile gleichweit gegenüberstehen, wird das Ich wieder fixierbar, greifbar. Leben wird wirklich erlebbar. Jeder drohende Wolkenschatten, der vorüberzieht, stärkt das Wissen um dieses Leben, das einem Überleben gleichkommt, dem Bewußtsein, mit jedem Sonnenaufgang nicht nur einen neuen Sonnentag, sondern auch einen neuen Lebenstag geschenkt bekommen zu haben.

Soweit hat die Reise also ihren Sinn. Was dagegen als sportliches Ereignis gilt, also die sogenannte Alleinüberquerung dieses großen Wassers, das ist nicht der Mühe wert, sich deshalb im Stübchen zu Hause heimlich mit dem Gedanken an hochseetüchtige kleine Boote abzugeben, die eines Tages vielleicht auf die Reise zum anderen Ufer gehen. Eine geglückte Segelreise von Kiel um Skagen herum nach Helgoland sollte größere sportliche Befriedigung schenken.

Noch bleibt zum Teil der Reiz der schnellen Überfahrt von Las Palmas nach Barbados. Bill Howell schaffte es in vierundzwanzig Tagen, inzwischen wurde er von Bernard Rhodes unterboten, der dieselbe Strecke im selbstgebauten Trimaran in zwanzig Tagen bewältigte. Schon legt man Wert darauf, die Zeit für die Überfahrt nicht nur in Tagen, sondern bereits in Stunden genau anzugeben. Eindeutig liegt auch da der Erfolg bei Seglern, die das Mehrrumpfboot wählen.

Natürlich kann man auch hier unten im falschen Boot sitzen, in der ungeeigneten Jahreszeit lossegeln, einen widrigen Kurs wählen und sich durch unzählige Nachlässigkeiten das Leben an Bord erschweren. Dann wird auch aus einer Vergnügungsfahrt ein Abenteuer. Die Wochen dehnen sich zu unerträglicher Länge, und das Auftauchen von Barbados, der am nächsten liegenden Insel von Las Palmas aus, wird zum Landfall, an den man nach all den Widrigkeiten schon gar nicht mehr geglaubt hat. Man verstehe mich recht: Die Reise ist immer der Mühe wert, aber nicht um des Scheinerfolges willen, allein hinübergesegelt zu sein. Was vielleicht Bestand hat und was uns kein Segelurlaub auf dem größten See oder entlang der schönsten Küste geben kann, ist die Gewißheit, tage-, ja wochenlang geradeaus segeln zu können, bei Tag und bei Nacht, Segeln in vollen Zügen als Fortbewegungsmittel zu genießen, Segeln sozusagen mit dem großen Löffel. Segeln auf dem Atlantik, das ist wirklich und bewußt leben, das ist wie Leben mit der Schöpfkelle in sich hineingießen. Wer das auf dem Meer sucht – und ich fürchte, ich bin einer von denen –, der kommt zwischen dem zwanzigsten und dem fünfzigsten Längengrad auf seine Kosten.

Allein über den Atlantik zu segeln, wird von den Zuhausegebliebenen gern als eine Art freiwilliger Kerker angesehen: fünf Wochen Einzelhaft in der Todeszelle und nie wissen, welches Mahl die Henkersmahlzeit sein wird. Zuweilen mischt sich der Eindruck des Kerkers mit jenem der Gummizelle. Muß man nicht verrückt werden in dieser Einsamkeit? Fünf Wochen ganz allein auf der Welt!

Nein, wird ein anderer sagen, wahrscheinlich sind die schon verrückt, die sich auf ein solches Abenteuer einlassen. Waren es Narren oder Weise, die sich im Lauf der Menschheitsgeschichte immer wieder absonderten, in einer Tonne, in der Wüste, in der Einsiedelei? Fünf Wochen hautnah mit drei anderen Seglern auf einem kleinen Boot verbringen – da mag es zuletzt wirklich wie in einer Gummizelle zugehen. Es läßt sich nachlesen, wie viele solcher Reisen mit einem Mißklang endeten, wenn nicht mit Ärgerem. Allein segelnd ist noch keiner übergeschnappt. Wer die Veranlagung dazu hat, kommt erst gar nicht auf den Gedanken, in die Einsamkeit zu gehen. Auch mit diesem Irrglauben sollte also aufgeräumt werden. Alleinsein kann eine tiefe Befriedigung bedeuten. Keinesfalls litt ich unter der Einsamkeit. Mit zwanzigtausend anderen jahrelang hinter Stacheldraht zu leben – da schnappt jeden Tag einer über. Aber das Gefühl, frei zu sein, läßt keinen Gedanken an Verlorenheit aufkommen. Freiheit läßt sich nur mit Einsamkeit erkaufen. Absolute persönliche Freiheit bedeutet absolute Einsamkeit. Daß diese nicht als Last empfunden wird, macht die Freiheit auf See so verlockend.

Kehren wir mit beiden Beinen ins Cockpit zurück, wenden wir uns den täglichen Arbeiten wieder zu! Auf jede Sternennacht folgt ein neuer Tag. Er beginnt mit der Sonne, die pünktlich durchs Cockpitfenster ihren Strahl auf mein Gesicht wirft. Der erste Blick gilt dem Hilfskompaß in Augenhöhe, der nächste dem Barographen. Im Cockpit wartet bereits als Morgengabe die Zahl der schlafend zurückgelegten Seemeilen. So muß sich jemand fühlen, der morgens nur noch den Börsenbericht liest und von Tantiemen lebt. Aber Börsenkurse fallen auch. Ich ziehe die mühelos verdienten Seemeilen vor, denn mein Kurs kann uns nur nach Westen bringen, niemals zurück.

In der warmen Morgensonne im unbeschränkt vorhandenen Waschwasser planschen, danach den Frühstückstisch decken – das sind die nächsten Höhepunkte. Von soviel Beschäftigung ermüdet, ist es Zeit, sich wieder auf dem Lager auszustrecken. Draußen in der Sonne ist es längst zu warm dazu. Aber die Fenster unter der vorderen Plane sind leicht geöffnet und lassen unter dem immer noch aufgeblasenen Beiboot gerade soviel Luftzug hindurch, wie als Erfrischung zuträglich ist. Im Radio kommt dann die Deutsche Welle aus Köln mit der Ostasiensendung. Oder Beethovens geheimnisvoller Brief an die unsterblich Geliebte, auch die Ermordung Johann Winkelmanns in Triest, des Begründers der wissenschaftlich betriebenen Archäologie. Jeden Tag ein anderes Thema, für das damals wohl niemand sonst unter den Hörern so dankbar war wie ich. Zum Abschluß Haydns zweiter Satz aus dem Kaiserquartett.

Die Sendung endet mit dem Gongschlag. Zeitvergleich für die Borduhr! Ist die Sendung ein paar Sekunden länger, heißt es nur: Es war soeben . . . Das geschah ausgerechnet in den ersten Julitagen. Ich hatte eine der üblichen Dummheiten verbrochen. Es war eigentlich ganz gleichgültig, daß auf meiner Uhr die Datumsanzeige am 1. Juli noch den 31. Juni angab. Was kam es uns auf ein Datum an! Ich hatte mich ja sogar bei den Wochen verzählt. Es war nur Dickköpfigkeit. Ich glaubte, ich könne, während die Stoppuhr gleichzeitig mitlief, die Uhr inzwischen vierundzwanzig Stunden weiterdrehen und dann die gestoppte Differenz dazuzählen. Alles verlief planmäßig. Nur hatte ich während des Kurbelns vergessen, wo der Zeiger stand, als ich anfing zu drehen. Waren es fünf oder zehn Minuten vor halb zehn gewesen? Ich hatte die Zeit verloren.

Weil ich nicht mehr wußte, wie spät es war, verstand ich auch nicht, warum an bestimmten Tagen der Gong in Köln ausblieb. Ich stellte mir vor, die Putzfrau habe ihn kaputtgemacht. BBC war auf den bekannten Wellen nicht mehr zu hören. Von Washington keine Rede. Mittags maß ich trotzdem die Sonnenhöhe, weil ich zur falschen Uhrzeit später die richtige dazu verbessern konnte. Den Standort rechnete ich gar nicht erst aus. Ich war sehr niedergedrückt. Aus der Zeit gefallen zu sein, das hieß, den Boden unter den Füßen zu verlieren, nicht mehr zu wissen, wo sein. Die Existenz war in Frage gestellt. Gehörte ich noch dazu?

Jetzt wäre ich um das Ave Maria aus Las Palmas froh gewesen.

Aber die Mittelwellen schwiegen sich bereits aus. Ohne genaue Uhrzeit gab es keinen Längengrad. Die ganze Rechnung wäre ein Kinderspiel gewesen. Maß ich nämlich mit Greenwichzeit den Zenitdurchgang der Sonne über mir, wußte ich aus der Zeitdifferenz, um wieviel ich vom Nullmeridian in Greenwich entfernt war. Weil die Sonne in vierundzwanzig Stunden dreihundertsechzig Grad durchläuft, also einen Vollkreis, bedeutet eine Zenitverspätung von zwei Stunden einen Längenunterschied von dreißig Grad. Soviel für den Laien! Als ich noch ein solcher war, hielt ich die astronomische Navigation für Schwarze Kunst und das Auffinden einer kleinen Insel im Weltmeer für die größte Genugtuung des Navigators. Wie war es möglich, genau da anzukommen, wo man hinwollte? Heute weiß ich, warum Familienväter den Sextanten bedienen und dann die Ausrechnung der Frau überlassen. Bei allem geschuldeten Respekt, aber man braucht nicht einmal das kleine Einmaleins zu können. Wieder eine Illusion weniger!

Was das Zeitzeichen betrifft, fand ich am dritten Tag den Londoner Überseedienst für Südafrika und Westindien auf einer neuen Welle, das bekannte Zeitzeichen um elf Uhr war Musik für meine Ohren wie Haydns Streichquartett. Ich gehörte von nun an wieder dazu.

Ich habe unterwegs auch immer wieder versucht, die Zeitzeichen aus Beltsville bei Washington zu empfangen. Ich habe sie nicht einmal gehört und es später gar nicht mehr versucht, weil der Lärm im Kopfhörer unerträglich wurde. Allerdings ist es auch ganz unnötig, sich auf solche Feinheiten wie VVW zu verlegen. Man hört über den ganzen Atlantik das Zeitzeichen des BBC-Überseedienstes und manchmal den Gong aus Köln, auf 11 795* kHz. Da war ich doch einmal sehr überrascht, als sie in Köln am Samstagmorgen, es war der 1. Juli, mit Glockenklang den Sonntag einläuteten. Ich glaubte, auch meine Wochentagsrechnung sei aus den Geleisen gesprungen. Dann stellte sich heraus, daß die Sendung für Ostasien bestimmt war. Dort lebte man eine halbe Weltumdrehung vor meiner Zeit, und Köln nahm für diese Hörer die Sonntagsglocken vorweg.

Ich muß in diesem Zusammenhang gleich die Frage nach der Uhrzeit an Bord klären. Ich segelte bis nach Westindien mit MGZ. Der Unterschied beträgt eine bis vier Stunden. Deshalb ist es besser, man bringt nicht die verschiedenen Sendezeiten immer wieder zum Verrutschen, sondern rechnet lieber einmal im Kopf um, wenn es um die viel

* Aktuelle Frequenz auf Anfrage in Köln

unwichtigere Frage geht, warum es schon acht Uhr morgens ist, wenn mitten im Atlantik die Sonne eben gerade über die Kimm heraufgekommen ist. Das Mittagessen verschiebt sich dann in den frühen Nachmittag und fällt jeden Tag ein bißchen später aus, weil beim Westwärtssegeln die Sonne von Tag zu Tag ein bißchen später hinterherkommt. Abends war es dann bereits Mitternacht auf der Uhr, und so empfand ich es nicht als verfrüht, mit der Sonne schlafen zu gehen. Sich über das späte Aufstehen freuen, wenn man beim Aufwachen auf die Uhr blickt, und abends spät schlafen gehen, wenn man dabei auch auf die Uhr sieht – das sind so wohltuende kleine Schwindeleien mit sich selbst, daß ich diese Form der Sommerzeit gern beibehalten hätte.

Die Sonne stand bisher im Süden. Zur Mittagsmessung richtete ich den Sextanten auf den Höhenwinkel zwischen südlicher Kimm und Sonne. Aber die sommerliche Sonnenwende war schon vorbei, die Sonne war auf dem Rückweg in den Süden begriffen. Seit dem 23. Juni segelte ich hinter ihr her und würde sie eines Tages einholen und unterlaufen. Wirklich war es dann soweit. Mittags hatte ich den Höhenmesser nach Norden zu richten. Ich eilte der Sonne von nun an voraus. Das war bald nach der Mittagshöhe am 4. Juli, als die Sonne nur noch ein halbes Grad vom Scheitel entfernt über der südlichen Kimm stand. Ich glaubte anfangs gar nicht, daß es möglich wäre, in dieser Stellung die Sonnenhöhe zu messen. Ich war dann überrascht, als ich wenige Minuten vor der Kulmination noch den Sextanten exakt nach Osten richtete, um das helle Spiegelbild zu finden, im nächsten Augenblick genau nach Norden peilte und die letzte Messung bereits nach Westen gerichtet war. Das war jedesmal hinderlich, weil dort die Segel die Kimm verdeckten.

Nicht einmal konnte ich unterwegs eine Nordsternbreite messen. Polaris stand ja kaum zwei Handbreit über der Kimm. Bis er sich aus dem Abenddunst schälte, war die Kimm verwaschen.

Lange dauerte die Zeitspanne bis zum Mittagessen, dem stets die Sonnenmessung vorausging. Wollte ich beides gleichzeitig erledigen, entstand immer Murks. Die Kochzeit der Pfanniklöße geriet bestimmt in Kollision mit der Kulmination der Sonne, die ja jeden Tag ein bißchen später im Scheitel stand. Das war der einzige Nachteil der Supersommerzeit auf meiner Uhr. Es wollte meinem Hungergefühl nicht einleuchten, daß es nachmittags um drei erst zwölf Uhr war. Einmal stellte ich das fertige Nudelgericht im Cockpit solange in die Sonne. Wo dreißig Grad im Schatten herrschen, kocht es im Teller beinahe weiter.

Meistens fielen in den Vormittag die leichten Arbeiten, die an Bord zu geschehen hatten. Im Cockpit war es wegen der Hitze nicht mehr auszuhalten. Da bot sich eine Lösung an, das Leben an Bord noch gemütlicher zu gestalten. Der Großbaum lag ja mit dem aufgetuchten Großsegel in seiner Baumstütze. Das war ein Dachfirst. Ich hatte einen ausgedienten Fallschirm aus weißer Kunstseide an Bord. Ein Stück davon hatte ich schon herausgeschnitten und damit das Gummiboot umhüllt, damit es keinen Schaden unter der Sonne leide. Ein weiterer Kreisausschnitt aus dem großen Schirm wurde jetzt als Sonnensegel zwischen den Backstagen und den Wanten gespannt. Der Baum und der achterliche Wind hielten es hoch. Das Segel wirkte wie ein Windfang, der noch mehr Luft durch das Boot blies. Nun lagen das ganze Cockpit und auch ein Teil der Kabine im Schatten.

So mit wallenden weißen Tüchern und Schleiern dahinsegelnd, breitbeinig und behäbig, hätte ich uns gerne von außen fotografiert. Ich muß doch das nächste Mal ein Beiboot kaufen, das sich als Segeldingi aufriggen läßt; dann segle ich nebenher. Auf Abbildungen hat man solche unter weißen Tüchern verhüllte Pilgerboote auf dem Ganges bei Benares dahinschiffen gesehen.

Die Sonnenmessung wurde zunehmend zur lästigen Pflicht. Das Ergebnis in die Karten zu übertragen, erzeugte kein Hochgefühl mehr. Dazu waren die Strecken auf der Karte zu klein. Wartete ich zwei Tage bis zur nächsten Messung, ergab der Unterschied wenigstens eine ordentliche Daumenbreite. Auch die Wochen vergingen so schneller. In vierzehn Tagen wurde es dann in meinem Bewußtsein nur siebenmal Mittag.

Nach dieser Arbeit vermischten sich auf dem Tonband die Angaben über den erreichten Standort mit der Beschreibung des zu erwartenden Mittagessens. In den Pausen nahm ich wohl jedesmal einen Schluck G & T. Das Essen war wie immer so umfangreich, daß ich im Anschluß daran gerne ein paar Stunden schlief, eine richtige südliche Siesta.

Solange es dann an Deck noch zu heiß war, las ich, was ich außer Kochbüchern noch an Lesestoff mitgenommen hatte. Es war nicht viel. Jeden Tag lernte ich eine Stunde Englisch aus dem Lehrbuch. Dabei machte ich eine überraschende Entdeckung. Die zur Auflockerung in den Lehrstoff eingestreuten witzigen Geschichten erheiterten mich über alle Maßen. Ich hörte mich laut lachen. Diese dummen Kinderwitze, die zu Hause kaum ein Lächeln hervorriefen, brachten mir erst zu Bewußtsein, daß die Stimmung an Bord bisher doch sehr ernst gewesen war. Zur Ausrüstung meines nächsten Bootes würden bestimmt auch Witzbücher gehören.

In diesen geruhsamen Tagen dachte ich darüber nach, wie das wäre, dieselbe Reise noch einmal zu unternehmen, und was ich dann an HOBBY ändern würde. Noch war mir dabei nicht bewußt, daß dieses Nachdenken bereits einem gefährlichen Träumen sehr nahe kam und daß vielleicht der Tag kommen würde, wo mir das Spiel aus der Hand glitt, Träume verächtlich sein würden und nur noch die Tat etwas galt. Ich dachte also an eine Art HOBBY II.

HOBBY I – nein, wir wollen nicht vorgreifen, HOBBY also, ist acht Meter lang. Ich sagte schon, man solle nicht unter dieses Maß gehen, wenn man sich das Wohlwollen seiner Freunde von der Seefahrt erhalten will, vom Frechwerden gewisser Wellenkämme gar nicht zu reden. Bevor ich noch das erste Mal auf HOBBYS Deck stand, hatte ich manchmal auf der Straße bei einer Laterne angehalten, hatte acht lange Schritte gemacht, mich umgedreht und befriedigt festgestellt: So groß wird mein Schiff! Ich hätte dann noch mehr als vier lange Schritte über den Fahrweg machen können, dann hätte ich auch gesehen, wie breit es wurde.

Damit haben wir bereits ein Problem eingekreist, an das man nicht denkt, solange ein Boot nur auf der Ausstellung steht. Bei einem Kielboot weiß man bei acht Meter Länge ziemlich genau, woran man ist. Bei einem Katamaran weiß man das erst, sobald man ihn segelt. Unübersehbar meldet nämlich der zweite Rumpf sein Daseinsrecht an, indem er den Wasserstrom zwischen den Rümpfen in eine gewisse Regel zwängt. Es geht weniger um den Strom als um die von beiden Rümpfen aufgeworfene Bugwelle, deren tunnelseitiger Teil sich unter dem Brückendeck in der Mitte vereinigt, besser gesagt: der aneinanderprallt, sich verquirlt, Wirbel erzeugt oder auch nicht und nach Gesetzen, die aus der Schulzeit in blasser Erinnerung sind, das gesamte Boot bremsen oder davonlaufen lassen kann.

Dazu kommt, daß das aufgewühlte Wasser in die Höhe steigt, die Brücke erreicht, sich dort ansaugt und bald den gesamten Hohlraum zwischen den Rümpfen mit Wasser ausfüllt, das zwar hinten mit der Gewalt eines Strahlstroms herauszischt, aber eben auch bremsend wirkt. Wenn dann auf dem Wellengebirge der stärkste Püster das Boot trifft, die drängende Kraft sich beim Hinabsinken in die Abgedecktheit des nächsten Tales vermindert, dann läßt auch die Fahrt fühlbar nach; HOBBY sinkt erst einmal in sich zusammen, schüttelt das Wasser unter dem Leib wie lästige Kletten ab und startet dann zur nächsten

Berg-und-Tal-Fahrt. (Dabei darf aber niemand vergessen, daß sich diese Schilderung auf ein überladenes Frachtschiff namens HOBBY bezieht.)

Es ist einleuchtend, daß nicht die Länge allein ausschlaggebend ist, sondern ebenfalls die Breite, die aber wiederum zur Länge in einem bestimmten Verhältnis bleiben muß, und daß auch die lichte Höhe zwischen den Rümpfen nicht vernachlässigt werden darf. Ich bin nie in einem Kielboot gleicher Länge in solchem Seegang gesegelt. Ich habe auch noch kein Kielboot ins Gleiten geraten sehen, und vielleicht wären alle Kielbootbesitzer froh, wenn sie wenigstens während der halben Wellenperiode dieses wonnige Gefühl der Beschleunigung auskosten könnten. Aber da wir jetzt schon alle Kielboote in Bausch und Bogen als viktorianisch abgetan haben, die auch wilhelminisch aufpoliert kein wärmeres Gefühl erzeugen können, als eben gutgepflegtes Mahagoni von Natur aus fordert, geht es mir nur um ein flüssigeres Segeln auf Doppelrümpfen. Die Lösung liegt in größerer Länge, damit etwas größerer Breite und – wofür ich mich hauptsächlich einsetzen werde – um viel Luft zwischen den Rümpfen von oben. Die lichte Höhe betrug bei HOBBY weniger als einen halben Meter. Das ist nicht genug beim Segeln über die Wassergebirge des Atlantiks. Rudy Choys Boote in Hawaii, die bereits beim Entwurf auf dem Reißbrett die Dünung des Stillen Ozeans durch das Fenster des Konstruktionsbüros erblicken, haben diese Probleme sicher nicht. Ein sechzehn Meter langer Kat wie Jürgen Wagners WORLD CAT hat einen entsprechend hohen Tunnel. Dann werden auch dreihundert Seemeilen pro Tag bei solchen Booten nicht mehr unverständlich. Aber Segeln wird deshalb kein Zuckerlecken – es sei denn des Zuckers im Gesicht, nachdem die Pampelmuse davongeflogen ist. Bei Tag ist es noch ganz schön, einmal draufloszusegeln. Der Lärm scheint jedoch in diesen Booten bei nahezu fünfzehn Knoten Durchschnitt so unausstehlich zu werden, sagt Rudy Choy, daß Schlafen überhaupt nur noch mit Pfropfen in den Ohren möglich ist.

Ganz unmöglich sei es, an Schlaf in den Rümpfen zu denken, und das ist wohl einer der Gründe, warum auf die Mittelkabine nicht verzichtet wird. Hier läßt es sich wenigstens leben, ohne daß der Wahnsinn ausbricht. Bei so langen Booten ist trotz hochgezogenem Brückendeck noch genügend Platz für eine Mittelkabine, die dann nicht unbedingt ein großer Windfang sein muß. In einem großen Boot dürfte es auf der anderen Seite kein unübersteigbares Hindernis sein, sämtliche Bordwände schalldicht zu verkleiden.

Bei diesen Überlegungen scheiden sich die Wege zwischen Seglern, die um des Vergnügens willen zur See fahren, und solchen, die aus Mangel an einem Privatflugzeug oder der Einberufung zur Luftwaffe den Geschwindigkeitsrausch anders abreagieren müssen. Das führt dann zu ähnlichen Schäden wie bei Motorbootrennen, wenn diese verhinderten Flieger mit gebrochenen Beinen und inneren Blutungen durchs Ziel schießen. Ich liebe jedenfalls mehr das beschauliche Leben – beschaulich in dem Sinn, daß man unterwegs wirklich etwas sieht. Deshalb rücke ich auch an meinem nächsten Boot Bug und Heck der Zwillingsrümpfe nicht so weit auseinander, daß ich schon in vierzehn Tagen über den Atlantik komme. Aber ich würde doch auf wenigstens zehn Meter Länge gehen. Nicht viel mehr, weil ich nicht glaube, daß sich ein Mann allein auf einem noch größeren Boot wohlfühlen kann, wenn es heißt, sich an Deck mit Segeln herumzuraufen. Das tut einer vielleicht während der Atlantikregatta, weil der Beifall des Vaterlandes Männer zu allen Opfern treibt. Ich möchte nur mit der Brücke in die Höhe, so hoch das eben geht. Leider ist da eine Grenze gesetzt, denn hinter der Brückenverschalung befinden sich die starken Kastenträger, die die Rümpfe zu einem Stück verbinden.

Das Mitteldeck hochlegen geht aber auch auf Kosten der Mittelkabine – oder sagen wir ruhig: auf Kosten von Konzertsaal und Kammermusik. Weg also damit!

Ich denke wirklich darüber nach, ein Boot ohne Mittelkabine bauen zu lassen. Ich würde über jedem Seitenrumpf eine so hohe schmale Kabine errichten, daß hier die geforderte Stehhöhe erreicht wird. Diese beiderseitigen Decksaufbauten, die aber Vor- und Achterschiff freilassen, brauchen nicht höher zu sein als einen halben Meter. Gerade genug, um beim Arbeiten an Deck nach beiden Seiten Sicherheit zu haben. Die Rümpfe sind breit genug zum Wohnen. Kochnischen sind in Neubauwohnungen manchmal kleiner als zwei mal drei Meter.

Das wäre kein Boot für den kühlen Norden, wo man gerne hinter dicken Fensterscheiben sitzt. Hier in den Tropen kann man sowieso nur im Freien leben, und viele schlafen auch an Deck. Ich hatte in London eine Hängematte gekauft, aber niemals unter den wallenden Schleiern auf meinem Pilgerboot darin geschlafen. Ohne Deckskajüte fällt auch der hohe Windfang weg und die erhobenen Zeigefinger jener, die immer noch glauben, diese großen Fenster gehörten nicht aufs Meer. Natürlich müßten die Decksaufbauten nach der Mitte zu reichlich mit Schiebefenstern ausgerüstet sein, und irgendwie muß auch für einen dauernden Luftstrom von vorn gesorgt werden. Wasserdichte Abschottung gegen das Vorschiff und nach achtern zum Motorraum und zur Segelkammer ist ebenfalls nötig.

Michael Henderson in Cowes, dessen Katamaran MISTY MILLER seinerzeit wegen seiner beiden Kielflossen Aufsehen erregte und dem ich für manche Anregung dankbar bin, hat sich nach dem Mannlochsystem billige Verschlußkappen ausgedacht, die wie Bullaugen geöffnet werden können – genauer gesagt: wie die Deckel auf seinen Bilgepumpen. Damit gibt es im Hafen keine Durchlüftungsprobleme mehr. Zudem würde ich die Lukenklappen über den Mittelräumen abnehmbar anbringen. Spanne ich dann im Hafen ein großes Sonnensegel über den Baum von einer Seite zur anderen, gibt es in ganz Westindien keine so kühle und luftige Galley. Das Cockpit würde bleiben, wo es ist, und auch die flachen Bänke auf den drei Seiten. Aber vom Bugkorb bis zur Heckreling steht auf dem Deck nur noch der Mast im Wege. Das könnte ein ideales Boot für Tropenurlauber sein.

Es gibt Kreuzerkatamarane, die vorn und achtern ein zurückgenommenes Deck haben, überspannt von einem starken Arbeitsnetz. HOBBY ist dagegen ganz eingedeckt, und ich würde auch dabei bleiben. Beim Gegenankreuzen mag das vorgezogene Deck eine Art Windfang sein, der auf die Fahrt bremsend wirkt. Sicher spart man auch Gewicht dabei ein. Ich glaube aber nicht, daß es vernünftig ist, dem Seegang freien Lauf zu lassen. Wenn die Seen schon bis zum Vordeck kommen, dann halte ich sie gerne dort unten. Wellen, die von vorne hochsteigen und dann aufs Deck schlagen, sind unerfreulich. Das Arbeiten auf einem Trampolin, dessen Stoff aus einem straffgespannten Netz besteht, mag ein Vergnügen sein, wenn das Boot beim Segelbergen oder Fockausbaumen wie meines westlich Ouessant auf und ab steigt und der Körper schwerelos wird; wenn dann von unten herauf noch die See durch das Netz schlägt und für Erfrischung sorgt, ist das was für den Zirkus, nicht für ein Reiseboot.

Auch aus einem anderen Grund wäre ich über ein großes Deck mit seitlichen Kajütaufbauten froh. Bisher führt der Weg vom Cockpit zum Vordeck außen entlang. Dort gibt es keine Reling, nur eine sehr stabile Handleiste auf dem Kabinendach und unterwegs zwei Wanten. Bei bewegter See, viel Wind und mitten in der Nacht ist dieser Weg zum Vordeck würdig, in einem Bergsteigerbuch beschrieben zu werden: die großen Quergänge unserer Alpen. Das würde nun anders. Das Mitteldeck würde für Sicherheit auf See sorgen.

HOBBYS Mast ist ungefähr zehn Meter hoch. Wenn wir nur die Arbeitsfock und das Großsegel setzen, sind das dreißig Quadratmeter Segelfläche. Das war immerhin genug oder bereits zuviel, als Windstärke fünf von hinten drückte. Es ist beschämend, daß wir aus diesem Grund und auch später, als wir nicht mehr anders konnten, mehr mit gerefftem Großsegel und Sturmfock segelten als mit der vollen Segelfläche. Wenn einer nicht einen ganzen Segelmonat mitten im Atlantik vor sich hat, weitab von jeder Dampferroute, braucht er nicht so vorsichtig zu sein. Aber mir war die Erhaltung meiner Segel und der Anblick eines aufrechtstehenden Mastes lieber als ein paar gesparte, ich würde eher sagen: verlorene Segeltage unterwegs. Wenn ich bedenke, was für eine Fuhre Klamotten wir über den Atlantik schleppten, muß ich ableiten, daß entgegen der landesüblichen Meinung auch ein Bobcat für Atlantikreisen noch übertakelt ist.

Wenn ich also nochmals auf meine Lieblingsidee zurückkommen darf, nämlich auf eine Nachfolgerin von HOBBY, dann würde ich deshalb auf das größere Boot den gleichen Mast und die gleiche Segelfläche setzen. Nur die Vorsegel würde ich nicht mehr bis zum Masttopp führen, sondern bereits ein Viertel der Höhe tiefer angreifen lassen.

Um mich restlos auszusprechen, hier auch noch etwas über die Stärke des Segeltuches: Ein Katamaran, der sich in der Bö nur wenig nach Lee überlegt, braucht stärkere Segel als ein Kielboot gleicher Größe, das inzwischen seine fotogene Verneigung macht. Denn der ganze Anprall trifft das Kat-Segel, das unter der Wucht nicht ausweichen kann. Das Segel darf man auch ruhig flacher schneidern. Es wölbt sich schon von allein. Meins war jedenfalls am Ende der Reise nur noch als Vorwindsegel geeignet. Kreuzen ging damit nicht mehr. Es war siebeneinhalb Unzen schwer. Jetzt ist es so etwas wie ein Kescher für fliegende Fische.

Ich würde die Segel auch nicht mehr in Dunkelbraun haben wollen. Dieses wie geloht aussehende Tuch verschießt erstens stark (wobei allerdings erst der richtig gelohte Eindruck entsteht). Aber wichtiger, als bei Tag schon von weitem als Bobcat erkannt zu werden, ist es, daß einen bei Nacht jemand sieht. Gegen Weiß bin ich, weil ich meine Augen schonen will und beim Segeln nicht gern eine Sonnenbrille trage. Vielleicht geht Hellblau für das Großsegel und Königsblau für die Fock. Das wird zwar bei Nacht auch nicht gut gesehen, aber nach dem Erlebnis der tintenblauen See im Atlantik habe ich den Wunsch, mich der Umgebung anzupassen. Ich würde das nächste Mal, so verwegen das klingt, auch ein Sturmtrysegel mitnehmen, das bewußte »Handtuch« also, das an Stelle des aufgetuchten Großsegels etwas für die Ausgewogenheit von Lateralschwerpunkt und Segelplan tut. Es kann der Form des Großsegels nicht nützen, wenn man oft und lange mit einem Teil davon segelt, der kleiner ist als jenes Segel auf meiner Snipe am Lago Maggiore.

So träumte ich also vor mich hin, nachdem die harmlosen Witze aus der Englischstunde mich wieder zum Lachen gebracht hatten; es war nicht klar, ob ich wirklich nur träumte oder schon neue Pläne schmiedete. Ging es dann auf meiner Uhr auf sechs, hatte die Sonne den Zenit bereits drei Stunden hinter sich gelassen. Da begann die allerschönste Tageszeit. Dann breitete ich nämlich ein Badetuch über das umgekehrte Schlauchboot auf dem Vordeck und sonnte mich, wobei die Füße auf der Bugkanzel eine ruhige Stätte fangen. Lag ich genau in der Düse zwischen den beiden Vorsegeln, war es luftig und kühl. Manchmal zischte es wie von übers Wasser flitzenden Kieselsteinen. Dann war HOBBY in einen Schwarm fliegender Fische geraten, die sich nach allen Seiten durch die Flucht übers Wasser entzogen.

Der Wind lag in diesen beiden Mittelwochen zwischen Stärke zwei und vier. Der Seegang war nicht mehr als eine milde Dünung. Die sanfte Bugwelle wirkte wie ein Wiegenlied auf mich. Das Höchstmaß an Beschäftigung erreichte ich dann, wenn ich mit dem Fotoapparat in der Hand auf fliegende Fische wartete. Weil ich niemals wußte, wo sie aus dem Wasser schießen und wohin sie fliegen würden, ließ sich die Scharfeinstellung am Tele nicht vorher bewerkstelligen. Nach drei Stunden Pirsch war dann meist gar nichts geschehen. Aber es waren drei Stunden, die durch ihr Jagdfieber das Gefühl erzeugten, schwer gearbeitet zu haben. Manchmal fischte ich auch mit dem Köcher nach Sargassokraut und portugiesischen Galeeren. Fische wollte ich nicht angeln. Wozu einen Fisch töten, da ich soviel zu essen an Bord hatte? Ich empfand das als eine mutwillige Zerstörung von Leben und bangte wohl heimlich um mein eigenes. Lieber nicht die Götter reizen!

Beim Einfangen einer Meduse wäre ich beinahe über Bord gegangen. Ich hatte zum Schutz der Schoten an den Wanten amerikanische Wantenschoner angebracht, kunstvoll aufgeschlitzte Schläuche, die sich leicht über das Want schieben lassen und dann mit zwei Bändseln gehalten werden, eins oben, eins unten. Schleift eine Schot oder das Unterliek der Genua daran entlang, drehen sie sich mit. Das ist ganz praktisch. Hält man sich aber oben mit einer Hand fest und biegt den Körper weit über Bord, um zum Beispiel eine noch weiter draußen schwimmende Meduse mit dem Kescher einzufangen, faltet sich durch den Zug nach unten der überlappte Schlitz auseinander. Bis auf die beiden zusammengebändselten Enden springt der Schlauch vom

Want weg, und die noch festhaltende Hand rutscht mit dem oberen Ende am Want entlang nach unten über die nun entblößte Strecke.

Zur wirklich vorhandenen Gefahr kam der Schreck, den Halt zu verlieren. Schon hing ich außenbords mit den Beinen im Wasser. Nackt und ausgeruht, wie ich war, konnte ich leicht wieder hochklimmen. Aber was wäre bei Nacht und schwerem Wetter geschehen? Unbedingt müssen diese Menschenfallen auf der ganzen Länge mit Klebeband umwickelt werden, damit sie sich unter Druck in der Längsrichtung nicht auseinanderspreizen können!

Hier in English Harbour liegt unweit von HOBBY der weiße Holzkutter STELLA MARIS. Er wurde in der Nachbarbucht geborgen, in die er führerlos hineinsegelte. Alles an Bord deutete darauf hin, daß er noch vor wenigen Stunden bewohnt gewesen war, denn allein segelt kein Boot in die Bucht von Falmouth Harbour. Das war John Pfliegers Boot, Kommodore der Slocumgesellschaft. Nachdem er von New York aus all sein Interesse den Alleinseglern gewidmet und diese zu einer großen Familie zusammengeschlossen hatte, rüstete er selbst ein Boot aus und segelte damit nach Westindien. Sein Ende ist das tragischste, das einem Alleinsegler zustoßen kann: über Bord zu fallen, das Schiff davonsegeln zu sehen. In »Spray«, dem Mitteilungsblatt der Vereinigung, das er herausgab, erschien nun ein Nachruf auf ihn selbst. Er hatte dasselbe Schicksal gefunden wie einst Joshua Slocum auf der SPRAY. Die See hat beide behalten.

Mit Haß betrachtete ich manchmal den leuchtenden Rettungsring auf dem Schiebeluk – und mit Sorge. Denn der Gedanke, ins Wasser zu fallen, lag hier genauso nahe wie beim Gang übers Eis eines zugefrorenen Sees. Den leuchtenden Rettungsring an Deck würde ich noch lange sehen können, auch wenn er mir das Leben nicht retten konnte. Das ist ja auch das Problem, wenn man am Sicherheitsgurt neben der Bordwand im Wasser hängt. Man müßte zusätzlich Steigschlingen mit Haken daran in der Hosentasche haben. Die Schlingen könnte man dann vielleicht an einem Püttingeisen einhaken und auf diesem Weg zurückklettern. Ich habe darüber nachgedacht. Das sicherste Mittel, wieder an Bord zu kommen, besteht in einer nachgeschleppten Schwimmleine mit einer oder mehreren kleinen, leuchtend bunten Gummibojen daran, die man sofort erkennt.

Sinnlos ist es natürlich, die Leine einfach achtern am Boot zu belegen, denn niemals wäre man imstande, sich in Fahrt an einer solchen Leine längere Zeit festzuhalten oder sich gar gegen den Strom ans Schiff heranzuarbeiten. Die Leine müßte über eine Rolle zur Pinne geführt werden, damit der Zug darauf das Boot aus dem Kurs laufen läßt. Schlägt erst ein Segel back, ist die Fahrt aus dem Boot und das Leben gerettet. An HOBBYS Heck befinden sich achtern neben dem Ruderblatt kleine Fußbretter, die als Tritte gedacht sind für Besucher, die mit dem Beiboot kommen, die sich aber ebensogut dazu eignen, nach einem Bad wieder an Bord zu klettern. Schon ein Leibgurt mit einem Karabiner daran würde erlauben, sich gleich in die vorbereiteten Schlingen dieser langen Rettungsleine einzuhaken und eventuell die Bekleidung abzustreifen. Ich werde das bei schönem Wetter und mit einer zweiten Hand an Deck einmal ausprobieren. Hoffentlich frißt mich dabei kein Hai, angelockt von den herumtanzenden bunten Bojen!

Inzwischen hat sich die Sonne der Kimm genähert: Zeit, die Vorbereitungen für den Abend zu treffen, denn es wird hier schnell dunkel. Ich will Licht sparen und weiterhin mit dem Rhythmus der Sonne leben. Das Abendbrot ist immer kalt. Vier Wochen lang lebte ich von dem Graubrot aus Cherbourg und aß hartgeräuchertes Schweinefleisch aus Jugoslawien dazu, Salami aus Italien und Deutschland, manchmal eine Dose mit Zunge. Die Würste hingen an Fäden unter dem Kartentisch in der Luft und hielten sich gut. Schlecht schnitt in der Wärme nur die deutsche Salami ab. Sie roch wie Haut von Räucheraal, der nicht mehr ganz frisch ist. So einfach ist es doch nicht, eine gute Salami herzustellen. Nahrungsmittel für die Tropen muß man in heißen Ländern einkaufen. Das nächste Mal würde ich aber noch mehr Gläser mit Gewürzgurken und Essigzwiebeln mitnehmen und auch bei den Kapernsardellen nicht so sparsam sein. Diese kleinen Leckereien heben den Appetit. Ein Reinfall waren dagegen die Ölsardinen und die Dorschleber. Viel zu fett! Kein Mensch mag das bei Hitze und Nichtstun, es ist etwas für eine Reise zum Nordkap. Genausowenig habe ich nach Finisterre noch einmal den großen Schokoladenvorrat angerührt.

Den Tag beschloß fast immer eine letzte besinnliche Stunde, in der ich auf der Cockpitreling saß, den Arm ums Backstag gelegt. Wenn es dort zu kühl wurde, stand ich bei geschlossener Tür und offenem Schiebeluk im Eingang, ein oder zwei Bier für die Schläfrigkeit trinkend und dabei dem Himmel zusehend, wie auch er sich auf die Nacht vorbereitete, wie die Sterne und Planeten der Reihe nach wieder zum Vorschein kamen und ihre schweigsame Bahn begannen. Ich hatte mondlose Nächte lieber. Das Mondlicht wirkte aufdringlich und fehl am Platz, beinahe wie eine Neonreklame. Auch der lange phosphoreszierende Schweif, den wir immer noch hinter uns her durchs Wasser zogen, war ohne Mond viel eindringlicher und deutlicher zu sehen. Weiter als das Auge reichte, gingen die Gedanken nicht. Hingen tiefe Regenwolken über dem Wasser, wie manchmal, vermutete ich dahinter eine Häuserfront, einen Hügel, eine Einzäunung. Reichte der Blick aber bis zur Kimm, lag dort die Küste. Natur hilft sich selbst!

Die Kimm ist immer frei von Schiffen. Nur die Sterne erwecken Teilnahme. Ich lerne neue Bilder kennen, versuche auch, sie mit dem Sextanten auf die Kimm herunterzuholen, und schieße dann eines Abends Wega, Venus und Mars. Die Berechnung verschiebe ich auf den nächsten Morgen. Das geht zwar noch ohne Einmaleins, ist aber im Vergleich zur Bestimmung von Mittagshöhe und Mittagsbreite doch schon ein bißchen anstrengender, besonders weil man auf Fußangeln achten muß. Wenigstens kam es uns so vor, als wir in Glücksburg astronomische Navigation mit dem Gebrauch der Tafeln H.O. 214 lernten. Das Fehlerdreieck, das sich dann am nächsten Tag aus den drei Standlinien ergab, ließ nicht mehr als einen Irrtum von einer Seemeile nach jeder Seite zu. Das war bestimmt nur Zufall! Immerhin, wir würden an Antigua nicht vorbeisegeln.

Am Abend war meistens mit zunehmender Bewölkung zu rechnen. Auch die Wellen wurden manchmal wieder höher und rascher, und ich legte mir gern eine eigene Erklärung dafür zurecht. Nichts ist dem Einschlafen hinderlicher als unerklärlich drohende Bewölkung, zunehmender Seegang und gelbgrüne Sonnenuntergänge. Nichts ist auch ärgerlicher als ein teurer Schlafwagenplatz, wenn man wegen fremder Störung doch nicht schlafen kann.

Abends schlafen gehen und das Boot sich selbst überlassen, war mir längst zur Gewohnheit geworden. Zu Hause war ich auch nicht ruhiger schlafen gegangen. Es schien mir von Anfang an eine Selbstverständlichkeit.

So wie dieser Tag sahen sie in den letzten Wochen alle aus. Ich hatte meinen Fahrschein in der Tasche, einmal Antigua einfach. Ich besaß einen Fensterplatz, so lange es heiß war, und für den späten Nachmittag wartete das Sonnendeck vor den Passatwindsegeln auf mich. Zum Arbeiten hielt ich mich im kühlen Cockpit unter dem Fallschirm auf. Man kann es auch anders sagen: Ich hatte meinen Sonderzug. Vom Schlafwagen zum Speisewagen, vom Erfrischungsraum zum Aussichtswagen vertrieb ich mir die Zeit. Manchmal gab es natürlich auch etwas zu tun, doch meistens entsprang der Tätigkeitsdrang einer Art Beschäftigungstherapie. Was Gescheites kam dabei nicht heraus.

Da war zuerst einmal die Selbststeuerung. Wir segelten jetzt mit der ausgebaumten Fock vor dem Wind. Der Kurs war also durch den Wind gegeben. Wollte ich nicht zu weit nach Süden, durfte ich nicht genau vor dem Wind segeln. Noch waren wir lange nicht auf der Breite von Antigua, aber diagonal ist der Weg nun einmal kürzer. Es gibt Boote wie die OMOO, bei denen belegt man die beiden Schoten überhaupt nur im Cockpit und nicht am Steuerrad. Dieses wird festgelascht. Das Boot segelt dann genau seinen Kurs, der sogar bis zu fünfzehn Grad von der Leerichtung abweichen kann. Dazu müssen die beiden Vorsegel wohl verschieden dichtgenommen werden. Sicher geht das nur auf einem langen Boot, auf dem der Mast weit vorn steht. HOBBYS Mast steht sehr weit hinten.

Da bei mir an Bord die Segel über die Schoten mit der Pinne eine in sich geschlossene Krafteinheit darstellen, segelt das Boot anfangs genau vor dem Wind. Durch irgendwelche Unausgewogenheiten gerät es dabei langsam immer mehr aus dem Kurs. Die beiden Vorsegel bekommen also nicht mehr gleich viel Wind, sondern das Luvsegel mehr, das Leesegel weniger. So naht dann der Augenblick, da der Druck in dem stärker gepreßten Segel so stark wird – und auf der Gegenseite so gering –, daß die stärkere Part die Pinne seitlich zieht, die schwächere Part aber den Weg dazu freigibt. Auf diese Weise kehrt das Boot über das gelegte Ruder wieder in die Ausgangsstellung zum Wind zurück. Meistens wird der Ruck sogar ein bißchen stärker sein, so daß in der Folge der Druck auf dem anderen Segel immer mehr anwächst, bis sich dasselbe Kräftespiel rückwärts abwickelt. Das Endergebnis ist also eine sehr langgezogene Zickzackfahrt.

Daß das Schotenspiel nicht geschmeidiger ablief, lag wohl daran, daß jedesmal zwei Ruder bewegt werden mußten. Zwischen der Zick- und der Zackbewegung lagen Entfernungen von einigen Seemeilen. Das war kein grober Zickzackkurs. Sobald der Wind mit vier und fünf Beaufort in die Segel pusten wird, werden wir wie an einem Lineal entlangsegeln.

Das Boot aus der stumpfsinnigen Leerichtung wegzubringen und auf einen vorausbestimmten Kurs zu legen, war ganz einfach. Ich führte von einer Seite einen dicken Gummistropp an die Pinne heran, ließ ihm jedoch soviel Lose, daß der Zug erst einsetzte, wenn eine bestimmte Segelstellung und damit Pinnenstellung erreicht war. Der vermehrte Gegenzug von der Seite ließ die Pinne nun nicht mehr wie früher gleich weit in die andere Richtung schwenken, sondern bremste vorher. Damit waren die beiden Vorsegel durch die einseitig angreifende Zusatzkraft aus der Querschiffsrichtung verschoben. Noch immer standen sie vor dem Wind, aber wir segelten seitlicher. Es war keine Schwierigkeit, das Boot fast zwei Strich von der direkten Leerichtung abzulenken, also den Kurs um etwa zwanzig Grad zu verändern.

Jetzt taucht aber eine andere Unannehmlichkeit auf. Wind und Seegang haben sich nach über tausend Seemeilen so aneinander gewöhnt, daß sie aus der gleichen Richtung eintreffen. Segle ich nun aus der Windrichtung weg, bekomme ich den Seegang ebenfalls schräg von achtern. Damit erhöht sich der Lärm unter dem Boot und an der Bordwand. Außerdem segelt es sich nicht schön tagelang schräg zur See. Man muß das nicht gleich Schlingern nennen. Kielboote auf dem gleichen Weg und genau vor dem Wind haben bei ausgebaumten Vorsegeln alle furchtbar gerollt. Dieser Gedanke war einer der verlockendsten bei meiner Entscheidung fürs Mehrrumpfboot. HOBBY erlaubte sich kein Rollen.

War das Problem der Kursrichtung erst mal gelöst, machte ich mich daran, den Zickzackkurs zu begradigen. Ich sagte mir, wenn ich zusätzlich Johann einstelle, wird er die kleinen Richtungsverbesserungen vornehmen, und die beiden Vorsegel kommen erst gar nicht dazu, mehr oder weniger aus der Windrichtung zu schwenken. Das war die bedauerlichste Fehlleistung, der ich erlag. Denn dazu hätte erstens gehört, daß die Windfahne in beiden Richtungen am Fahnenstock abgeblockt worden wäre. Eine zweite Gripzange hatte ich aber nicht. Außerdem hätte ich dann doch die Pinne belegen müssen, weil sich sonst der Zustand ergeben hätte, daß die arme Windfahne das von zwei vollstehenden Vorsegeln dirigierte Ruder überwältigen mußte. Das war undenkbar.

Beenden wir dieses traurige Kapitel so schnell wie möglich! Es sollte Johann nicht beschieden sein, die Reise so wohlbehalten zurückzulegen wie ich. Vorerst gaben im Zweikampf der beiden Kräfte alle nur geleimten Verbindungsstücke nach. Wohl mehr aus Beschäftigungsdrang als aus Überlegung setzte ich überall zusätzliche Gewindebolzen ein, bis an der ganzen Vorrichtung nichts mehr war, was noch nachgeben konnte. Johann murrte nicht. Sein Einfluß auf den verbesserten Kurs nach Antigua war klar ersichtlich. Er tat alles, was in seinen Kräften stand. Aber als gegen Ende der beiden Wochen der Wind wieder zunahm, wir genau dort von Windstärke fünf empfangen wurden, wo es in der Julikarte des Deutschen Wetterdienstes vermerkt steht, da konnte es nicht ausbleiben, daß die beiden Vorsegel sich von dem Knirps auf dem Kutschbock nichts mehr dreinreden ließen. Eines Morgens war es dann geschehen. Es muß wie ein Peitschenschlag gewesen sein. Das schwere Eisengestell, das Hilfsruder und Fahnenstock hielt, war im rechten Winkel verwunden und entzweigebrochen, der daumendicke Ruderstock aus Edelstahl war angeknickt und verbogen. Abmontieren und wegstauen war alles, was sich noch tun ließ. Johann war umsonst zum Invaliden geworden. Nach den vielen Nächten, in denen ich allein ihm meinen Schlaf verdankte, hätte ich besser zu ihm sein sollen. Es tut mir leid. Ich habe meinen Steuermann schlecht behandelt. Er hielt den Kurs besser als ich.

Hinter dieser Nachlässigkeit steckte natürlich mehr als nur Faulheit. Es spielte ein bißchen von jener Unentschiedenheit mit, die einen ergreift, wenn man seekrank wird. Ich war nicht seekrank, ich nahm auch keine Reisegold-Dragees mehr; aber ich hatte oft das Gefühl, eine Hühnerfeder im Hals zu haben. Hüsteln war deshalb streng verpönt. Einige Tage fiel sogar das Zähneputzen aus, weil der Geschmack der Zahnpasta den Hals würgte und den Magen anhob. An jenen Tagen gab es auch kein umfangreiches Frühstück. Es bestand dann nur aus einer Dose Milchreis und Erdbeerkompott. Meistens bekam ich diese Zustände nach einer Nacht mit unregelmäßigem Seegang. So ärgerte mich zum Beispiel einige Tage lang eine hohe Kreuzsee aus Süden. Wenn sie bloß nicht der Vorbote eines Orkans war! Natürlich hätte ich mich durch das Einnehmen eines Depot-Dragees von diesem Unwohlsein befreien können, und ich nahm es auch, wenn ich rasch eine harte Arbeit zu leisten hatte, zum Beispiel das Umpacken der schweren Wasserkanister aus dem Vorschiff nach achtern. Da mußten zuerst die Betten verräumt werden, die Bodenbretter und alles, was dort verstaut war. Aber es war nun schon Ehrensache geworden, auf ein bißchen Würgen im Hals nicht mehr zu achten. Alles wollte ich auch nicht geschenkt haben!

Da ich diese tranigen Stimmungen von früheren Reisen her kannte, bereitete ich wenigstens alles, was mit Navigation zu tun hatte, in einer Weise vor, daß die Berechnungen nicht nur narrensicher, sondern auch noch von jemandem zu leisten gewesen wären, der bereits wie Aeneas die Eingeweide dem Meer übergeben hatte und nur noch von Kamillentee und Traubenzucker lebte. Wenn ich heute den übriggebliebenen Vorrat an Kamillentee und Traubenzucker betrachte, muß ich mir sagen: Ich rechnete damals wohl damit, unterwegs überhaupt nichts anderes zu mir zu nehmen. Selbst dann hätte es gereicht!

Was für süße Flötentöne!

Mit dem Vervielfältigungsapparat hatte ich mir eigene Logbuchblätter hergestellt, wie ich sie für meine Reise am geeignetsten hielt. Sie enthielten aber viel zuviele Spalten, weil sie einmal für Küstenschiffahrt vorgesehen waren, dann aber auch für ozeanweites Der-Nase-nach-Segeln. Sie ließen sich einzeln in Klemmheftern ordnen. Ebenso ging ich mit der Astronavigation vor. Auf gesonderten Zetteln hatte ich das Rechenschema für die Mittagsberechnungen und die Nordsternbreite festgehalten. Ebensolche Zettel gab es für die Berechnungen nach H.O. 214 für die Fixsterne und Planeten. Wie auf einem Fragebogen waren nur noch die Felder auszufüllen. Von jeder Rechnungsart lag ein ausgeführtes Rechenbeispiel bei – bunt, wegen der besseren Übersicht und einiger besonderer Zusammenhänge. Auch der Hinweis auf die Fußangeln fehlte nicht; die Seiten der Bücher waren genannt, auf denen die einzelnen Angaben standen, wo die Werte herkamen und wie die Berichtigungen zu finden waren. Kleine Hilfsskizzen auf jedem Blatt erläuterten nochmals die verwirrenden Zusammenhänge der verschiedenen Stundenwinkel, von Sternazimut und rechtweisendem Azimut. Bestimmt lag es an dieser Vorsicht, daß meine erste Abendbeobachtung ein solcher Volltreffer wurde. Notfalls würde ich also auch ohne Sonne ans Ziel kommen. Vorläufig verließ ich mich jedoch auf die Fünfminutenrechnung der Mittagshöhe und Mittagsbreite.

Wie recht ich hatte, mir nicht zuviel zuzutrauen, will ich nicht verbergen, weil ich ein ehrliches Buch schreibe. Die Sonne stand bisher bei der Mittagsmessung im Süden. Da bei der Höhenmessung der Unterrand der Sonne anvisiert wird, muß das Ergebnis um den halben Sonnendurchmesser verbessert werden. Solange die Sonne im Süden stand, waren diese sechzehn Gradminuten dazuzuzählen. Darüber brauchte ich nicht nachzudenken; das war im Formular bereits vorgegeben. Eines Tages stand die Sonne aber im Norden; die Messung erfolgte jetzt in der anderen Richtung. War nun der Sonnenhalbmesser weiterhin dazuzuzählen oder abzuziehen? Wohin gehörte jetzt in der Addition Delta und wohin der Höhenwinkel? Man lache bitte nicht! Ich war vollständig verblödet und rechnete einen Nachmittag lang so herum und dann andersrum. Ich suchte in allen nautischen Lehrbüchern, die ich an Bord hatte (und es waren viele, wahrscheinlich alle, die es im deutschen Buchhandel gab, einschließlich des mitteldeutschen). Ich fand keinen Hinweis und keinen Satz, der mir hätte Hilfestellung leisten können. Einer schreibt, soviel ich mich erinnere, aber darauf ist auch kein Verlaß: »In südlichen Breiten rechnet man sinngemäß«. Was heißt »sinngemäß«, wenn einem jeder Sinn bereits abhanden gekommen ist? Außerdem meinte der Autor wohl südlich des Äquators und damit wiederum polwärts der Sonne. Ich aber stand zwischen Äquator und Sonne.

Manche haben solche Sachen im kleinen Finger. Mir fällt es immer noch schwer zu verstehen, warum an der Datumsgrenze im Stillen Ozean die Uhren um einen Tag verstellt werden müssen, einen Tag rückwärts, wenn man nach Westen segelt, einen Tag vorwärts, wenn man nach Osten segelt; es kann aber auch umgekehrt sein. Mich frage man da nicht! In wenigen Worten: Durch Probieren fand ich einen neuen Weg, die Rechnung in die richtige Reihenfolge zu bringen. Das Ergebnis lag da, wo ich hätte liegen können, aber eben doch nicht lag, weil ich den Sonnenhalbmesser falsch anbrachte. Zwei Sonnenhalbmesser sind mehr als ein halbes Grad. Wir segelten also vom 6. Juli ab auf der Karte um zweiunddreißig Seemeilen zu weit südlich über den Atlantik. Das hätte in Antigua ins Auge gehen können. Ich wäre im Dunst nördlich daran vorbeigesegelt und in der korallengespickten Durchfahrt nach Barbuda gelandet, wenn ich keine anderen Navigationshilfen mehr gehabt hätte. Ich wußte schon, warum ich auf dieser Reise so weit von Erdteilen und Inselgruppen abhielt! Richtig wäre es gewesen, am selben Abend ein paar Fixsterne auf die Kimm herunterzuholen und die Mittagsposition danach zu überprüfen. Dann wäre der Fehler ans Licht gekommen, und ich hätte nicht erst einen Tag vor der Ankunft den Reiseweg der letzten Woche ausradieren und umzeichnen müssen. Das nächste Mal! Ich war nun bald vier Wochen unterwegs. Sollte ich wirklich noch so frisch sein wie am ersten Tag?

Manches ging mir auf die Nerven. Da lagen auf einer Ablage des Kartentisches zwei übriggebliebene Schnupfenpillen in einem Glasröhrchen. Das Röhrchen rollte nicht hin und her. Daneben aber lag eine Taschenlampenbatterie, die rollte hin und her. Die beiden Pillen machten jedesmal klick-klick, wenn die Batterie an ihr Röhrchen stieß. Doch nur bei bestimmten Bootsbewegungen rollte sie los. Mein Lager war drei Meter weit weg. Es entging mir kein Klick-klick. Ich fand es lächerlich, deshalb aufzustehen und die Batterie zu verräumen. Es dröhnte mitunter im Boot vom Seegang. Das machte mir nichts aus. Aber das feine Klick-klick, das hörte ich durch alles andere hindurch. Zuletzt gab ich dann doch nach, stand auf und verräumte den Ruhestörer. Vielleicht versteht man jetzt leichter, warum mehrere Leute auf einem kleinen Boot einander bis zum Wahnsinn reizen können. Es genügt, daß einer schnüffelt, ein anderer leise seine Suppe schlürft, der dritte die Hände häufig aneinanderreibt und der letzte beim Schneuzen jedesmal lostrompetet.

Merkwürdig ist, daß sich das Ohr in all dem Lärm ausgerechnet die schwächsten Geräusche aussucht und sie in den Bewußtseinsvordergrund schiebt. Nicht genug damit, gaukelt es einem auch noch Geräusche vor, die es in dieser Art gar nicht gibt.

Zuerst war es noch verhältnismäßig leicht erklärbar. Lag ich auf der Bank im Salon, vernahm ich durch alle anderen Geräusche hindurch ein fernes helles Tuten, eher einem Flöten ähnlich. Dann hörte ich Stimmen von Männern, die sich auf einem anderen Schiff etwas zuriefen. Es hätten Befehle sein können, die sie einander gaben. Das hörte sich an wie Fischer, die Leinen klarmachten, um ihr Boot kurz darauf bei mir längsseits zu legen. Es waren keine lauten Stimmen. Ich konnte auch kein Wort verstehen. Sie klangen mir wie das Rückwärtsspielen eines Tonbands. Sollte ich diese Stimmen aufnehmen und dann rückwärtsspielen? Dann würden sie doch von vorn zu hören sein! Ein Chinese und ein Portugiese mochten sich so unterhalten, viele »eu« oder »ai« schienen in dieser Sprache zu stecken. Sie klang manchmal, als riefe jemand schnell hintereinander mit weit offenem Mund immer wieder hoi, hoi, hoi. Das erste Mal war ich so verblüfft, daß ich ins Cockpit sprang und glaubte, Fremde wollten mich entern. Daß ich das später nicht noch einmal tat, sollte ich lange bedauern.

Auf das Geheimnis der Flötentöne kam ich schnell. Ich hatte den Kescher unter die Bändsel des aufgetuchten Großsegels gesteckt. Das Rohr war aus Leichtmetall, ineinanderschiebbar. In der Länge waren Löcher herausgestanzt, in denen Halteknöpfe einrasten konnten. Das war eindeutig die Flöte, wenn der Wind daran entlangblies. Der immer wieder hoi, hoi, hoi rufende Klabautermann blieb unentdeckt. Zu viele Möglichkeiten gab es, wo er sich verstecken konnte: im Gurgeln des Wassers, in den Schotwinschen oder den Blöcken, unter der Baumstütze, im Entlüftungsloch des Gasflaschenverschlags oder unter der Motorhaube. Die Geräusche blieben. Da sich ihre Ursache nicht finden ließ, ebbte auch meine Aufregung darüber wieder ab.

Einmal aber hörte ich deutlich die Stimmen vieler Mädchen auf einem sich nähernden Boot. Wieder erteilte eine Männerstimme Befehle, als wolle man längsseits kommen. Sie machten wohl die Fender klar. Merkwürdigerweise stieg ich aber nicht ins Cockpit, sonders wartete auf meinem Lager im Salon, was jetzt geschehen würde. Durchs Fenster über dem Kartentisch konnte ich deutlich sehen, wie sie sich näherten. Es waren wunderschöne Mädchen, offensichtlich Amerikanerinnen, denn alle waren hellblond, trugen nur sparsame Bikinis, und ihre Münder waren über die natürlichen Grenzen hinaus rot bemalt. Eine von ihnen, die gar nicht angemalt und auch weniger freizügig gekleidet war, stand ganz vorn und schien die Absicht zu haben, zu mir an Bord zu kommen. Sie schien die vernünftigste und vielleicht auch die mütterlichste von allen zu sein. Ihr Anblick stieß keinen Stachel ins Fleisch. Er weckte eher Vorfreude wie der Gedanke an einem kalten Wintertag, bald in den dicken Pelzmantel schlüpfen zu können und sich ganz geborgen und beschützt zu fühlen. Ihre Arme würden sich warm um meinen Hals legen.

Der Skipper erlaubte ihr den Sprung zu mir an Bord. Es klang nach wau, wau, wau, hoi, hoi! Sie schaute zur Tür herein und sagte mit weicher Stimme, wie schön es hier sei. Ob sie sich umsehen dürfe? Sie durfte. Sie warf nur einen kurzen Blick auf den Kartentisch. Aus ihren wenigen Worten ging hervor, daß wir dem gleichen Ziel entgegensegelten. Dann stieg sie in die Galley hinunter, öffnete das Backofenrohr und einzelne Schubladen und sagte, hier wolle sie gern bleiben. Sie ließ Wasser in die Abwasch laufen, in der noch schmutzige Teller standen. Aber dann wandte sie sich dem übrigen Boot zu. Ob sie sehen dürfe, wo ich schlafe? Gäbe es für sie auch einen Platz auf diesem Boot? Dann wollte sie ihrem Skipper sagen, er möge ihr Gepäck herüberwerfen und ihre Angehörigen benachrichtigen, daß sie erst mit einem späteren Zug ankäme. Sie sagte, sie sei in New York zu Hause. Beim Sprechen spürte ich ihre Wärme auf Gesicht und Ohren. Ich war wie gelähmt vor Freude und stimmte vergnügt zu. Sie solle nur bleiben. Gleich, antwortete sie, sei sie wieder zurück. Draußen hörte ich wieder all die Stimmen von vorhin, zuerst ärgerlich, dann begütigend. Dann fuhr das Boot weg. Meine neue Bekannte stand nicht unter den übrigen Mädchen, die herüberwinkten, obwohl sie mich gar nicht sehen konnten. Ach ja, mein Gast stand wohl im Cockpit und winkte zum Abschied zurück. Als die Stimmen in der Ferne verstummt waren, wurde ich ungeduldig. Komm doch herein! rief ich. Wir werden hinter ihnen hersegeln und auch bald am Ziel sein!

Aber ich bekam keine Antwort. Was war los? Trauerte sie ihren Freundinnen nach, bereute sie den schnellen Entschluß? Ich wollte sie in meine Arme nehmen und trösten. Vorsichtig trat ich ins Cockpit hinaus. Es war leer. Bis zum Horizont war kein Schiff zu sehen. Ich war wieder allein!

Ich schaute zu den unbekümmert ziehenden Vorsegeln hin, als könnten sie mir erklären, was sich hier abgespielt hatte. Aber keine Bewegung an ihnen verriet, was sie dachten oder wußten. Gewohnheitsmäßig folgte ich mit den Augen dem Lauf der Backbordschot, ob sie wohl genügend Spiel hatte und nirgends scheuerte. Da streifte mein Blick die Klampe am Rumpfende, wo vor Finisterre der Festmacher mit dem Autoreifen gehangen hatte. Ich traute meinen Augen nun wirklich nicht mehr. Da hing an einem kurzen Ende ein kugelrunder Kunststoff-Fender, zinnoberrot! War er vergessen worden, als das fremde Boot wieder ablegte? Ich sprang auf die Bank und suchte nochmals nach der Mädchenschar. Es war zwecklos. Ich war ganz allein, auch vorn hatte sich niemand unter dem Beiboot versteckt. Ich nahm behutsam den roten Fender von der Klampe, über der er mit einem Auge hing. Kein Firmenzeichen war eingedruckt. Er war schon häufig benutzt worden, man konnte es deutlich an den abgeschabten Stellen sehen. Was war hier vorgegangen? Ich habe bis heute keine Erklärung dafür gefunden. Der Fender liegt seitdem im Backbordverschlag neben den übrigen, die alle blau sind. Ich will ihn aufheben, vielleicht finde ich eines Tages doch noch das Boot, das ihn zurückließ.

Manchmal glaubte ich, ein Funkgerät im Kopf zu haben. Wenn ich nach großer Anstrengung von draußen in den Salon trat und mich ausruhte, hörte ich Morsezeichen. Nicht nur Punkte oder Striche, sondern in wildem Wechsel und rascher Folge einen langen Text, den ich nicht verstand. Aber ich schätzte die Geschwindigkeit des Gebers auf ungefähr hundert Zeichen in der Minute. Ich fühlte gleichzeitig meinen Puls. Nein, diese Geräusche waren nicht einfach durch den Pulsschlag zu erklären! Immerhin, irgendeine Erklärung mochte es wohl dafür geben. Nicht aber für den roten Fender. Eva ist allgegenwärtig. Hier ließ sie einen großen, roten Apfel zurück. Ich werde wohl in fremden Häfen jetzt immer mit diesem roten Fender am Ufer entlanggehen und nach einem Boot ausschauen, das die gleichen besitzt. Ob ich dort Eva wiederfinde?

Immer mehr erregte nun das Meer selbst meine Aufmerksamkeit. Es war am 3. Juli. Da entdeckte ich morgens ein goldgelbes Büschel im Wasser, einen Fußbreit unter der Oberfläche. Es trieb zu schnell vorbei, als daß ich hätte sehen können, worum es sich handelte. Bald darauf sah ich wieder eins, das sich besser erkennen ließ. Es schien Tang zu sein, der in der Nähe von einem Ufer abgerissen worden war. Wir stießen doch nicht etwa gleich mit einem Unterwassergebirge zusammen? Es hatte auf meinem Kurs in der vergangenen Woche solche Unterwassergebirge gegeben, die aus fünftausend Meter Tiefe bis auf weniger als hundert Meter unter die Oberfläche ragten.

Bald hatte ich solch ein Büschel mit dem Kescher an Bord geholt und in einer Wasserschüssel ausgebreitet. Dieser Tang schien sich nirgends losgerissen zu haben. Ich nannte ihn vorerst Seekraut, weil er mir, obwohl nicht weiß, großen Appetit auf Krautsalat machte. Beim Näherhinsehen entdeckte ich an seinen Verzweigungen winzige Polypen. Da krabbelte sogar ein glasklarer, durchsichtiger, fingernagellanger Krebs und versuchte, sich immer wieder unter dem goldgelben Gestrüpp zu verbergen. Warte nur, dich will ich schon näher kennenlernen! Kam das Seekraut doch von einem Ufer, an dem Seetiere laichten?

Ich erwischte den kleinen Kerl nicht. Erst als ich die ganze Kinderstube stückweise über Bord geworfen hatte, blieb allein der einsame Bewohner zurück. Hannes Lindemann hätte jetzt probiert, wie er schmeckte. Ich bemerkte bloß bestürzt, daß ich ihm seine Wohnung weggenommen hatte. Wenn ich ihn so ins Wasser warf, konnte er sich vor den fliegenden Fischen nicht mehr verstecken. Auch zum Festhalten hatte er nichts mehr. Ich wollte ihm helfen. Ein weiteres Bündel Seekraut war bald herausgefischt. Rasch verschwand das kleine Wesen in diesem neuen Versteck. Hoffentlich hat es sich auch richtig festgehalten, als ich alles wieder über Bord schüttete! Aber was wird aus ihm, wenn er groß ist und keinen Boden findet?

Niemals wäre ich auf die Idee gekommen, daß ich es mit Sargassokraut zu tun hatte; es ist voll von solchem Kleingetier. Aber die Sargassosee schien mir auf der Karte noch so weit weg zu sein. Bald jedoch häuften sich die gelben Flecken im Wasser. Die Büschel wurden umfangreicher und dichter. Lagen sie nahe der Oberfläche, ragten einige feuchte Zweige in die Luft. Ihre Farbe war ein warmes Gold. Das Wasser, in dem dieses Kraut trieb, war von einem unbeschreiblichen Blau, einem dunklen Tintenblau von der guten Sorte für Füllfederhalter. Der Kontrast der beiden Farben schien von einem expressionistischen Maler erdacht zu sein.

Je häufiger diese Krautansammlungen wurden, um so mehr Ordnung kam hinein. Die Büschel trieben nicht wahllos vor sich hin, sondern schienen an einer unsichtbaren Kette im Gänsemarsch gehalten zu werden. Hinter dem ersten Büschel trieben genau in Reihe noch viele andere, so daß bis zu dreißig Meter lange gelbe Streifen entstanden. Solche Streifen waren hier und dort auf dem Wasser zu sehen, wenn eine See das Boot besonders hoch anhob. Wurden die Streifen selbst von einer See gehoben, so rissen sie nicht auseinander; es sah eher so aus, als zöge mühselig eine lange Prozession einen Berghang hinauf. Deshalb bekommt dieses merkwürdige Gewächs von mir nun den Namen Prozessionskraut. Wie ich heute weiß, hatte dieses treibende Kraut bereits Christoph Kolumbus Sorge bereitet, weil seine Schiffsbesatzung aus Angst vor Strandung an unbekannten Riffen meuterte.

Während ich über das Entstehen dieser einzigartigen Prozessionen nachdenke, kommt mir auch die Lösung. Das Kraut ordnet sich in langen Reihen, weil es in einer Strömung liegt. Aber an der Oberfläche verläuft diese Strömung wohl in Schlieren. Dort, wo das Kraut sich sammelt, strömt das Wasser langsamer. Da es bremsend zu verharren sucht, treibt das Wasser seitlich schneller vorbei, und auf diese Weise wachsen die Prozessionen zu ziemlicher Länge an. Ich war also bereits am Rand des Sargassomeers!

In den folgenden Tagen bis gegen Ende der Reise sollten diese Krautprozessionen noch viel häufiger werden. Stellenweise sah es so aus, als habe ein mit Stroh beladenes Schiff nach und nach die ganze Ladung verloren. Wenn Hochwasser das Bauernland überschwemmt und Stroh aus Scheunen und Schobern davontreibt, sieht es ähnlich aus.

Für den Propeller meines Sumlogs war das Kraut merkwürdigerweise kein Hindernis. Ich hatte bereits am Anfang dieser beiden Faulenzerwochen einen Tag lang neben dem Sumlog auch noch das Walkerlog mitlaufen lassen. Nach hundert Seemeilen an jenem zeigte dieses 1,3 Prozent weniger. Es war gut, auch darüber Gewißheit zu haben, denn in wenigen Tagen sollte es nach insgesamt viertausendzweihundert Seemeilen, die HOBBY bis dahin schon zurückgelegt hatte, ausfallen. Die Übertragungsspindel war gebrochen. Das Walkerlog übernahm sofort den Dienst, und nur ganz selten setzte sich ein Büschel Sargassokraut an dem achtern nachgeschleppten Wirbel fest.

Weitere Ablenkung, die das Wasser bot, ergab sich durch die immer wieder, aber doch sehr selten vorbeisegelnden portugiesischen Galeeren. Am 2. Juli entdeckten wir die erste. Ich erkannte sie auf den ersten Blick, nur hatte ich keine Vorstellung, was für ekelhafte Biester das sein können. Ekelhaft nämlich durch die Brandwunden, die ihre Berührung verursacht. Bald nachdem der kleine Glaskrebs wieder in die

See zurückgekehrt war, fing ich im Kescher eine solche Qualle. War sie doch immerhin dem oberflächlichen Aussehen nach so etwas wie ein Mitsegler auf dem Wasser. Es sind wirklich interessante Gebilde, die verblüffen, wenn man sie plötzlich als kleine, durchsichtige Halbmonde wie ein Spielzeugsegelboot im Wellenspiel auftauchen sieht. Das gläserne, etwas rosa gefärbte Segel ist eine flache, halbrunde Luftblase, die sich platt aufs Wasser legt, wenn es, wie im Eimer, ruhig ist. Das schützt sie wahrscheinlich vor Hitzeschaden in der Flaute.

Wird der untere Teil, an dem die langen blauen Nesselfäden hängen und wo auch die Verdauung und Vermehrung stattfindet, durch Anstoß gereizt, etwa im Seegang, zieht er sich zusammen, macht eigentlich einen Buckel, wodurch der Halbmond aus Luft gekrümmt wird und sich deshalb aufrichtet. Wir übten eine Weile Hinlegen und Aufstehen. Aufrichtend wirken wahrscheinlich beim Treiben der Meduse auch die langen Fäden, die im Wasser bremsen. Wie alle Staatsquallen ist sie ein Wunderwerk an Miniaturlebensbereichen, weil sich in ihr Medusen und Polypen zu einer Gemeinschaft vereinigen. Jede Gruppe hat sich nur um eine ganz bestimmte Aufgabe zu kümmern. Mehr als unbeliebt macht sie sich wegen der langen Nesselfäden, die eine eigene Lebensgruppe im Staat darstellen. Deshalb ist es eigentlich moralisch nicht zu rechtfertigen, wenn man ihr zur Strafe oben die Luft herausläßt, an einem ganz anderen Staatsteil – es sei denn, man glaubt an Kollektivschuld.

Dieses Nesselgift kann einen Menschen auf Wochen hinaus lähmen und sogar umbringen. In Westindien sind die Biester gefürchteter als Haie, weil ihre langen Nesselfäden beim Tauchen übersehen werden. Das Schlimmste ist, daß der Körper bei einer zweiten Berührung noch heftiger reagiert als bei der ersten, weil er empfindlicher geworden ist. Ich sammelte meine Erfahrung damit, als ich das Netz des Keschers, in dem sie gelegen hatte, an meinen nackten Bauch hielt. Es war kein Brennen wie von einem heißen Bügeleisen. So mag es sein, wenn einen ein elektrischer Funke aus einer Hochspannungsleitung trifft.

Noch war mir unklar, an welch unbekanntem Ort diese Bestien entstanden, was sie auf die Idee gebracht hatte, das Segel zu entwickeln, und wo sie damit hinwollten. Ich versuchte es anfangs mit Darwin und der Entwicklungstheorie. Aber welchen Sinn hatte hier eine natürliche Auslese, wenn die Nachkommen mit der schlau ausgedachten Windblase immer wieder davonsegelten und die Stammväter zu Hause blieben? Das wäre doch nur vernünftig, wenn die in eine bessere Zukunft segelnde Qualle durch Weiterentwicklung der neuen Erbanlage den nächsten Generationen die nutzbringende Gabe weiterreichen könnte, so wie im Yachtbau etwa! Ich war also auf dem Holzweg mit meinen Überlegungen, die mich stundenlang beschäftigten. Der Leser mag sie wieder als Teilantwort auf die Frage nehmen, was sich ein Mensch allein auf dem Wasser in langen Wochen so denkt.

Die Lösung traf gleichzeitig mit jener für das Golfkraut ein. Nun war alles klar: mit dem Nordäquatorialstrom nach Westen und mit dem Golfstrom zurück! Der Kreis schloß sich. Es saßen keine Stammväter vor der portugiesischen Küste, die nicht wußten, was sie taten. Diese Quallen entwickelten sich in erdgeschichtlichen Zeiträumen und schwammen hier im großen Atlantikreigen, seit es einen Golfstrom gab.

Leider habe ich keine im Sargassokraut treibenden, von der Mannschaft verlassenen Schiffe entdeckt, wie das vor Jahren beim Schmökern einmal meine Phantasie angeregt hatte. Nur zwei leere, aber zugekorkte Rotweinflaschen trieben in geringem Abstand an uns vorbei. Hoffentlich war keine wichtige Nachricht drin! Dann sah ich zwei Korkstücke, die noch durch eine Schnur verbunden waren und vielleicht einmal zu einem altmodischen Schwimmgürtel oder Rettungsring gehört hatten. Dieser große Wasserwirbel mag viel mit sich herumschleppen. Ich verschloß sorgfältig den leeren Tetraeder eines Milchpäckchens und warf ihn als meine eigene portugiesische Galeere über Bord. Weil sie so leicht war und aus wachsgetränktem Papier bestand, lief sie, sich sonderbar überschlagend, über das Wasser weg. Wir werden uns vielleicht einmal wiedersehen, wenn nicht irgendein spielendes Tropikvogelkind sie entdeckt und ein Loch hineinhackt.

Diese Tropikvögel mit der langen Steuerfeder mitten im fächerförmig gespreizten oder zugespitzten Schwanz gehören seit dem 3. Juli zu den Glanzpunkten der ganzen Reise, was den Beitrag der Fauna betrifft. Das blütenweiße Federkleid und ihr verspieltes Herumflattern erinnern an junge Mädchen, die im Festtagsgewand auf einer grünen Wiese spielen. Und neugierig sind sie! Der erste Besucher flatterte gleich auf die Mastspitze los und besah sich den langen Windsack, der mir als Verklicker diente. Dann gab er einen Schrei von sich und setzte eilig seine Reise Richtung Azoren fort. Diese Vögel segeln nicht, sondern schlagen mit den Flügeln, was unnötiges Mitgefühl erzeugt, weil man glaubt, sie seien am Ermatten. Jeder Neuankömmling schoß zuerst einmal auf den Windsack los, der mit seiner blauseidenen Farbe besonders anziehend war.

Das Auftauchen dieser Vögel, die durch die lange Schwanzfeder an

Paradiesvögel und Tropen erinnern, brachte mir zum ersten Mal die sichtbare Gewißheit, daß voraus ein neuer Kontinent lag. Das ist ein freudiges, tiefes Gefühl. Kolumbus war darüber bestimmt genauso glücklich wie Noah, als sich die Taube mit dem Zweig im Schnabel auf der Arche niederließ. Das Wasser ging zurück, Land würde bald auftauchen.

Wurde bis jetzt der Gedanke verdrängt, wie weit es noch sein könnte, so geschah es nun doch schon öfter, daß sich meine Vorstellung mit der Ankunft beschäftigte. Die europäische Zeit blieb täglich weiter zurück. Die Deutsche Welle fiel jetzt schon vor das Frühstück. Wenn es dort beim Gongschlag halb zehn Uhr war, kam ich immer noch früh genug zu meiner Morgenstunde im Cockpit.

Wie mochte es in diesem English Harbour aussehen? Es waren nur noch tausend Seemeilen bis dorthin. Alle Gedanken waren nach vorn gerichtet. Rückwärts dachte ich nicht mehr. Auch HOBBY spürte Landluft.

Unsere Geschwindigkeit nahm täglich ein bißchen zu. Noch wunderte ich mich über die absonderliche Eintragung in der Monatskarte von Juli. Nach dem Windstern im nächsten Quadrat, das ich zu durchsegeln hatte, konnte ich mit Windstärke fünf rechnen. Nach allen anderen Windpfeilen, an denen ich in der letzten Zeit entlanggesegelt war, schien das ein Druckfehler zu sein, eine Zerstreutheit des Deutschen Wetterdienstes. Ha! Am nächsten Tag hatte ich den fünfzigsten Längengrad übersegelt, und Windstärke fünf war da! Das war das Ende von nahezu zwei Wochen Segelferien im Mittelatlantik. Es war erst eine Woche her, daß ich aufs Tonband gesprochen hatte: Wie schade, daß dieser schöne Urlaub in vierzehn Tagen zu Ende geht!

Der verschenkte Gipfelsieg

Der Seegang nahm rasch zu. Noch war jene alte Dünung aus Südost nicht ganz verklungen, da kam schon eine neue aus Nordost dazu. Damit hatten wir mit der aus Ost drei Seegangssysteme. HOBBY machte unter diesen Umständen Bocksprünge. Wir hatten bereits einige Tage Windstärke vier gehabt. Die zerfasernden riesigen Kumuluswolken, deren Rand so unscharf aussah, wie wohl ein glatter Rand von einem Kurzsichtigen wahrgenommen wird, verhießen nichts Gutes. Es war an der Zeit, HOBBY von unnötigem Ballast zu befreien. Bereits vor einigen Tagen hatte ich mit zwanzig Liter Wasser das Cockpitholz vom Salz aus Finisterre freigewaschen. Was sollte ich nun wegwerfen? Das Waschwasser oder die Getränke? Ich entschied mich für einen großen Karton mit Milchbeuteln und für sämtliche Coca-Cola-Dosen. Mit Wasser würde ich mich wenigstens waschen können, aber was tat ich mit soviel Milch und ungenießbaren Getränken?

Als der Seegang in den nächsten Tagen noch weiter zunahm und der Wind auf sechs Beaufort hinaufging, von den Böen in den Sturmwolken gar nicht zu reden, goß ich noch hundert Liter Wasser über Bord. Das war nicht einmal die Hälfe von dem, was ich bisher als nutzlosen Ballast mitgeschleppt hatte. Es war später angenehm, daß ich in English Harbour noch wochenlang von meinem sauberen englischen Wasser leben konnte. Es gab nämlich Tage, da war eine alte Zisterne, aus der schon Nelsons Koch sein Wasser geschöpft hatte, dort die einzige Wasserstelle. Aber was für Wasser!

Ich will nicht eintönig werden mit dem wiederholten Hinweis, warum ich meinen segelnden Pantoffel so liebe. Wer das Leben auf Kleinbooten kennt, versteht mich, ohne daß ich mit dem Finger darauf deuten müßte. Es stecken viele unsichtbare Fingerzeige in diesen Zeilen. Der Gedanke, wieder auf ein Kielboot umzusteigen, ist für mich so abwegig wie die Zumutung, mich noch eimal in spitze und zu kleine Sonntagsschuhe zu quälen.

Die Dosen warf ich mit viel Vergnügen über Bord. Etwas über Bord werfen kann zu einer Leidenschaft werden. Angefangen hatte es mit der warmen Kleidung der ersten Woche. Dann kamen die nautischen Bücher dran. Irgend etwas fliegt jeden Tag hinaus, am häufigsten leere Konservendosen und Deckel. Ich habe niemals etwas über Bord werfen können, ohne mir vorzustellen, wie der abgeschnittene Deckel nun stunden- und tagelang diese sechstausend Meter hinuntersinken wird. Denn wegen seiner Form fällt er nicht, sondern wippt hin und her, gleitet langsam tiefer. Noch lange sieht man sein Glitzern.

Ansonsten war es mir ganz gleich, wie tief das Wasser da unten war. Gesegelt wird nur oben, und ertrinken kann man selbst in einer Regenpfütze. Aber wenn ich auch nur einen Olivenkern über Bord spuckte, nahm ich damit Berührung mit dem Meeresboden auf, und die Gedanken schlugen einen kilometerweiten Bogen nach unten.

Als ich acht war, hatte ich den Wunsch, zur Mittenwalder Hütte hinaufzusteigen und von dort oben einen dicken Pfirsichkern bis auf die Dächer des Geigenbauerdorfes hinunterzuwerfen. Flachländer, oft schon richtig Erwachsene, betreiben diesen lebensgefährlichen Unsinn im Gebirge manchmal mit Steinen. Als ich dann meine Tüte mit Pfirsichen zur Hütte hinaufgeschleppt hatte, reichte die Wirklichkeit längst nicht an meine Vorstellung heran. Das Vergnügen und die Genugtuung, etwas ganz weit von sich werfen zu können, hat man eigentlich nur mitten im Atlantik, und ich habe es bei jeder Gelegenheit weidlich ausgekostet.

Wenn wir vom 1. Juli an die täglichen Etmale überprüfen, bemerken wir, daß eine Änderung eingetreten ist. Nur ganz selten einmal sind wir vorher an hundert Seemeilen pro Tag herangekommen. Das höchste waren 110. Die letzten beiden Wochen trieben wir uns zwischen achtzig und hundert herum. Am 2. Juli haben wir ganz plötzlich 124 geschafft, am nächsten Tag 126, dann weiter 129,3; 129,8; 131 und am 7. Juli 134,6. Vom 10. zum 11. Juli laufen wir, ohne zu mogeln, 150 Seemeilen von Mittag zu Mittag ab. In diesen Tagen segeln wir wie an einem Lineal entlang, die Vorsegel ziehen uns hoch und runter über die bewegtere See, die nicht mehr so peitschend heranbraust wie in Finisterre, aber mit jedem Wellenzug ein unbeschreibliches Schauspiel bietet.

Leider ist es jetzt nicht mehr so sonnig. Der Himmel bleibt tagelang zu einem Viertel bis voll bedeckt. Es ist keine zusammenhängende Wolkenschicht, obwohl es auch die für Stunden gibt. Es ist eine ständige Folge von riesigen Wolkengebilden, die fast bis zum Wasser herabreichen; aber noch laden sie keinen Regen ab. Die beiden Passatwindsegel liegen jetzt wirklich in den Sielen, und ich habe es mir bereits abgewöhnt, ängstlich darüber zu sein, wie schnell sie mich geradeaus schleppen. Es ist von Zeit zu Zeit eine halsbrecherische Fahrt, mehr als sechs Knoten im Mittel! Aber in Wirklichkeit schwankt sie zwischen drei und neun.

Meinem gesunden Schlaf tat das keinen Abbruch, bis es dann am 12., um drei Uhr früh, wieder einmal an Deck krachte. Das ließ mich hochfahren. Ich stürzte hinaus, aber es war nicht klar zu erkennen, was los war. Das Boot hatte sich quer in die Wellen gelegt, die Backbordfock schlug fürchterlich. Da sah ich, daß die rechte Fock fehlte. Auf dem Vordeck sah es wüst aus. Die Fock hing im Wasser, der Spinnakerbaum hielt sie noch am Schothorn hoch, und der so entstandene Sack füllte sich mit Wasser. Bevor ich sie barg, holte ich auch die zweite Fock herunter, um das Boot zu beruhigen und nicht beim Knallen des übrigen Segels einen übereilten Entschluß zu fassen. Aber es gab hier nichts mehr zu beschließen.

Ich glaubte zuerst, das Fall sei gebrochen. Aber das Fall war in Ordnung. So konnte nur der Block am Masttopp hinüber sein. Das würde ich mir bei Tag mit dem Fernglas ansehen. Jetzt gab es nichts mehr zu tun, als den Wirrwarr von Segeln und Schoten von Deck zu räumen. Zuletzt hängte ich die beiden Reifen hinten raus und trauerte der schönen Fahrt nach, die damit zu Ende war. Dann ging ich wieder schlafen, konnte aber keinen Schlaf finden. Ich drehte das Problem hin und her, wie ich wieder zu meinen beiden Pferden kommen konnte. Ich mußte zum Mast hinaufklettern!

In der Nacht und im Nebel nimmt alles größere Ausmaße an, sagt man. Das ist natürlich eine angstgeborene Selbsttäuschung. Im Dunkeln oder bei Nebel der Rundsicht beraubt, entdeckt man plötzlich sich selbst als einsame Existenz in einer gefahrdrohenden Umwelt. Die Sinne werden schärfer und sind in Alarmstimmung, zweckvoll angeregt durch die Angst, dieses lebenserhaltende Urgefühl, das uns im Alltag kaum noch zu Hilfe kommt. Oder hat jemand auf der Autobahn Angst, wenn er das Pedal auf Vollgas durchtritt? Inmitten der Technik versagt zuweilen diese Naturhilfe, aber zurückversetzt in eine Lage, die dem Anbeginn gleicht, wachen die alten Triebe wieder auf, die uns bis heute haben überleben lassen. Hilflos in Nebel und Nacht werden wir wieder zum Tier oder Beinahemenschen. Die Angst malt uns alle Eindrücke noch größer, damit wir uns ja rechtzeitig genug wehren.

Ist das schon an Land so, vervielfältigt sich dieses Gefühl der Ausgesetztheit auf dem Meer. Das mag auch der Grund sein, warum alle Sinne beim Alleinsegeln in solcher Spannung gehalten werden, obwohl man es selbst nur manchmal und an wenigen Anzeichen merkt. Aber es würde erklären, warum ein angestoßenes Pillenröhrchen mit seinem leisen Geräusch das Gehör bis ins Unerträgliche reizt. Nicht der große Lärm ist es ja, der die Gefahr in sich birgt. Wenigstens kennt man die Gefahr, die vom Killen der Segel und vom Seeschlag zwischen den Rümpfen herrührt. Diese Gefahr liegt klar zutage. Man lauert dagegen auf die kaum hörbaren Geräusche, auf eine wichtige Schraube oder Mutter, die sich irgendwo unbemerkt löst, auf einen hölzernen Verband, der einem vorerst nur tropfenden Wassereinbruch langsam nachgibt. Die Aufmerksamkeit und Abwehr richtet sich auf die kleinen Dinge, auf den Überfall aus dem Hinterhalt, aus dem Unberechenbaren und nicht Vorauszusehenden.

Auf der anderen Seite ist ein orangefarbener Fleck ein Peitschenschlag fürs Auge, das unablässig die See nach winzigem Treibgut und den Himmel nach dem unscheinbarsten Schlechtwetterzeichen absucht. So ist die Angst kein Zustand, dessen wir uns schämen müssen. Sie mahnt zur Vorsicht, und zwar aus dem Gefühl heraus, nicht aus kühler Überlegung. Wo Leben noch Überleben heißt, ist auch die Angst hilfreich zur Stelle. Ohne diese Angst wäre die Menschheit wahrscheinlich bereits ausgestorben gewesen, bevor die ersten Zweibeiner den lebenserhaltenden Schutz einer Felsenhöhle erkannt hatten.

Angst, die in Kopflosigkeit mündet, ist allerdings mitunter von übleren Folgen als gar keine. Man merkt schon, worauf ich hinauswill. Ich hatte auch manchmal Angst unterwegs. Es waren sorgenvolle Stunden, als nach Verlassen des Ärmelkanals der Seegang immer höher wuchs, der Wind zunahm und wir uns immer weiter von der Küste entfernten. Ebenso bedrückt war die Stimmung an manchen Abenden der letzten zehn Tage, als der Himmel das gewohnte Passatgesicht verlor und Schleierwolken aufzogen. Oder an jenem unvergeßlichen Abend, als es unten schon beinahe Nacht war, aber ganz hoch oben, von der letzten Sonne beschienen, von Süden her eine einzige Zirre über den Himmel wuchs, ohne Haken und Fäden, in kein herkömmliches Wolkenschema passend, wie mit einer breiten Anstreicherbürste in einem ausladenden Schwung dort hingesetzt, aber mit einer stolzen Krümmung wie ein Pferdeschweif. Das ist der Schwanz vom Curryhahn, war meine erste Eingebung, und ich überlegte, was ich als nächstes über Bord werfen würde, um schneller vor dem Wind weglaufen zu können. Am nächsten Tag zeigte der Himmel wieder das übliche Gesicht.

Ganz anders dagegen war der Morgen, als ich mir am Vordeck die Bescherung genauer ansah. Es war vielleicht vier Uhr und schon hell genug, um arbeiten zu können. Aber was sollte ich tun? Wir lagen noch vor den Autoreifen. Die See paßte zu Windstärke fünf. Das Boot stieg ruhig mit den Wellen auf und ab. Aber ob mit den Wellen oder quer dazu – die Bewegung der Mastspitze wirkte wie das Drohen eines ausgestreckten Zeigefingers auf meinen aufwärtsgerichteten, fragenden Blick. Noch immer wollte ich nicht glauben, daß das schöne schnelle Segeln mit der Doppelfock vorüber sein sollte. Vorerst sah ich nur den einen Weg: hinaufklettern.

Ich hatte daran gedacht, die Baumdirk oder das Großfall zum neuerlichen Vorheißen der zweiten Fock zu verwenden. Aber beide treten achtern aus dem Mast. Sie am Mast vorbei nach vorn zu führen und dann die Belastung der vorwärtsdrückenden Fock mit dem Baum daranzuhängen – das würde sie mir wohl in kurzer Zeit durchscheuern. Dann wäre ich auch ohne Großsegel gewesen.

Diese Überlegung war es wohl auch, warum ich den schweren, nassen Festmacher wieder herunterholte, den ich bereits am Großfall angesteckt und zum Masttopp hochgezogen hatte. Dazu die Wucht des schwingenden Mastes, besonders weiter oben, meine neunzig Kilo, von denen ich auch unterwegs nicht heruntergekommen war . . .

Mit den Steigschlingen an den Beinen und der Brustschlinge war ich bereits mit dem – hier sei's gewagt: Kletterseil! – verbunden. Die Taschen hatte ich voll Werkzeug gestopft, Schäkel und Blöcke und Zangen, weil ich nicht wußte, wie die Aufhängung des Blocks aus der Nähe aussah. Aha! wird man sagen, und das zu Recht. Ich hatte es wirklich versäumt, mir vor der Reise den Mast von oben anzusehen. Heute weiß ich, daß ich wenigstens eine Viertelstunde im Masttopp zu arbeiten gehabt hätte, um den alten Block auszutauschen. In Steigschlingen stehend, bei Windstärke fünf, hätte ich das niemals geschafft.

Ich weiß jetzt auch, warum dort oben kein besserer Block saß. Zur Aufnahme der beiden Vorsegelfallen war ein besonderer Beschlag angefertigt worden. Auf der Suche nach einem Ersatzblock hatte ich bemerkt, daß ohne zusätzliche Zwischenschäkel kein anderer Block dorthin paßte als dieser mit dem flachen Wirbelschäkel. Mein Pech, daß dieser auch noch besonders armselig konstruiert war. Davongeflogen war ja nur die Rolle. Die Achse steckte noch auf einer Seite drin und ließ erkennen, daß da von Nietung überhaupt keine Rede war, höchstens von einer Stauchung. Der Gerechtigkeit halber sei gesagt, daß dieses schwarze Schaf weder von Gibb noch von Lewmar war, von denen ich alles übrige Zubehör hatte. Der Werft einen Vorwurf zu machen, ist ungerecht, denn wochenlang hatte er ja gehalten, Tag und Nacht in einem fort, und hatte harte Schläge aushalten müssen. Ins Mittelmeer wäre ich auf alle Fälle damit gekommen.

Manchmal ist es besser, man sagt vorher, was man einem Boot zumuten will.

Wie ein Block im Masttopp in Zukunft auszusehen hat, weiß ich jetzt. Noch etwas habe ich gelernt: So gern man den liederlichen Konstrukteur eines entzweigegangenen Ausrüstungsstücks im Augenblick des Schadens ertränken möchte, verantwortlich ist man selbst für sein Boot und alles, was draufkommt. Niemand kann mir diese Verantwortung abnehmen. Ich habe auch den Schaden allein zu tragen, ja zu ertragen.

Aber ich stehe noch immer neben dem Mastfuß und versuche, mir auszumalen, was das für eine Kletterei werden wird. Sobald ich das Seil belaste, dehnt es sich beträchtlich, so daß ich nach dem ersten

Schritt wieder unten an Deck stehe. Dieses Dehnen ist unheimlich und erhöht das Gefühl, daß gleich etwas bricht. Nein! Es ist höchste Zeit, von diesem Abenteuer die Finger zu lassen. Lieber zehn Tage lang am Steuerrad stehen und dann noch fünf Tage zugeben, weil ich nachts beidrehen muß. Immer noch besser, als das Großfall und meine Knochen brechen und mit der Fock allein nach Westindien segeln.

Ich atmete auf, als die ganze Ausrüstung wieder im Cockpit lag – und meine Mutter wird es auch tun, wenn sie's liest! Wir würden uns von nun ab bescheiden müssen.

Es kam nur die Sturmfock in Frage. Die andere war offenbar zu groß für dieses Wetter und den zweiten Block, der noch oben hing. Zur Sturmfock gehört ein gerefftes Großsegel, gerefft bis zur »102«, um nicht zu luvgierig zu sein. Wir segeln ja nun wieder vor dem Wind. Wir segeln aber nicht genau vor der See, und Antigua können wir nicht mehr gerade anlaufen, sondern nur noch in einigen langen Schlägen. Vorbei ist es mit der Vormittagsstunde auf Deutscher Welle, den Pfanniklößen zu Mittag, der Siesta am Vordeck und der beschaulichen Dämmerstunde oben auf der Cockpitreling, in einer Hand die Bierdose. Ich stehe wieder wie vor Wochen am Steuerrad auf der Kokosmatte, die als Fußabstreifer gedacht war, aber im Augenblick gegen Plattfüße nützlicher ist. Darüber liegt ein Scheuerlappen, der aus der Süßwasserkanne naßgehalten wird. Auch dieser kühle Lappen unter den Füßen gehört in das Kapitel, warum die Reise so komfortabel war.

Ich hatte es zunächst mit Seewasser versucht. Aber das Wasser verdunstet, und die Solelösung wird mit jedem neuen Anfeuchten schärfer. Nachts konnte ich nicht schlafen, weil meine Sohlen wie Feuer brannten. Unnötig zu sagen, daß der Cockpitboden zu heiß war, um ihn noch betreten zu können. Weil wir wieder den Großbaum brauchten, schied das Fallschirmsonnendach aus. Da stand ich nun mit einem nassen Badetuch über Kopf und Schultern und rechnete mir aus, was ich wohl dafür bekäme, wenn ich diese Zeit stundenweise an sonnenhungrige Nordländer vermieten könnte.

Als sich nach einigen Stunden trotz der starken Hitze oder vielleicht eben deshalb doch noch einige klare Gedanken an die Oberfläche durchrangen, war ich entschlossen, dieser Sklaverei ein Ende zu bereiten. HOBBY war doch keine Galeere! Die Sturmfock war zu klein, um sich ordentlich ausbaumen zu lassen. Beide Segel standen also an Steuerbord, denn der Passat wehte jetzt genau aus Osten. Das Großsegel durfte nicht zu weit aufgefiert werden, um den Ruderdruck nicht zu groß werden zu lassen. Trotzdem versuchten wir, soviel wie möglich

Lee zu schaffen. Der Wind fiel nur wenig von Backbord ein. Dabei beobachtete ich, daß die Fock unterschiedlich viel Wind abbekam. Bei einer anluvenden Bewegung des Bootes stand sie bald voll, beim Abfall fiel auch aus ihr der ganze Wind, sobald sie vom Großsegel fast abgedeckt war. Dann sank das Segel zusammen, und die Fockschot bekam Lose. Ich dachte gar nicht zu Ende. Nur schnell einen Gummistropp her, die eiserne Pinne wieder am Ruderkopf festsetzen, zwischen Pinne und Relingsleiste den Gummistropp spannen und dann im günstigen Augenblick die Fockschot von der anderen Seite über einen Block mit zwei halben Schlägen an der Pinne belegen! Nun kam es nur noch auf die Feineinstellung an. War die Fock so sehr verdeckt, daß die Schotseite der Pinne Lose bekam, zog die Gummiseite so lange an der Pinne, bis das Boot so weit angeluvt hatte, daß die Fock wieder vollstand. Stand sie aber richtig voll, zog auch die Schot von der anderen Seite und ließ das Boot wieder abfallen – und zwar so lange, bis die Fock sich hinter dem Großsegel befand, zusammenfiel und die Pinne wieder zur Gummiseite überschwenkte.

In solchem Ausmaß gierte das Boot natürlich nicht in Wirklichkeit. Die Einstellung war richtig, wenn das Vorsegel zwischen eben Vollstehen und eben Einfallen verharrte. Das hätte ich mit einem größeren Vorsegel nicht probieren wollen, aber die starke Sturmfock hielt auch das gelegentliche Flappen beim Umkehren der Bewegung aus.

Ab vierzehn Uhr steuerte sich HOBBY wieder selbst, ohne Bierwagenbespannung, ohne Johann, den Diener, nur mit Hilfe eines einfachen Stück federnden Gummis. So steht es im Logbuch, das war also nach Ortszeit gegen fünf. Die Sklaverei war aufgehoben! Wir konnten unseren Fahrplan einhalten. Auf das Sonnenbad am Vordeck verzichtete ich heute. Aber ich war so glücklich, wie nur ein Mensch glücklich sein kann, dem aus eigener Kraft etwas gelungen ist. Wir segelten nicht genau vor dem Wind, sondern luvten etwa fünfzehn Grad an. Aber wir wurden ja vom Passatwind sowieso nicht genau auf Antigua zugetrieben. Es stand schon immer fest, daß wir die letzten beiden Tage mit Backstagbrise das Ziel genau ansteuern mußten. Das würde ein großes Fest werden, stellte ich mir immer vor. Was ich an jenem Nachmittag noch nicht wußte, war, daß wir mit dieser armseligen Besegelung und ohne aus Gleichgewichtsgründen jemals auszureffen, in den kommenden Tagen wieder Etmale bis zu 125 Seemeilen schaffen würden. Man nehme deshalb meine Windangaben von unterwegs nicht zu genau. Ich habe aus Sorge, leichtsinnig zu übertreiben, wohl immer eine halbe Windstärke zu niedrig angesetzt.

Bevor wir diesen Tag beschließen, noch einige Gedanken zu dem Problem, allein an Bord in den Mast aufzuentern. Das kann immer notwendig werden. Wäre es mir bereits bei den Azoren zugestoßen, hätte ich wohl Madeira angelaufen und den Mast zur Reparatur gelegt. Zu den wichtigsten Vorbereitungen einer zweiten Reise würde unbedingt eine Lösung dieser Frage gehören.

Das einfachste ist noch, ein zusätzliches Fockfall in einen dritten Block einzuscheren, am Mast zu belegen und blind mitzuführen. Reißt dann das eine Fall oder bricht der Block, ist das neuerliche Setzen des Vorsegels eine Frage weniger Minuten. Das würde ich auf alle Fälle tun. Der Platz für den zusätzlichen Block mußte einfach gefunden werden.

Was nun, wenn man trotzdem zum Masttopp hinauf muß? Es braucht nur das Großfall mit dem Schäkel hinaufzusausen, während man Großsegel ab- und Trysegel anschlägt. Man könnte mit dem Großfall ein Flaschenzugsystem zum Masttopp heißen und sich selbst im Bootsmannsstuhl hinterher. Die Mittel hätte ich an Bord gehabt. Ich besaß rollenweise Reservetauwerk für Fallen, hatte mir aber nicht den Kopf zerbrochen, wie ich das eines Tages einscheren würde. Auf den Flaschenzug komme ich erst heute. Wenn es sich ums Klettern handelt, denke ich in Bergsteigerbegriffen, nicht wie ein Kranführer. Dann noch lieber mit Steigeisen wie die Leute vom Telefonbau!

Das geht bei einem Leichtmetallmast nicht so einfach. Wäre dieser Mast ein rein alpinistisches Problem, dem nur mit den Mitteln modernster Klettertechnik beizukommen wäre, würde ich mir zuerst einmal ein gutes Sitzbrett und ein paar Tretschlingen für die Füße schaffen. Dann würde ich mir Handbohrer, Schraubenzieher und dieselben Metallschrauben einstecken, mit denen auch die Belegklampen befestigt werden. Die halten! Zur Sicherung bände ich mir das Großfall um die Brust und würde unterwegs dafür sorgen, daß es immer kurz genug genommen wird, um einen tiefen Fall aufzuhalten. Bei dieser Sicherungsmaßnahme hört natürlich der alpinistische Spaß auf. Immerhin würde ich jetzt Loch auf Loch bohren und Schrauben eindrehen, bis noch soviel Platz bleibt, die Steigschlingen darüber zu hängen und die Sitzbrettschlinge. Mit dieser Methode haben sich die fürchterlichsten Wände bändigen lassen. Was dort einzementierte Schrauben sind, schafft hier die Metallbauweise leichter. Schrauben in Halbmeterabständen stellen keine Schwächung des Mastes dar. Keine elegante Lösung, aber mitten im Stillen Ozean, wenn das Wasser schon knapp und die Reparatur dort oben lebensentscheidend wird, ein Ausweg.

Es müßte jedoch möglich sein, einen Metallmast schon vorher so mit Schraubenköpfen zu versehen, daß die Arbeiter vom Telefonbau vor Neid erblassen. Sie sollten auf der Vorderseite eingedreht werden, und zwar so weit, daß unter dem Kopf nur ein schmaler Hals für eine dünne Stahldrahtschlinge bleibt. An den winzigen Rundköpfen der Schrauben bleibt kein Vorsegel hängen; sonst läßt sich auch dagegen etwas tun. Es gehören dann zur Bootsausrüstung noch zwei Steigschlingen mit Brettchen als Fußtritt, die aber leicht zu öffnen sein müssen, damit sie beim Passieren der Saling umgesteckt werden können. Eine Brustschlinge würde ich nicht um den Mast herum zu den höher liegenden Schrauben führen, weil sie sich aushängen kann. Was dann folgt, wäre eine Tragödie. Aber aus einigen Mastschienenrutschern läßt sich mit einem starken Stück Segeltuch etwas herstellen, das in einen Karabiner am Sicherheitsgurt vor der Brust eingehängt wird. Die Brust schiebt sich dann an der Schiene hoch, und die Arme sind frei, sich ausschließlich um das Umsetzen der Steigschlingen zu kümmer.

Die Schraubenköpfe sind eine Behelfsmethode. Es sollten sich doch kleine Beschläge anfertigen lassen, die den gleichen Zweck erfüllen, etwas mehr Auflage für den Draht schaffen und vielleicht mit zwei Schrauben am Mast befestigt werden. Natürlich müssen die Steigschlingen am Körper gesichert werden, damit sie nicht bei einem Fehlgriff von den Füßen fallen und an Deck landen. Was folgt, wäre ebenfalls eine Tragödie. Da die Lösung dieser Frage für jeden einsamen Segler von lebensentscheidender Bedeutung werden kann, verzeihe man mir, daß ich mich so ausführlich darüber verbreitet habe. Europäern fällt zu diesem Thema nichts Gescheiteres ein. In Ländern, wo sonntags zwischen Korallenriffen gesegelt wird, werden einem Zubehörfabrikanten wohl steigbügelähnliche Maststufen einfallen, die jeden Weg zur Saling oder höher hinauf zu einem Spaziergang machen.

Auf alle Fälle war der Gedanke, am vorgeheißten Festmacher mittels Steigschlingen aufzuentern, bestimmt ungeeignet. Aber als Hilfsmittel zum selbständigen Aufundabklettern an dickeren Seilen ist die Methode sehr brauchbar. Zum Beispiel, um an Riffküsten zu exponierten Stellen und wieder zurück zu gelangen. Auch für Rififi-Einzelgänger. Ferner zum Hinabsteigen in Höhlen und Wasserzisternen oder zum Pflücken von Kokosnüssen auf einsamen Inseln. Die Bergung aus Gletscherspalten braucht nicht mehr erwähnt zu werden. Dieser hilfreiche und unter Umständen lebensrettende Knoten ist in Bergsteigerbüchern unter der Bezeichnung »Prusigknoten« beschrieben.

(Prusig war übrigens Berliner. Es waren nicht die Hirten und Jäger, die zuerst zu den Gipfeln aufstiegen, sondern Leute aus dem Flachland. So wie seit damals die Alpen Gemeingut aller Erhohlungssuchenden geworden sind, was durchaus nicht jedem Bauern, Almhirt und Jäger recht war, so führt heute die Suche nach neuen Erholungsquellen auf die See. Es wird sich nicht vermeiden lassen, daß sie in gewissem Sinn eingemeindet und von Leuten überschwemmt wird, die ihr bisher fern waren.)

Wenn wir wieder zum fünfzigsten Längengrad zurückkehren, stoßen wir neuerdings auf die hilfreichen Veröffentlichungen des Deutschen Wetterdienstes, im besonderen des Seewetteramts Hamburg. Es war zu verblüffend, wie das mit den Monatskarten klappte. Ich segelte ja immer noch an der gedachten Bleistiftlinie entlang. Immer nur hatte ich gehört, man sollte diesen Mittelwerten kein großes Vertrauen schenken. Das waren besondere Pechvögel, die das geschrieben hatten! Ich gebe gern meine Lorbeeren nach Hamburg weiter.

Es ist leider viel zuwenig bekannt, welche Fundgrube an meteorologischem Unterrichtsmaterial das Seewetteramt für Seesegler darstellt. Eine lange Liste wetterkundlicher Lehrmittel kann für einen ganz geringen Betrag bezogen werden. Was da drinsteht, kommt wirklich aus erster Hand und ist leicht verständlich geschrieben, eben für den Unterricht bestimmt. »Wetterlotse« und »Seewart« sind zusätzlich zwei Monatszeitschriften, die derjenige lesen sollte, der sich mit der Absicht trägt, eines Tages die Nase aus dem Ärmelkanal hinauszustecken. Man muß die Segelpraxis in anderen europäischen Ländern kennen, um schätzen zu können, welche einmalige Bildungshilfe dem deutschen Segler von vielen Seiten geboten wird. Über die Veröffentlichungen zur Auswertung gefunkter Wettermeldungen habe ich früher schon alles gesagt. Mit diesen Zeilen möchte ich einen Dank aussprechen. Der Seesegler muß mit dem Wetter auf Duzfuß stehen, denn niemand ist ihm so hilflos ausgeliefert wie der einsame Mann im kleinen Boot.

Um zwei Uhr früh war es, am 11. Juli, als ich aus unerklärlichen Gründen zu nachtschlafender Zeit ins Cockpit lief, um nach dem Rechten zu sehen. Da entdeckte ich wenige Seemeilen weiter nördlich einen großen Musikdampfer, der wie ein Christbaum über und über mit brennenden Lichtern geschmückt war, als fürchte er sich, durch die dunkle Nacht zu fahren. Sein Ziel lag im Südosten. Wenig später mußte er irgendwo meine Kielspur schneiden. Das war die Linie von New York nach Rio. Ich dachte noch eine Weile darüber nach, warum es mich ausgerechnet zu dieser Stunde ins Cockpit gedrängt hatte. Ob bei der Rückkehr zum urtümlichen Leben auch schützende Urinstinkte wieder erwachen, der hilfreiche Schutzengel sozusagen?

Am 6. Juli entdeckte ich einen neuen Vogel. Schon am Flügelbau war er als reiner Segler zu erkennen. Ich war so begeistert über seine Art, sich fortzubewegen, daß ich ihm auf alle Fälle das Prädikat »Albatros« verlieh. Es war unmöglich, woanders hinzuschauen, solange er in der Nähe seine edlen Kreise beschrieb, ohne auch nur einmal mit den Flügelspitzen ein bißchen zu wippen. Seine Erscheinung bannte den Blick. Viel zu früh ließ er mich zurück und zog wieder seinem unbekannten fernen Ziel entgegen. Wo mochte das liegen? Erst später sollte ich erfahren, daß das ein Prachtfregattvogel gewesen war, einer jener unbeliebten Burschen, die schwächere Seevögel mit Schnabelhieben dazu zwingen, die erbeuteten und verschluckten Fische wieder zu erbrechen. Gewandte Flieger, wie sie sind, erhaschen sie das Geopferte noch im Flug. Nicht immer hält eben der Charakter mit der Schönheit der Erscheinung Schritt.

Je länger die Reise dauerte, um so häufiger landeten kleine fliegende Fische an Deck. Das waren wohl nur die Dummerjane, die beim Annähern des Bootes kopflos in die Luft sprangen und dann aufs Vorderdeck zurückfielen. Sie sind nicht länger als ein kleiner Finger. Fährt das Boot in solch einen Kindergarten, schwirrt es über dem Wasser wie von aufgescheuchten Libellen. Die Alten dagegen erheben sich mit einem Flossenschlag aus dem Wasser und zischen mit weit weggespreizten Brustflossen wie ein Kieselstein davon. Sie können sogar in der Luft ihre Richtung ändern. Manchmal tauchen sie kurz in eine Welle ein und starten sofort zu einer neuen Schußfahrt, die noch schneller ist. Vielleicht weil sie bei der Wasserung einem Bonito genau vors Maul gefallen sind. Selten erheben sie sich höher als zwei Meter über ihr eigentliches Element, aber sie schwirren bis zu hundert Meter weit davon, und man kann sich das Gesicht des enttäuschten Bonitos vorstellen, dem die nahe Beute durch die Luft entfleucht.

Niemals hatte ich das Glück, einen ausgewachsenen Flieger an Deck zu finden. Dazu sind meine Bordwände wohl zu hoch. Die Cockpiteinfassung mag ein zusätzliches Hindernis sein. Ihr Fleisch sei sehr schmackhaft, versichern alle meine Vorgänger, deren Cockpit dem Wasser näher war als meines. Ich hätte gern welche gedünstet, aber meine Makrelenspinner haben diese Planktonfresser natürlich verachtet.

Bei der Hitze, die überhaupt nur wegen des kühlenden Passatwindes erträglich war, gingen die Ansprüche an die Bordküche allerdings sehr zurück. Fühlte ich in kühlen Gegenden die Notwendigkeit, etwas Warmes zu essen, war es hier gerade umgekehrt. Am besten schmeckten kühle Gerichte. Am liebsten aß ich Milchreis mit Beerenkompott.

Hätte ich noch einmal ein Schiff für einen solchen Weg auszurüsten, dann legte ich viel mehr Gewicht auf solche Nahrungsmittel, die nicht fett sind, dafür süß, saftig und sättigend. Die Milchreisdosen gingen jetzt leider zu Ende. Ich bedauerte das sehr. Als ich die vorletzte über Bord warf und »fünftausend Meter« dazusagte, um sie auf die Länge des Weges vorzubereiten, klang Trauer mit.

Reis ist überhaupt sehr brauchbar an Bord. Ihn körnig zu dünsten, ist gar kein Problem. Kalt läßt er sich auf viele Arten lecker und mit allen nur erdenklichen Beimischungen zubereiten. Über Reissalate hatte ich ein ganzes Buch an Bord. Mit sehr viel trockenem Reis wurden dann auch die Ölsardinen und die Dorschleber verdaulich, besonders unter Beifügung kleingehackter Gurken und Oliven oder auch in kleine Würfel geschnittener Salami. Um nicht ganz auf warme Speisen zu verzichten, machte ich mir wenigstens abends eine Suppe, bevor ich wieder aus dem Keller unter dem Kartentisch die Wurst hervorholte.

In der letzten Woche war nun auch das Brot zu Ende gegangen. Ich hätte jetzt das große Paket Knäckebrot angreifen können, das das halbe Vorschiff ausfüllte und ursprünglich dazu gedacht war, den Brotbedarf unterwegs zu decken. Aber glücklicherweise hielt sich das Graubrot so lange. Gegen Ende der Reise knisterte und knackte mir das Knusperbrot zu laut in den Ohren. Reis war mir lieber. Ich habe doch nicht zuviel vom Essen unterwegs geredet? Diese Hinweise sind hauptsächlich für Einhandsegler bestimmt. Ich bin sicher, daß manch einer, wenn er auf die große Reise geht, vom Kochen genausoviel versteht wie ich von der Meeresfauna. Wer behauptet, die Küche dürfe an Bord ruhig spartanisch sein, begibt sich auf schlüpfrigen Boden und gebe acht! Das ist nämlich diese viktorianische Lebensweise, an der alle Engländer heute noch zu tragen haben, was sie auch offen bekennen. Die ausländischen Besucher tragen daran mit, wenn im Gasthaus ein Salat serviert wird, der zwar nicht häßlich genug ist, um von einer Ziege verschmäht zu werden, aber für Menschen ungenießbar wird, wenn er mit Salatsoße aus der Schüttelflasche als einziger Zutat verziert ist. Man gehe immer mit Engländern essen! Dann ist man sicher, daß sie, um die eigene Schmach zu verdecken, einen ins chinesische Restaurant führen. So war Hongkong doch auch für etwas gut.

Wir rutschen über den Globus aufs Land zu

Mit dem restlichen Verlauf meiner Reise geht es mir nun so, wie es mir beim Betrachten des Globus ging. Hatten wir die erste Hälfte des Ozeans langsam und ohne uns umzuschauen erklettert, befanden wir uns nun auf der abfallenden Seite, und je tiefer wir rutschten, um so schneller ging die Fahrt dem anderen Ufer entgegen. Als ich die ersten tausend Seemeilen abgesegelt hatte, glaubte ich, ich sei schon wochenlang unterwegs. Als auf dieser Seite noch ebenso viele Seemeilen vor mir lagen, bekam ich Torschlußpanik, daß die Reise zu früh ihr Ende finden könnte. Das waren Stunden, die wegen ihrer Schönheit unvergänglich in der Erinnerung haftenbleiben werden, besonders an jenen Abenden, wenn die Sonne friedvoll untergegangen war, die Sterne ihr beruhigendes Licht verstrahlten und Friede einzog. Bewußt das Herannahen der Nacht über sich ergehen lassen, entzündet keine Abwehr, kaum ein Zurückweichen und nur ein Verstummen im Vorausfühlen der letzten Nacht, die kein Ende haben wird. Mit der Unabwendbarkeit der hereinbrechenden Finsternis bricht sich aber auch ein anderes Gefühl Bahn, der Gedanke nämlich an die einhüllende Geborgenheit, wenn sich alles Greifbare auflöst, auch die heranrauschenden Wellen nur noch Geräuschkulisse sind und ihren Schrecken fürs Auge verlieren. Immer wiederholt sich dann das Schauspiel einer neuen Welt, die ringsherum aufwacht, eines Kosmos, der alles bei Tage unsichtbar Gebliebene umschließt und vom mikroskopisch Kleinsten bis zu den Riesensonnen ferner Milchstraßen reicht. Es ist, als spiegle sich diese unbegreifbare, leuchtende Welt über mir, dieses Glitzern und Flimmern aus schwarzer Nacht, in dem flüssigen Spiegel unter mir. Es ist das sinngemäße Abbild, freilich nicht so ruhig. Hier unten stäubt und wirbelt es in einem unbeherrscht sich austobenden Feuerwerk sprühender Kleinstsonnen, rasch aufblitzender und gleich wieder verlöschender Kometen, in einem Sternschnuppenregen, der die ganze Nacht kein Ende nimmt. Die aufgewühlte Schaumblasenbahn, die achtern unter der Brücke heraustobt, ist wie von verstecktem Geisterlicht weißlich erhellt. Bis auf eine gewisse Tiefe sieht es aus, als schösse nicht Wasser, sondern Milch zwischen den Rümpfen hervor. Auf dem Vordeck ist das Schauspiel noch hinreißender. Jeder Bug wirft nach der Seite eine aufspritzende Welle weg. Hier ist der erschreckte Mikrokosmos ganz aus dem Häuschen geraten. Wie von Stahl, der an eine Schleifscheibe gedrückt wird, sprüht nach beiden Seiten Feuer. Man könnte wohl die Überschriften einer Zeitung dabei lesen.

Was da leuchtet, holt der Sturmtaucher bei Tag mit seinem gekrümmten Schöpfschnabel aus dem Wasser. Er braucht es wirklich nicht zu sehen; die Meeresoberfläche ist erfüllt von diesem Leben. Was bedeutet hier schon ein Vogel und dort ein Fisch! Das ist einzelgängerisches Dasein. Dieses Meer dagegen scheint das Leben selbst zu sein, eine unermeßlich große Lebensbrühe, Keimzelle alles übrigen Lebens, Leben im Urzustand noch.

An solchen Abenden gehen die Gedanken auf Wanderschaft. Während der staunende Blick zwischen Makro- und Mikrokomos hin und her schweift und diesen Gegensatz zu begreifen sucht, versteht er das Verbindende. Ordnung in den Zeitablauf bringend, taucht die verblüffende Erkenntnis auf, daß sich die Natur nach ihrem Ebenbild erschaffen hat. Da hat sich eine erkaltende Kugel, selbst Teil eines Sonnensystems, einer Milchstraße und dieser funkelnden Himmelskuppel auf den Weg gemacht, Leben auf sich zu gebären und mit der Zeit das zu werden, was sie heute ist. Dieses keimende Leben im Urzustand ist in seiner optischen Erscheinung nichts weiter als das Spiegelbild der anderen Welt, aus der die Erde hervorgegangen ist. Leben entstand nach einem größeren Ebenbild. Bild und Abbild stehen sich nun jede lange Tropennacht gegenüber, und der Mensch zwischen beiden Sphären weiß nicht, welcher er sich näher verbunden fühlt. Dieses Wissen um soviel Lebensüberfluß ringsum gibt Sicherheit und vertreibt die Angst der langen Nacht. Die eigene Lebenskraft nimmt teil an dieser überwältigenden Vorstellung des aus dem Nichts aufbrechenden starken Willens zu leben.

Wir segeln jetzt durch die Nacht. Eben rauscht ein Regenschauer über uns hinweg.

In der Bö ist es nötig, das Ruder eigenhändig zu unterstützen. Danach nehme ich wieder Platz auf dem rückwärtigen Cockpitsitz, lege die ausgebreiteten Arme auf die Holzreling hinter meinem Rücken und schaue zum Bootes hinauf, sobald er aus den rasch ziehenden Wolken hervortritt. In diesem Augenblick habe ich das gräßliche Gefühl, ich sei nicht allein hier. Das gibt es wirklich, daß es einem eiskalt über den Rücken hinunterrinnt; das ist keine Redensart. Irgend jemand steht hinter mir. Ich spüre eine körperliche Gegenwart. Da ist gar kein Zweifel möglich, hier ist ein Wesen, das sich hinter meinem Rücken angeschlichen hat. Ich werfe den Kopf herum und sehe etwas wie weit ausgestreckte, schwarze Arme, die mich umfassen wollen. Ein

Satz nach vorn; ich schreie: »Pfui!«, als wollte ich einen Köter verjagen. Da streicht es nach der Seite weg und verschwindet in der Nacht, aus der es kam.

Ganz deutlich habe ich den Kopf mit dem langen Schnabel gesehen. Ich weiß nicht, was dieser Vogel hier draußen treibt. Er hat wohl mein Boot erspäht und sich ihm lautlos, auf seinen langen Schwingen gleitend, von hinten genähert. Dann fühlte er meine Gegenwart und verharrte ohne Flügelschlag am Cockpitrand, gleich hinter meinen Schultern. Irgendwie habe ich wohl die Bewegung der Luft gespürt. Er wird doch nicht geglaubt haben, ich ließe mich würgen, bis ich ihm mein Abendessen opferte! Sinnlos fuchtle ich mit dem großen Scheinwerfer durch die Nacht, um ihm seinen Irrtum klarzumachen.

Noch ist nicht die letzte Nacht angebrochen, aber es sind höchstens noch vier. Manchmal ist es ganz still und der Seegang wie weggewischt. Die Ferne wird undurchsichtig und der Himmel so von Wolken verhängt, daß kaum ein Stern hindurchfindet.

Mein so häufig gelobter Orientierungssinn ist verzweifelt über die Zumutung, sich hier noch zurechtzufinden. Ich bemerke seine Hilflosigkeit nicht, mit der er versucht, meinem Bewußtsein ein Richtungsgefühl zu geben. In wochenlangem Segeln verliert sich der unbewußte Zusammenhang von Richtpunkten, die das Zurechtfinden in fremden Städten so leichtmachen. Hier ist der Abstand zwischen den Landmarken einfach zu groß. Der Faden geht verloren. Wohl aus diesem Grund entstehen dann solche Falschmeldungen wie das Gefühl, wieder im Ärmelkanal zu segeln. Ganz fest weiß ich plötzlich: Dort oben ist Penzance, da vorn Ouessant. Wir segeln die Straße entlang bis zu der Ecke mit den beiden Laternen. Bloß weil es so dunstig ist, kann man das Land nicht sehen. Der Zustand der See, die diesige Luft, der fast völlig verschwundene Seegang, die Stille ringsum, weil der Wind aussetzt – das ist ganz ähnlich wie damals die Nacht im westlichen Ärmelkanal. Jetzt ist erstmals wieder eine solche Lage entstanden. Prompt kriegt das Gehirn den Bescheid: Ärmelkanal, nördlich der Bretagne! Stimmt leider nicht, mein Richtungsfinder! Ich hoffe, dir bald einen festen Punkt zu bieten, an dem du den verlorenen Faden wieder anknüpfen kannst.

Wann wird dieser Landfall stattfinden? Es ist Zeit, etwas Strategie ins Segeln hineinzubringen. Keinesfalls darf ich spät abends oder nachts ankommen. Das heißt, am letzten Abend vor dem Ziel sollte ich noch gut siebzig Seemeilen davon entfernt sein. Das war nicht zuviel, wie sich später herausstellte, denn ein Strom von eineinhalb Knoten trug uns in der letzten Nacht unbemerkt westwärts. Vor den Inseln, die wie Wellenbrecher zwischen dem Atlantik und der Karibischen See liegen, teilt sich der Nordäquatorialstrom und erreicht zwischen den Inseln Geschwindigkeiten, die an die Gezeitenströme im Ärmelkanal erinnern. Der Gezeitenstrom selbst wirkt zusätzlich beschleunigend oder bremsend im Wechselspiel von Ebbe und Flut.

Wie mag sich mir das Land bemerkbar machen? Wird es sein, wie es so häufig beschrieben wurde und früher oft zur Entdeckung neuer Inseln führte? Daß nämlich zuerst eine große, festsitzende Wolke über der Kimm auftaucht? Wird das Land ganz wolkenlos einfach aus dem Meer voraus in die Höhe wachsen? Werde ich überhaupt nichts davon sehen, weil es diesig ist oder tiefe Regenwolken die Sicht nehmen? Höre ich nur im letzten Augenblick eine schwache Brandung, oder taucht zum Greifen nahe plötzlich eine dunkle Felswand übergangslos aus der See? Gern gestehe ich, daß ich lieber aus einem Hafen hinaussegle als von draußen hinein.

Der Gedanke an das bevorstehende Ereignis ordnet nun mein ganzes Bordleben. Noch besorgter beobachte ich den Himmel und das Ziehen der Bewölkung. Die letzten paar Nächte sind keine reine Freude mehr. Häufig treten jetzt Regenböen auf. Wie Kulissenwolken hängen diese schwarzen Vorhänge zum Wasser herunter, so weit der Blick nach Osten zurückreicht. Zu jedem Vorhang gehört ein breiter Wolkenturm. Wenn man unter ihnen hindurchsieht, glaubt man, sie hören überhaupt nicht mehr auf. Ist einer über uns hinweggezogen, scheint für eine Stunde die Sonne, bis der nächste herankommt. Da diese Regenwolken in breiter Front mit dem Passat herantreiben und nicht im Gänsemarsch wie das Sargassokraut, sieht man schon von weitem, ob der nächste Schauer einen mit der Mitte zudeckt, ob man am Rand ein paar Spritzer oder ob man nur den Wind abbekommt.

Auf alle Fälle ist es dann noch möglich, durch Ruderlegen so weit seitlich wegzulaufen, daß man nicht das ganze Unheil über den Kopf kriegt. Ist man anfangs schon am Rande, gelingt es einem, ganz zu kneifen. Kommt aber solch ein Ungeheuer einmal ganz unausweichlich auf einen zu, dann wird der Gaumen trocken, die Augen brennen und ein Gefühl stellt sich ein wie vor der ersten Ohrfeige nach einem Schabernack. Dabei hat man sie gar nicht verdient! Das Zentrum ist schon auf eine Seemeile am Wasserschleier zu erkennen, der Wolke und See eins werden läßt. Der Wind nimmt dann in einem Maße zu, daß man überlegt, auch noch die Sturmfock zu bergen. Besonders wenn das Blau der See zuerst hellgrau, dann wie Blei und zuletzt wie stumpfer

Graphit oder Steinkohle aussieht. Über diesem beinahe schwarzen Untergrund entdeckt man beim Heranrücken der Bö ein dickes, undurchsichtiges graues Laken, das sich von der Seite her immer näher schiebt. Dort trifft der harte Schauerregen bereits die Wasseroberfläche, und das sprühende Wasser läßt das Meer darunter verschwinden. Die Sicht nimmt schlagartig ab. Hüllt einen erst der Wassersturz ein, steht man wie ein armes Würstchen unter der Traufe. Der Seegang, die Arbeit unter dieser Sturzflut an Pinne und Boot, alle Nerven angespannt vor Furcht, was wohl als nächstes geschieht – das ist keine Spielerei mehr. Aber wie mit dem Hahn abgedreht, tritt dann plötzlich wieder Ruhe nach dem Brausen und Platschen ein. Ein paar Minuten später scheint die Sonne. Aber dort im Osten steht schon wieder solch ein Regenbogen! Diesmal werden wir uns aber nach der Seite weg verdrücken.

Anders ist es bei Nacht. Da saust man erst aus dem Bett, wenn es draußen schon aufs Deck dröhnt. Meistens hat aber die vorauseilende Bö bereits das Steuer übernommen, das Boot anluven lassen bis zu dem Punkt, wo die Fock backschlägt. Auch das hört man und springt hinaus, weil der Seegang am Rumpf eine andere Pauke schlägt. Aber selbst an diese unruhigen Nächte gewöhne ich mich. Am 12., um vier Uhr morgens, komme ich aus dem Cockpit zurück, und bevor ich wieder weiterschlafe, sage ich schnell aufs Tonband in abgeklärter Ergebenheit: »War eben nach dem Rechten sehen. Es sind sehr viele Wolken herum. Wir kriegen vielleicht noch einmal etwas Regen, sonst nix von Bedeutung.«

Am nächsten Morgen hätte ich beinahe meinen Magen zutiefst beleidigt, weil ich es nicht lassen konnte, nach Tagen der Pause wieder einmal Zähne zu putzen. Ich möchte wirklich wissen, woher diese Reizempfindlichkeit kommt. Ein bißchen Räuspern, und der Gaumen stürzt sich in Zuckungen, die mir sofort Schweißperlen aus den Poren treiben. Trotzdem nehme ich keine Pillen mehr. Wenn die Strecke doppelt so lang gewesen wäre, hätte ich vielleicht jede Übelkeit besiegt. Wer weiß?

Am 12. Juli stelle ich wieder einmal den Motor an, genau für eine Stunde. Diesmal startet er beim ersten Anlassen. Unglaublich, daß es schon drei Wochen her sind, seit wir ihn das letzte Mal getestet haben. Da waren wir doch auch schon im Passatbereich! Ach, du großer Atlantik! Wir segeln wirklich schon drei Wochen querfeldein von einer Seite zur anderen. Rückblickend ist die Zeit wie im Flug vergangen. An meinen Händen sehe ich es jedoch. Die Hornhaut, die ich mir bei der Vorbereitung in England an die Handflächen gearbeitet hatte und die dann die ersten beiden Wochen beim Umgang mit den Schoten noch härter geworden war, hat sich in letzter Zeit abgeschält. Hellrosa ist darunter die empfindliche Haut hervorgekommen, und das neuerliche harte Arbeiten verursacht brennende Qualen.

Der 12. Juli ist auch sonst ein großer Tag. Schon ein paarmal hatte ich auf den Frequenzbändern herumgedreht und amerikanische Nachrichten auf spanisch vernommen. Heute aber empfange ich eindeutig und sehr deutlich Radio Antilles von Montserrat, englisch und französisch hintereinander. Im Anschluß an die Mitteilung der Tageshöchsttemperaturen kommt der Spruch: »There is no indication of any tropical disturbance!« Na, wenigstens kein Hurrikan in Sicht!

Mit der Radioverbindung sind die Inseln unter dem Winde, wie sie auch heißen, in greifbare Nähe gerückt. Entgegen jeder Voraussicht und ohne diese Tatsache bisher ernsthaft in Erwägung gezogen zu haben, scheine ich wirklich irgendwo ankommen zu sollen. Nicht, daß ich daran gezweifelt hätte. Aber ich war auch nicht überzeugt davon. Ich war nicht eigentlich ausgezogen, um einem bestimmten Ziel entgegenzusegeln. Von mir aus könnte es weitergehen. Da ich aber nun doch mit der Möglichkeit rechnen muß, in wenigen Tagen in einem Hafen zu liegen, verbringe ich den heutigen Nachmittag damit, die notwendigen Bordfotos nachzuholen. Bisher hatte ich nur Wellen, Seeblasen, Golfkraut, Vögel und fliegende Fische fotografiert. Wenn ich daran dachte, mich selbst aufzunehmen, winkte ich jedesmal ab. Komm erst mal an, dann ist immer noch Zeit, Rudi! Das lag wohl auch daran, daß das Aufbauen des Stativs, das Auspacken der zweiten Leica und das ganze Drum und Dran an Filtern eine zusätzliche Energieentfaltung verlangte, die ich für vergeudet hielt, solange ich die Energie noch für das Segeln brauchte. Aber dann stand doch der Apparat auf dem Dreibein, mit Gummistropps nach allen Seiten gesichert, an Deck. Das Hinundherspringen für die Selbstauslöseraufnahmen erschöpfte mich ziemlich.

Das erledigt, holte ich aus der Schublade die Flaggen heraus, damit sie auch rechtzeitig alle vorrätig waren: die Bundesflagge, die englische Gastlandflagge (womit man zwar im unabhängig gewordenen Antigua keinen Fehltritt begeht, aber man könnte auch die neue Landesflagge hissen, wenn man sich besonders beliebt machen will). Dazu gehört bei der Ankunft auch die gelbe Quarantäneflagge. An der Backbordsaling die Kreuzerabteilung vom Deutschen Segler-Verband und ganz oben am Mast den Stander des Deutschen Hochseesportverbands Hansa, dem ich seit Jahren eng verbunden bin. Unter so viel buntem Zeug werde ich in English Harbour einlaufen, auch wenn dort nur ein einsamer alter Neger sitzt und die Ruinen der Schiffswerft bewacht.

Nach allem, was ich darüber gelesen hatte, steuerte ich auf einen zwar orkansicheren, aber auch den einsamsten Winkel Westindiens los. Ein einzelner Segler mag wohl auch dort sein, der im Schatten eines halbverfallenen Lagerhauses seine Segel flickt.

Die Flaggen waren in einem beklagenswerten Zustand. Da hing noch der Ruß von Southampton und Cherbourg dran. Kurzerhand tauchte ich sie alle in Seifenlauge und schrubbte den Dreck herunter. Am Baum und an den Schoten wurden sie zum Trocknen aufgehängt, und nun machte auch mir der Anblick so leuchtender Farbflecke wieder Freude. Es gab wirklich einen Farbenrausch, und ich verstehe, daß das Flaggen über die Toppen mit dem ganzen Flaggenalphabet ein Vergnügen ist, dessen Kosten ansonsten völlig überflüssig wären. Ein Walkie-talkie ist lohnender, wenn es sich um Mitteilungen von Schiff zu Schiff handelt. Das hat fast jeder an Bord, und es kostet weniger. In dichtbefahrenen Segelrevieren sollte es zur Ausrüstung gehören.

In der letzten Woche vor dem Ziel wird auch die astronomische Beobachtung genauer genommen. Jeden Mittag ist eine Messung fällig, da wir uns jetzt möglichst genau ans Ziel heranzunavigieren haben. Vom gefundenen Standort peile ich dann Antigua auf der Karte an, rechne den Kompaßkurs aus und merke ihn mir für die nächsten vierundzwanzig Stunden. Nicht, daß wir nun nach diesem Kurs steuern. Das geht mit meiner Art Selbststeuerung nicht. In jeder Bö geraten wir weg vom Sollkurs. Es geht nur darum, das Plus oder Minus zum Sollwert so gering wie möglich zu halten. Aus den Meldungen von Radio Antilles höre ich bereits, daß dort drüben der Wind mehr aus Südosten weht, während wir hier immer noch Ostwind haben. Das hilft bei der Überlegung, wie ich vorzugsweise zu segeln habe. Der Südostwind gehört schon zum Rückseitenwind des Azorenhochs. Es war gut, daß ich keinen Weg nach Norden vergeudete, denn (was ich damals noch nicht wußte) wir segelten ja sowieso um zweiunddreißig Seemeilen zu weit nördlich.

Ich hatte Anfang Juli eine Großkreislinie von meinem Standort über den Atlantik nach Antigua gezogen. Nicht, daß ich dieser Linie hätte nachsegeln können. Wichtiger als die kürzeste Strecke ist das Gebiet mit den stärkeren Winden. Es ist aber eine gute Hilfe zu wissen, wo der kürzeste Weg ist. Falls man die Wahl hat, weil der achterliche

Wind überall gleich stark ist, wird man sich für die kürzere Seite entscheiden, die die polwärts gerichtete ist. Zwischen Antigua und der Bretagne durchschneidet das Lineal auf der Merkatorkarte die Azoren; der kürzere Weg führt jedoch im Bogen nordwestlich vorbei. Das ist der Dampferweg vom Ärmelkanal nach Venezuela. Für die Heimreise würde sich eine solche Kurve anbieten. Südwärts segelnd hätte man jedoch wochenlang mit Gegenwinden zu rechnen, wie wir aus dem Umgang mit dem Azorenhoch nun wissen. Ganz ohne Wind wirkt ein Segelboot peinlich, und das Leben in der Dünung wird schwer erträglich. Das Ziel einer solchen Kursplanung muß es deshalb sein, zwischen Großkreis und günstigem Wind die goldene Mitte zu finden, damit man nicht in das schwachwindige Zentrum des Roßbreitenhochs gerät. Man muß dann überlegen, ob einen der Norder vor der portugiesischen Küste um so viel schneller vorantreibt, daß man die längere Strecke in Kauf nehmen kann. Genaues darüber kann einem nur der Analysenfunk sagen. Sitzt man erst in der Flaute, ist es zu spät. Dann sitzt man auch in der Patsche. Ein Glück, wenn man wenigstens Bier an Bord hat.

An das warme Bier, das ich bei der abendlichen Beobachtungsstunde trank, hatte ich mich so gewöhnt, daß ich jedes Verlangen nach einem kühlen vergessen hatte. Es darf nur nicht schal schmecken. Die Hauptsache, es schäumt wie Bier, und das tut dieses Dosenbier ja zur Genüge. Schon in England muß man sich in den kleinen Kneipen an warmes Bier gewöhnen, das dafür bis zum Überschwappen das Glas füllen soll. Ohne Schaum ist das beim warmen Faßbier kein Kunststück. Dieses anspruchslose, aber reell servierte Bier paßt genau zur neugotischen Einrichtung dieser Pubs hinter falschen Butzenscheiben. Langsam bekomme ich nun aber doch Lust, wieder einmal ein »richtiges« Bier zu trinken. Wenn ich geahnt hätte, wieviel kühles europäisches Bier in English Harbour für mich lagerte, hätte ich vielleicht doch noch einen Knoten zugelegt. In der Sonne war es nicht auszuhalten.

Boote für die Tropen müssen unter ganz anderen Gesichtspunkten gebaut werden, als sie sich ein Konstrukteur in einer nordischen Werft vorstellt. In meinem neuen Boot, das ein ausschließlich für die Tropen bestimmtes Fahrzeug sein würde, brauche ich keine Mittelkabine mehr. Auf HOBBY ist es der einzige luftige Raum, das stimmt. Aber dafür ist das Schlagen in den vorderen Rümpfen oder der Aufenthalt in der Galley oder beim Kartentisch eine Qual. Es lassen sich einfach nicht so viele Lüfter anbringen, wie notwendig wären. Nur vorübergehend hinunterzusteigen, um irgend etwas heraufzuholen, kostet schon

Überwindung. Sobald einen der Wind wieder trifft, fühlt man sich frisch und wohlaufgelegt. Die Lösung sehe ich in den beiden Windtunnels, zu denen ich die Seitenrümpfe umbauen würde. Der Salon wird dann der nachtdunkle Wasserspiegel einer palmenumstandenen Bucht sein, das ganze Deck wird zum Aufenthaltsraum, durch eine abdeckende Plane gegen Schauer und Sonne geschützt. Unbedingt gelöst werden muß auch das Eisschrankproblem. Ich werde mich für Gas entscheiden. Strom ist zu teuer und kann nur auf dem Umweg über Benzin erzeugt werden. Dann lieber gleich die Gasflasche!

Pieter auf der STRANGER hat es leicht. Er besitzt eine Gefriertruhe und hätte auf der ganzen Überfahrt jeden Tag sein aufgetautes Schnitzel haben können. Aber dafür hat er auch seine Probleme mit dem riesigen Batteriepark und, was noch schlimmer ist, mit dem rätselhaften Verschwinden der Spannung irgendwo im unübersehbaren Netz der Leitungen. Irgendwann wird sich die elektrolytische Korrosion ein Loch gefressen haben; dann weiß er endlich, wo das durchgescheuerte Kabel liegt. Trotzdem: Es geht nicht ohne Eis, nicht nur für den Rumpunsch. Auch Fisch hält sich auf Eis. In Westindien gibt es Leute, die einmal in der Woche einen Barrakuda oder einen Kingfisch fangen und dann acht Tage lang davon leben. Man stelle sich vor, alle Tage Barrakuda! Dann dauert's nicht lange, und es stellen sich Träume ein, zu den europäischen Kochtöpfen zurückzusegeln.

Wenn ich auch einmal etwas Gutes über Kielboote sagen darf: Für das Manöver, an die Boje zu gehen oder zwischen einem Bojenfeld herauszukreuzen, ist das Kielboot geeigneter. Aber wichtiger, als im Hafen ausgelacht zu werden, weil der einseitig angebrachte kleine Motor das Manövrieren erschwert, sind die Segeleigenschaften draußen auf See. Ein mittschiffs hängender Außenborder bleibt ein Problem. Man kann nicht verlangen, daß die Brücke angehoben wird und der Langschaft noch ins Waser hinunterreicht. Ein Aufhängekasten, wie ihn HOBBY hat, bringt aber andere Probleme mit sich, weil der den Strahlstrom teilt. Trotzdem quirlt im Seegang der Propeller manchmal nur die Luft. Beim nächsten Katamaran käme nur noch ein Innenbordmotor in Frage.

Noch ein paar Worte über das Fahrrad, das ich seit Jahren für den unerhörtesten Luxus gehalten hatte, den sich einer an Bord eines kleinen Bootes leisten kann. Wenn es auseinanderklappbar ist, wie meine Graziella, mag es noch gehen. Es ist nicht im Weg und wiegt nicht viel. Aber es läßt sich nicht häufig verwenden. Meine Graziella ist immer noch in der Tragtasche, obwohl eine Fahrt nach St. John's und zurück im Taxi beinahe fünfzig Mark kostet. Warum ich das Rad nie verwende? Wie überall in der Welt liegt der Hafen auf Meereshöhe. Ich glaube, nur in den Niederlanden geht es hinter der Hafenmeisterei nicht gleich ins Gebirge oder wenigstens steile Hügel hinauf. Mein nächstes Fahrrad an Bord wäre also ein Motorrad. Bei den Taxipreisen in den Tropen zahlt es sich schnell ab.

Zwei Tage vor der Ankunft hatte ich etwas erhöhte Temperatur. Das lag entweder an der Sonne, von der ich beim Fotografieren zuviel abbekommen hatte, oder am guten Radioempfang, der das nahe Land ankündigte. Ich dachte wohl, ich könne es mir jetzt leisten. Eine Reaktion nach der Anspannung war nicht ausgeschlossen. Nachts träumte ich von Hochwasser, einer Alpenlandschaft und von in Bettücher gehüllten Frauen, die in langer Karawane hintereinander über diese Gebirgszüge hinwegzogen wie das Sargassokraut über die hohen Wellen. Auf meine verwunderte Frage erhielt ich die unwillige Antwort, einmal im Jahr dürften sie das.

Windstärke fünf hatte sich wieder empfohlen, nachdem wir das bewußte Seekartenquadrat verlassen hatten. Damit war auch die Abkühlung geringer geworden. Aber das dauerte nicht lange. Dann kam Windstärke fünf und mehr in anderer Form zurück, als sich die Regenböen über uns ergossen. Auch im Ärmelkanal hatte es manchmal geregnet. Aber das war Nieselregen im Vergleich zu diesen tropischen Schauern.

Am vorletzten Tag bekamen wir die zweite Dusche dieser Reise ins Cockpit. Die Dünung war auf vier bis fünf Meter gestiegen. Da kam ein Querläufer aus Südost heran, und im Anprall gegen den Rumpf spritzte ein Kübel voll Wasser herauf. Das war alles und gehört ins Kapitel, warum es sich so angenehm in einem Katamaran lebt. Ich bin lange genug in Kielbooten gesegelt, um mir vorstellen zu können, wie die Dusche auf einem genauso langen Kielboot ausgesehen hätte, wenn sich der Querläufer von der Seite darübergewälzt hätte.

Die hohe Dünung macht wie immer Spaß. Wir rollen nicht, sondern segeln immer mit waagerechtem Cockpitboden geradeaus. Von hinten hebt zuerst jede Welle das Boot an und trägt es auf ihrem Rücken hinauf, während sie selbst unten drunter durchrutscht. Obenauf ist der beliebte Platz »Zur schönen Aussicht«. Gleich kommt dann am Bug, während die Welle uns vorn anhebt, der Wasserberg wieder heraus, und wir sinken in das nachfolgende Tal mit dem engen Horizont. Aber die nächste ist gleich heran, und das Spiel kann wieder von vorn losgehen.

Wenn ich manchmal »wir« und »uns« schreibe, dann nicht, weil ich einen heimlichen Mitsegler dabeihatte, sondern weil HOBBY und ich eine Einheit geworden sind, die sich nicht trennen läßt. Nicht ich segle, sondern wir segeln. Das ist ein sehr intimes Verhältnis, das Außenstehende schwer verstehen. Tatsächlich würde es sehr befremdend klingen, wenn uns jemand in der zweiten Person Mehrzahl fragen würde: Wo seid ihr denn gesegelt? Die Sprache bringt es an den Tag. Fremde können nur danach fragen, wo ich gesegelt bin oder wo HOBBY überall gesegelt ist.

Der fällige Landgang verlangte jetzt sein Recht. Im Anschluß an die Fahnenwäsche und animiert von dem schönen Schaum wusch ich mir auch das Haar. Damit war ich jetzt eigentlich bereit, demnächst den Kariben in den Kochtopf zu gucken. Im letzten Augenblick durfte ich nicht vergessen, daß es irgendwo noch Kleidungstücke gab, die nicht über Bord gegangen waren. Ich konnte mir das gar nicht recht vorstellen. Mit Herablassung sah ich auf die verschiedenen Schuhpaare, die ich nie mehr brauchen würde. Am gleichen Haken wie die wollene Jacke mit den schönen Knöpfen hing auch eine Krawatte, die vom Bobcat-Segelverband. Das alles hätte ich genausogut in South Finisterre mit dem anderen Zeug wegwerfen können. Allein der Anblick nimmt einem die Luft. Beim Zurückfliegen würde ich für wichtigere Stücke Übergewicht zu zahlen haben!

Wenn man irgend etwas auf die Reise mitnehmen will, das einem bei bestimmten Anlässen nützlich sein könnte, dann ein weißes Dinnerjacket. Der einzige Anlaß, sich fein zu machen und in Gesellschaft kein Außenseiter zu sein, ist ein großes Abendessen – etwa zu Weihnachten in einem der Hotels. Hat man nur bei den Behörden zu tun, geht man am besten, wie man ist; denn gegen die wohlgekleideten einheimischen Herrn, die jetzt im Stolz der Unabhängigkeit in tiefem Schwarz und Mausgrau einherschreiten, verliert man sowieso das Rennen. Sie sehen alle aus, als gingen sie gleich in die Oper. In der Geschichte gibt es selten einen wirklichen Sieg. Meistens schmückt sich der Sieger mit den Federn des Unterlegenen, womit er seine eigene Schwäche kundtut und den halben Sieg verschenkt – wenn man nicht glauben will, daß der ganze Kampf nur diesen Federn galt und nicht der Befreiung von Unterjochung, Ausbeutung und Gewalt, wie man vorher gern glauben machte.

Ganz unversehens haben wir bereits einen Sprung voraus aufs nächste Eiland unternommen. Die Gedanken sind kaum mehr innerhalb der Cockpitreling zu halten. Das ist auch kein Wunder, denn morgen sollen wir ankommen.

Warzenkröten wie Blumenkohl

Es war wieder einmal ein schöner Tag ohne Regen. Die Sonne schien, kleine Wattebäusche hingen am etwas dunstigen Himmel bis zum Horizont. Gegen Abend würden sie sich wieder zu diesen riesenhaften Warzenkröten auswachsen, die mit dem Hintern beinahe auf den Wellenkämmen aufsaßen und sich den Kopf mit den Quellaugen von der Sonne bescheinen ließen. Von blütenweißem Blumenkohl bis zum Graphitgrau der aufgeblähten Wampe reichte die ganze Farbtonreihe. Widerlich waren diese Squalls, und die italienischen und spanischen Seeleute haben recht, wenn sie denselben Wortstamm für die Bezeichnung von Haifischen und ähnlichem Gelichter verwenden.

Heute abend soll zur Sicherheit noch einmal eine Sternenmessung gemacht werden. Venus ist als erste dran, neun Minuten später der Mars. Noch mal so lange habe ich auf die Wega zu warten, weil sie etwas im Dunst steckt. Der Antares im Skorpion ist der nächste, und zuletzt kommt der Deichselstern Mizar im Großen Wagen dran. Seegang und zunehmende Dunkelheit machen aus den letzten Messungen eine Niete. Das weiß ich ganz genau, nachdem ich eine Stunde lang gerechnet habe und das Kabinenlicht seinen hellen Schein verloren hat. Ich kann ohne Licht die Zeichnung der Standlinien nicht mehr aufs Papier bringen. Das soll morgen früh geschehen. So wichtig ist es nicht, daß ich deshalb die Taschenlampenbatterien verbrauchen müßte. Es geht ja nur um die Bestätigung der Mittagsrechnung.

Es beginnt wie so oft mit einer wunderschönen Segelnacht: schwarzes Firmament, Sternenschimmer, weißer Kalkmond. Am Horizont der übliche Dunst, der bis zum Nordstern die Sicht nimmt. Er steht allerdings nur noch eine gute Handbreit über der Kimm, denn sein Höhenwinkel entspricht ja unserem Breitengrad. Wenn er über dem Nordpol im Zenit zu stehen hat und am Äquator auf der nördlichen Kimm, bleibt ihm gar nichts weiter übrig, als im gleichen Maße über der Kimm hochzusteigen, wie sich der Beobachter ihm nordwärts segelnd nähert. Navigation leichtgemacht!

Alles erweckt den Eindruck, als sollte ich in der letzten Nacht noch einmal einen ganz tiefen Eindruck von der Schönheit dieser Reise empfangen und als hätte sich alles verbunden, wie nach dem Vorhang im Theater, noch einmal herauszutreten und mir zuzulächeln. Ganz schade wäre es, schlafen zu gehen.

Wir segeln mit Steuerbordschoten nach Südwesten. Als es Mitternacht ist, lege ich mich nieder. Noch geht mir die Rechnung durch den Kopf und die Frage, warum alle fünf Ergebnisse so weit auseinanderzuliegen scheinen. Aber es war gut, daß ich mich endlich schlafen legte, denn noch war nicht die ganze Spielschar auf die Bühne getreten. Es fehlte noch der Riesenfrosch. Eine Stunde lang ließ er auf sich warten. Mit theatralischer Geste kündete er dann sein Kommen an, indem er eine große Stille verbreitete. Weg war der Wind, beinahe weg der ganze Seegang. Irgend etwas lastete schwer auf den Wogen, auf dem Boot und auch auf mir. Zwei riesenhafte dunkle Schatten standen im Osten. Sie waren nur zu erkennen, weil sie mit ihrem Umfang die Sterne am Himmel auslöschten. Die beiden Kerle hatten mir wohl den Wind geklaut.

Ohne Wind legte sich das Boot quer, das Vorsegel kam back, und der Bug zeigte nach Osten, wo wir hergekommen waren. Verlegener konnte sich ein Segelboot in seiner Hilflosigkeit nicht darstellen. Das lag am Gummistropp, der vergeblich darauf wartete, daß etwas Wind in der Fock die Pinne wieder gerade legte. Die beiden waren aufeinander eingespielt, und eins konnte ohne das andere nicht sein. Das war der Grund, warum ich nach einer Stunde Schlaf wieder aufstehen mußte. Ohne Wind keine Fahrt; da konnte auch ich nichts machen.

Ich versuchte, weiterzuschlafen. Doch wenig später sprang ich wieder ins Cockpit, denn diesmal schien der ganze aufgestaute Wind auf einmal losgebrochen zu sein. Es sah so aus, als sollten wir nun doch noch eins aufs Dach kriegen. Gut, wenn in solch einem Augenblick die Pinne nur einen Sprung vom Bett entfernt ist. HOBBY schien nach mir zu rufen. Es war höchste Zeit, daß ich kam. Ich hängte mich ins Steuerrad, das auch noch die Pinne mitbewegte, den Gummistropp und die Schot. Dann versuchte ich, mit aller Kraft Gegenruder zu geben und HOBBY zum Laufen zu bringen. Laufen, das hieß: genau vor dem Wind, auch nach Nordwesten, wenn es sein mußte, wie im Augenblick. Nur nicht aus der Bahn herausschießen! Das Topplicht am Mast streikte ebenso wie die Kompaßbeleuchtung. Die Batterie war leer. Die Starterbatterie hätte ich nur durch einen Hebeldruck umzuschließen brauchen. Aber ich wollte nicht zuletzt mit zwei leeren Batterien dastehen – in dem einzigen Augenblick, da ich sie vielleicht wirklich brauche.

Hatte ich auf der ganzen Reise nicht viel dazutun können, daß mich HOBBY bis hierher brachte: In dieser Nacht hatte ich das Bewußtsein, ich könne mich endlich erkenntlich zeigen, und ich fühlte auch HOBBYS Dankbarkeit. Wie ein kleines Kind, das beim Überschreiten der

Straße die eigene Hand in die größere legt und dankbar drückt. Ich spürte, wie ihm meine Hilfe am Ruder wohltat, und ich hätte ihm gerne gesagt, es solle sich nicht fürchten, sei es auch nur, um mir selbst ein bißchen Zuversicht zu schenken. In dieser letzten Nacht, inmitten der entfesselten Urgewalt, wuchsen wir endgültig zusammen. Ich weiß, daß ich nur in einen toten Gegenstand meine eigenen Gedanken und Gefühle hineinlege, die mir dann gespiegelt neu entgegentreten.

Es gab eine Zeit, da hatte ich ein solches Gefühl zu meinem Gewehr und später nach langem Abseilen über hohe Wände zum Bergseil. Es ist ein kameradschaftliches Gefühl. Ist der Kamerad von der leblosen Art, machen wir ihn wenigstens in unserer Vorstellung zu einem gleichwertigen Lebewesen, weil wir Leben dem einhauchen möchten, das wir lieben. Könnten wir ein Stück Holz zum Leben erwecken, dieser Augenblick der Liebe wäre der rechte dazu.

Es war nur eine tropische Bö, wenn auch vielleicht die schwerste, die ich unterwegs erlebte. Aber in der Gefahr dieser Nacht und so kurz vor dem Ziel sind wir eins geworden. HOBBY ist nun mehr für mich als nur ein Steckenpferd. Wenn es etwas von dem Lebenshauch abbekommen hat, weiß es jetzt, daß es bei mir in guten Händen ist. Ich habe das umgekehrt schon immer gewußt. Eigentlich kam ich mir unterwegs häufig so vor wie bei den ersten Reitstunden in der Pußta. Mein Verdienst war es damals bestimmt nicht, wenn mein Rappe, der auch noch Wotan hieß, am Ende des Morgenrittes wieder mit mir zusammen in den Stall einzog. HOBBY hat sich sogar besser benommen als Wotan. HOBBY ließ mich nicht neben sich her durch den kalten Fluß schwimmen, weil wir die Furt verpaßt hatten.

Fast zwei Stunden lang rissen uns diesmal die Böen vorwärts. Wehe, wer dann erwacht und zu viele Segel oben gehabt hat! Gehabt, weil sie wohl inzwischen davongeflogen sind. Mit dem großen Reff, das ich nicht mehr ausgeschüttet hatte, weil ich nicht in der Nacht ankommen wollte, waren wir gerade richtig gekleidet. Trotzdem steht auch das letzte Etmal dieser Reise mit hundertsechs Seemeilen im Logbuch, und dazu kommen noch fünfunddreißig Seemeilen Stromversetzung nach Westen. Wer das aufmerksam liest, erkennt, wie schnell so ein Landfall ins Auge gehen kann, denn das Land kam überraschend auf uns zugesprungen. Es ist sehr ratsam, den Landfall in Westindien nicht in die Morgenstunde zu legen, wenigstens nicht, wenn man die Stromversetzung übersieht und die Auswertung der astronomischen Beobachtungen auf den nächsten Vormittag verschiebt.

Diese letzte Nacht ist auch HOBBY zum ersten Mal richtig mit Regenwasser gewaschen worden. Bisher war das ja nie so was Rechtes. Ich selbst bekam von der Dusche nicht viel ab. Ich zog nach anfänglicher Tapferkeit die gelbe Öljacke über. Ein verregnetes Paradies ist ein verlorenes Paradies. Wo das Wasser herkam, schien es kühler zu sein als hier unten. Bei der Höhe der Wolkentürme war das auch nicht verwunderlich. Was mich jedoch auf der ganzen Reise wunderte: Niemals hatte ich einen Blitz gesehen, niemals einen Donner gehört. Ich habe aber beide nicht vermißt.

Es folgten dann noch weitere Böen, doch der Regen fiel neben dem Boot ins Wasser. Nur der Wind erwischte uns noch mit ausholendem Fußtritt. Krötenhaxen!

Endlich liegt Land voraus

Als es wieder ruhiger wurde, ging die Sonne auf. Geduld! In dieser Nacht mußte ich mich wieder einmal mit einer Stunde Schlaf zufriedengeben. Auf der Uhr war es schon elf am Vormittag, aber nur in Greenwich. Im Westen sah es schwarz aus. Hohe Schichtwolken überzogen den ganzen Himmel. Aber das war alles so vergänglich hier. Zu oft hatte ich mich foppen lassen. In wenigen Stunden konnte der Himmel in Hochgebirgsblau erstrahlen, als sei nichts gewesen und niemals etwas anderes beabsichtigt.

Jetzt hatte ich Zeit, im Anschluß an Haferflockenbrei und Erdbeerkompott die Besteckrechnung von gestern abend zu Ende zu führen. Die beiden Blindgänger, die sich mit einem Höhendelta von vierundfünfzig und fünfunddreißig Minuten selbst als Ausschuß kundtaten, waren bestimmt auf die späte Stunde zurückzuführen. Die anderen drei Linien ergaben einen Schnittpunkt, der eine Seemeile nördlich des achtzehnten Breitengrads und vierundvierzig Seemeilen westlich des sechzigsten Längengrads lag. Die Ostspitze Antiguas liegt auf 17° 4'N, 61° 39'W. Irrtum von zwei Seemeilen laut Fehlerdreieck vorbehalten. Schöner geht es doch gar nicht! Gelernt ist eben gelernt!

Ja, Rudi, wir wollen aber doch nicht vergessen, daß dir an diesem Morgen auch klar wurde, daß du seit zehn Tagen zweiunddreißig Seemeilen weiter nördlich segeltest, als du in die Karte eingetragen hattest! Stimmt, und jetzt weiß ich es: Der Sonnenhalbmesser muß immer dazugerechnet werden, in Wirklichkeit und auch arithmetisch. Ein

Glück nur, daß wir die ganze Nacht so gut wie möglich nach Südwesten gehalten haben! Hätten wir das Bein in die andere Richtung gelegt, wären wir jetzt bald bei den Jungferninseln. Bei den deutschen Hydrographen laufen sie zwar unter der Bezeichnung Virginische Inseln; aber damit kann ich mich nicht abfinden. Dann schon lieber Virgin Islands. Wer sich vor Augen hält, daß Kolumbus bei der Taufe dieser Inseln an die Begleiterinnen der heiligen Ursula gedacht hat, bestimmt nicht an das in den Südstaaten liegende Virginia, von dem er noch gar nichts wußte, der möge bei der nächsten Zigarre eine Weile über virginische Tabake und Virginische Inseln nachdenken.

Beim Gedanken an die Jungferninseln schloß sich überraschend ein Bogen, größer und schöner als irgendein Regenbogen. Es war mir ganz entfallen. Als ich in Europa mein Arbeitszimmer abschloß, im Herzen die Sorge, ob ich wohl jemals wieder hier eintreten würde, da warf ich noch einen Blick auf den Kalender, der ein Yachtkalender war, als könne ich auf seinen Blättern sehen, welche Zukunft mir bestimmt war. Es war Anfang Mai. Fritz Henles Bild mit einem Katamaran zwischen den Virgin Islands erfaßte mich mit seiner starken Aussagekraft. Alles war in diesem einen Bild enthalten, was ich erträumte und was ich auch vorfand. So ist der nördliche Antillenbogen: Über eher kargem Land ein diesig blauer Himmel mit rasch ziehenden Wolkenbällchen, aber auch mit schweren Haufenwolken, die sich später am Tag zu einer Regenbö auswachsen können. Das Meer von jenem schönen Tintenblau; dort, wo es flach wird und Korallenbänke und Tangwälder sich mit weißen Sandflächen abwechseln, ins Grünliche hinüberspielend und eher das Himmelsblau widerspiegelnd. Dort, nicht weit weg von einem Hügel, was die Draufsicht von oben erklärte und dem Bild die räumliche Tiefe niederländischer Landschaftsbilder vermittelte, trieb ein weißes Segelboot unter weißen Segeln, eben der Katamaran.

Es sind immer Bilder gewesen, die mich zu Taten angetrieben haben, manchmal nur eingebildete und aufgelesene. Was durchs Auge geht, schlägt Wurzeln in meinem Wesen. An jenem letzten Vormittag, bevor ich zum Flugplatz eilen mußte, kam mir das so richtig zum Bewußtsein. Abgesehen von diesem merkwürdigen Zufall, der allein schon der Mühe wert war, berichtet zu werden, nahm ich dieses aussagestarke Bild in Gedanken mit aus dem Arbeitsraum, der seit Monaten die letzten Vorbereitungen zu diesem Unternehmen gesehen hatte, und sein Anblick gab mir Kraft. Träumen ist die eine Sache; die Verwirklichung eines Traumes vorbereiten ist eigentlich nur schlafwandlerisches Weiterspinnen des Geträumten, ohne rechts und links zu schauen. Dann kommt ein tiefer Graben, ein fürchterlicher Graben, wo der Lebensweg auseinanderbrechen und aus der Bahn geraten kann, ein Abgrund, in den man hinabstürzen kann, selbst wenn anfänglich der Sprung gelingt. Der Sprung muß gewagt werden, denn jenseits liegt die Erfüllung. Dort beginnt die Wirklichkeit. Es kann ein schreckliches Aufwachen geben, oder es kann so sein, daß sich die Wirklichkeit mit dem Traum deckt. Jeder Sprung dieser Art ist zu weit, als daß einer rückwärts wieder in den Traum flüchten könnte, falls die Wirklichkeit enttäuscht. Ich bin oft gesprungen in meinem Leben, nicht immer gut; aber ich hätte nicht anders können. Ich mußte springen. Manchmal hielt mich eine Hand zurück, und ich drückte sie dankbar. Ich wünschte, sie hätte mich halten können; aber es ging nicht. Ich hatte meinen Weg zu Ende zu gehen, und die Hand ließ mich ihn gehen. Zehn Jahre hatte ich geträumt, eine lange Zeit. Dann kam der Sprung. Die Wirklichkeit war gestern schon sechsunddreißig Tage alt. Sie hatte mir alles gegeben, was die Erfüllung eines Traums nur geben kann. Was würde nun folgen? Träumte ich schon wieder an einer neuen Wirklichkeit? Antigua, das seinen Namen nach einem alten Marienheiligtum in Sevilla trägt, würde heute den Schlußpunkt an das Ende eines langen Weges setzen.

Unsere Lage war jetzt klar. Wir mußten nach Südwesten segeln. Der Vormittag brachte wieder eine harte Bö, vor der ein doppelter Regenbogen herlief. Radio Antilles hatte gestern schon gesagt: Regenschauer früh am Morgen! Mein Morgen hatte allerdings sehr zeitig begonnen. Wie ich später herausfand, gehörte die Schaueransankündigung zur stehenden Redewendung um diese Jahreszeit.

Mit dem Funkpeiler suchte ich jetzt das Funkfeuer des Flughafens von Antigua: ZDX. Um es nicht in der Aufregung mit jenem von San Juan auf Puerto Rico oder Pointe-à-Pitre auf Guadeloupe zu verwechseln, hatte ich mir schon lange eingeprägt: Zur Dürren Xanthippe. Das konnte auf keinen Fall schiefgehen. Lange war ich unsicher, ob ich sie mir dürr oder dick vorzustellen hätte. Jeder tue in einem ähnlichen Fall nach seinem Geschmack oder seiner eigenen Erfahrung im Umgang mit Menschen!

Da hatte ich es auch schon im Kopfhörer, und zwar so laut wie ein Mundharmonikaton, den einem jemand in die Ohren bläst. Wir werden doch nicht schon auf der Landebahn sein! Die Sicht reichte zwischen Dunst und tiefliegenden Regenwolken nicht weiter als eine Handvoll Seemeilen. Zweihundertdreißig Grad lagen an; fünf Grad höher westlich stand das Flugfunkfeuer. Wir würden nicht mehr an Antigua vorbeisegeln; die Sorge war ich los. Hoffentlich würden wir überhaupt noch an der Ostecke vorbeikommen, weil wir ja auf die Südseite mußten. Längst schon lag das Tonbandgerät wieder im Rettungsring auf dem Schiebeluk, um auf jeden Fall diesen Augenblick festzuhalten. Mit dem großen Glas suchte ich die Kimm ab, wo die dürre Xanthippe hausen mußte. Aber nur ein dünner, weißlicher Vorhang verdeckte den Hintergrund, kein greifbarer Dunst, sondern ein Zusammenfließen von Himmel und See. Gruppen von zwanzig, dreißig Fregattvögeln tobten über die See, ohne sich um mich zu kümmern. Aha, die kannten das schon! Kein Blick für ein Segelboot übrig. Hochnäsige Küstenbewohner! Wo waren die neugierigen Tropenvögel geblieben?

Da! Das konnte doch nicht wahr sein! Natürlich! Es mußte ja wahr sein! Das war doch heute zu erwarten! Da vorn, wenn man lange in den bleichen Dunst starrte, ließ sich ein dunkler Schatten erkennen, der von keiner noch so tiefziehenden Wolke herrühren konnte. Es war kein eigentlicher Umriß, obwohl es schien, als sei der Schatten weiter rechts nicht so hoch wie gerade voraus. Aber im nächsten Augenblick war alles wieder weg. Es war nur eine Ahnung von nahem Land, die sich ins Auge schlich, nicht viel mehr als jene von den steilen Berghängen des Comosees auf der Höhe von Finisterre oder die Vorstellung, auf Halbweg die Küsten der Bretagne und von Cornwall zu sehen. Wirklich? Oder vielleicht doch ein bißchen mehr? Ich drückte das Glas an die Augen und versuchte, mehr zu sehen, als wirklich sichtbar war. Die Augen schmerzten, als wäre Sand hineingeflogen, und die Arme konnten das Glas nicht mehr hochhalten.

Dann war sie wieder da, diese dunkle, unbestimmbare Masse, die so unwahrscheinlich ruhig dalag. Gab es denn so etwas Ruhendes überhaupt? Seit Wochen kannten meine Augen nur die Bewegung. Nur die Gestirne hatten ruhende Pole gebildet, an denen sich das Auge erholen konnte. Sonst war alles in Bewegung gewesen, in stampfender, stoßender, rollender, schwankender, tanzender, schwimmender Bewegung. Nur dieser düstere Fleck dort vorne, dieses Fremdartige, das nicht mehr in meine Vorstellungswelt paßte, diese abwartende Drohung ... Oder war es nur ein ergebenes An-sich-Herankommenlassen? Es ließ sich nicht erklären. Noch war es farblos, wie ein richtiger Traum. Die größte Wirkung ging von der Starre und Bewegungslosigkeit aus. Das war eine ganz andere Welt als die, aus der ich kam. Das da vorn war ein ehernes Standbild, ein Sinnbild der Verwurzelung, ein Fels im

Meer. Nur wer nach langer Zeit aus dem Meer zurückkommt, weiß, was ein »Fels im Meer« bedeutet.

Dann war der Schatten wieder da, diesmal dunkler, deutlicher, ausgeprägter. Kein Zweifel mehr möglich: Von zwei Seiten her wuchs ein flacher, buckliger Streifen zu einer kegelförmigen Erhebung in der Mitte zusammen. Das ist wirklich Land! Die Kehle schnürt sich zu, Fäden ziehen sich in Herznähe zusammen. Stoßweise und mit kurzem Atem, der keine lange Rede zuläßt, finde ich diesen Augenblick auf dem Tonband wieder. Mitten im Wort reißt die Sprache ein paarmal ab, gerät in eine zu hohe Tonlage, zittert und verhaspelt sich. Was sie sagt, ist ganz nüchtern, nichts weiter als eine sachliche Feststellung.

»Es ist soeben halb zwei auf meiner Uhr, das ist halb zehn in Westindien, und ich sehe Land voraus. Es ist gar kein Zweifel mehr möglich. Es ist dort etwas im Dunst und noch ziemlich weit weg. Das eine ist vielleicht ein hoher Berg. Rechter Hand davon scheint sich ein flacher Höhenzug auszustrecken. Aber ganz links entdecke ich eben auch noch etwas, das eine flache Insel sein könnte. Leuchtet dort nicht ein weißes Haus? Es ist nicht festzustellen, wie weit oder wie nah das noch weg ist.«

Wie sollte ich mir diese Gegend da vorne vorstellen? Der Funkpeiler wies in Richtung Guadeloupe. Das wird doch nicht die französische Doppelinsel sein? War dann der flache Höhenzug Barbuda, mit den sogenannten Highlands und den überhängenden Klippen? Wo war da die Xanthippe geblieben? Der Mundharmonikaton war noch ein bißchen lauter geworden und peilte immer noch zweihundertfünfunddreißig. Wir wurden nach Westen versetzt. Was mußte da für ein westgehender Strom stehen! Jetzt war das Land wieder mit freiem Auge zu sehen. Nun gab es wirklich keinen Zweifel mehr. Guadeloupe lag vierzig Seemeilen weit weg. Das da vorn konnte nur Antigua sein. Alles, was da aus dem Dunst kam, mußte Antigua sein. Barbuda lag viel weiter zurück an Steuerbord. Der Blick auf die Seekarte täuscht. Diese buchtenreiche, zerrissene Insel sieht so aus, als sei sie nahezu rund. Das mag sie auch sein, wenn man die flachen Korallenriffe und vorgelagerten Inselfetzen mit einschließt. Aber die Verteilung der wenigen Hügel ist so, daß der Schwerpunkt einseitig verlagert ist. Wenn das da vorn mit dem hellen Fleck zu Antigua gehörte, konnte es nur die Seite sein, die mit Green Island am weitesten nach Osten in den Atlantik hinausstieß. Dann hatte ich zu tun, um östlich daran vorbeizukommen!

Ich mußte mich erst wieder an Größenverhältnisse gewöhnen. Das waren keine Wellen dort vorn. Aber es waren auch keine Berge. Das waren hundert Meter hohe Hügel, wenn man die englischen Angaben in Meter eindeutschte. Es war jetzt doch schön zu wissen, daß da vorn Land lag und irgendwo die Geborgenheit eines Hafens, besonders nach den stürmischen Schauern der letzten Nacht!

Das letzte Land hatte ich auch an einem Sonntag gesehen: den hohen Leuchtturm der Ile Vierge. Auch eine Jungfraueninsel also, wie die Inseln gleich im Norden; und da vorn lag Green Island wie die Heidekrautinsel im weitläufigen Hafen von Poole. Die dunstige Sicht ließ uns an jenem fernen Sonntag den Abschied vom Land genauso leichtnehmen, wie sie es uns heute schwermachte, es wiederzufinden. Der Kreis schloß sich in jeder Weise.

Aber ich möchte bereits aus diesem Kreis herausspringen. Das Land da vorn betreten, das bedeutet auch, nicht mehr weitersegeln dürfen, wahrhaftig angekommen zu sein. Ein arbeitsmüder Schaffner geht durch den Zug und rüttelt den schlafenden Reisenden wach: »Raus hier, Endstation! Der Wagen bleibt stehn!«

Da vorn würde ganz sicher wieder so ein Steg sein oder eine steinerne Mole wie in Cherbourg, von der ich so entschlossen abgelegt hatte. Wie haßte ich das, irgendwo anlegen und die Segel bergen zu müssen! Sonntag abend würde es auch noch sein. Es war sich alles gleichgeblieben! Ist Segeln wirklich eine Flucht? Darf diese Flucht kein Ende haben? Wovor fliehen und warum? Vor mir selbst? Aber das wäre doch paradox; ich bin ja selbst im Boot! Vor einem Teil von mir? Einem Teil, den ich abschütteln möchte und der ruhig ins Kielwasser stürzen dürfte, wozu ich gleichmütig ungerührt: »Sechstausend Meter« sagen würde. Nichts schien unterwegs verlorengegangen zu sein; die Unruhe blieb. Mehr als fünf Wochen Wüste und Einsamkeit hatten mich nicht klüger gemacht. Ich war noch derselbe, der ich vorher war. Flucht ist sinnlos. Nicht lenzen vor dem Sturm! Anluven, wenn es Probleme gibt, ihnen ins Auge sehen und mit Mut entgegensegeln! Schiffbruch droht überall! War ich doch nicht geblieben, der ich war? Das Lot findet keinen Grund; zehn Jahre sind eine lange Reise.

Was war inzwischen aus dem dunklen Schatten voraus geworden? Die Fata Morgana blieb mir erspart. Nun war es deutlich zu sehen. Kaum einen Fingerbreit über der Kimm ein dunkelgrauer Höhenrücken ohne Gliederung. Am weitesten links war noch immer der helle Fleck am Hang zu erkennen, der ein Haus sein konnte. Dort, wo Sokrates' Weib auf der Mundharmonika blies, war von Land überhaupt nichts zu sehen; aber der Ton blieb doch nun merklich zurück und würde bald querab sein.

Schon seit einer Weile beobachtete ich im Osten das Annähern einer neuen Regenbö. Sie war schwarz wie die in der Nacht. Aber wenn ich etwas langsamer segelte, zog sie vielleicht vor mir vorbei. Es war nicht nötig, die Schoten zu fieren. Der Wind blieb wieder einmal weg; die Kröte rückte näher. Als sie endlich ihren Wind über mir ausschüttete, hatte ich bereits die Pinne von Vorschot und Gummizug befreit. Ohne beides ließ sich die Bö viel leichter aussegeln. Vor allem kam ich höher an den Wind, und das hatte ich auch nötig, falls ich keinen Landfall bei dem Haus da vorn plante.

Das Wolkenbild schien ohne Charakter. Hohe Schichtwolken, böige Haufenwolken, kleine Quellwolken und auch einige Pudel saßen dazwischen herum, die Ohren über den Strubbelkopf vorausgerichtet. Manche hatten eine Zipfelmütze auf, die ihnen auf der Nase hing. Alle blickten nach Antigua. Ich auch, aber es war vom Horizont verschwunden, solange die Regenwand vorüberzog. Wie würde es wieder zum Vorschein kommen? Immer noch: weißes Haus voraus? Das weiße Haus konnte gar kein Haus sein; es sei denn, es wäre so groß wie das in Washington. Wie hoch waren dann aber die Hügel, wenn schon die Häuser so groß waren! Ich glaubte, hier lebe man noch in Palmhütten. Nur St. John's hielt ich für eine Art englischer Kleinstadt. Irgendwo mußte doch etwas von einem halben Jahrtausend Kolonialzeit übriggeblieben sein! Aber ach, du lieber Gott! Das sollte eine Enttäuschung werden! Gerade die Kathedrale auf dem Hügel über der Stadt konnte man noch gelten lassen. Die Kolonialzeit sah anders aus.

Schon lange hatte ich die Hafenkarte von St. John's auf der Karte von Antigua studiert. Ich malte mir aus, was darauf nicht zu sehen war, sondern nur mit Namen genannt wurde. Quer durchs Land führten Kleinbahngleise, auf denen wohl das Zuckerrohr zum Hafen befördert wurde. Schon morgen um diese Zeit würde ich es besser wissen, wenn ich bei Barclay's meine Reiseschecks eintauschte.

Eine englische Kleinstadt, sogar im Kolonialstil erbaut, paßt hier wirklich nicht her. Die Häuser sind aus Stein. Wenigstens in der Ortsmitte und dort im Erdgeschoß. Der Aufbau ist wohl zu wacklig, wenn sich die Erdkruste schüttelt. Aber viel mehr Häuser sind aus nüchternen Holzbalken erbaut, und die meisten bestehen aus Kistenbrettern und Blechdächern. Geschäfte unter weit ausladenden Vordächern, wie sie bei uns vor fünfzig Jahren ausgesehen hatten. Das rote Blech der flachen Dächer täuscht Dachziegel vor. In großem Geviert zwischen schnurgeraden Straßen ordnet sich Haus an Haus, von Palmen und immergrünem Buschwerk durchsetzt. An den Telegrafendrähten, die sich über die Straße spannen, haben sich dichte Büschel und Bärte angesetzt, die wie Gras oder graue Bartflechten aussehen. Das sind die ganz kleinen silbergrauen Verwandten der Baumaufsitzer in unseren Blumenfenstern. Ein bißchen Straßenstaub, ein bißchen Regen zum Anfeuchten und Auflösen der darin enthaltenen Nährstoffe, mehr brauchen sie nicht. Wurzeln sind nur zum Festhalten da. Kleines unscheinbares Zeichen, wie verschwenderisch die Tropen sein können, und mit wie wenig es sich hier leben läßt.

Die Füße im trockenen Rinnstein, sitzt eine dickliche Alte unter dem Vordach des ausladenden Oberstocks, hat ein Brett vor sich auf den Knien und betreibt ernsthaft Handel. Säuberlich geordnet liegen da drei weiße und zwei schwarze Rollen Nähgarn, eine kleine Handvoll Reißverschlüsse, einige Schachteln Zigaretten und ein Häufchen eingewickelter Süßigkeiten. Ein paar Schritte weiter hat ein alter Krauskopf in blauem Hemd Bananen vor sich auf einer Kiste ausgebreitet. Sie sind grün, kürzer und krümmer, als ich sie je vorher zu sehen bekam. Er fordert mich auf, sie zu kaufen. Ein Kauf und das Geschäft des Tages ist für ihn getätigt. Es sind nur wenige; wer weiß, wie weit er damit hergekommen ist. Das Englisch, wie es diese Leute sprechen, etwas hart, hell und abgehackt und vorn zwischen den großen Zähnen, bleibt im Ohr hängen. Ich habe diesen Tonfall gern. Wenn es noch länger dauert, werde ich bald selber so reden.

Um die nächste Ecke herum ist ein Schmuckgeschäft, das sich sehen lassen kann. Keine Importware, sondern in Westindien erzeugt. Wer auf den Geldbeutel der amerikanischen Urlauber baut, bringt es am schnellsten zu etwas. Alle bauen darauf, mehr oder weniger gut.

Auch ein Supermarkt ist da; hier heimelt es einen englisch an. In St. John's kaufen fünfundsechzigtausend Inselbewohner ein. Vormittags drängt alles zum Einkauf. Da quirlt das Leben am Hafen, wo die Geschäfte und Werkstätten sind. Wenn man von den Stufen des wirklich vorhandenen Parlamentsgebäudes auf dieses ferne Treiben hinblickt, glaubt man, jemand habe einen Sack voll brauner Kaffeebohnen zwischen den hellen Häuserreihen ausgeschüttet und danach bunte Konfetti darüberregnen lassen. Bohnen und Konfetti werden vor dem Passat durch die Straßen getrieben. Die farbigen Hemden der Männer, die weißen, aber auch bedruckten Kleider der Frauen passen nirgends so gut hin wie auf diese braune Haut.

Ist die heiße Mittagszeit gekommen, löst sich das farbige Getümmel langsam auf, bis die Straßen zuletzt beinahe ausgestorben sind. Eine schmutzige Katze streicht noch an der Hauswand entlang und leckt an weggeworfenen Mangosteinen. Im Rinnstein wetzt eine dicke Ratte irgendeiner fernen Pfütze entgegen. Ein kleiner, pechschwarzer Junge, nackt, wie er erschaffen wurde, hat sein Paradies auf den nicht so heißen Steinen im Schatten des überdachten Gehsteigs gefunden und ist eingeschlafen. Sogar die Taxifahrer denken nicht mehr an ihren Straßenkreuzer, den sie auf Abzahlung gekauft haben. Sie sitzen unter einem Baum, am Boden das dicke Holzbrett mit den zwölf tiefen Löchern, und spielen Warri, das einheimische Brettspiel. Es ist wahrscheinlich so alt wie das Bedürfnis, von eins bis zwölf zählen zu können, denn beim Weiterschieben der Steine und beim »Fressen« lernt man es. Eine Art Mensch, ärgere dich nicht! Zwölf Löcher geben zu denken. Warum sind es nicht zehn? Das wäre modernes Dezimalsystem. Es mag ein sehr altes Spiel sein und ist nur auf Antigua bekannt.

Inzwischen hat sich draußen im Osten, auf der andern Seite der Insel, der Regen verzogen. Green Island unterscheidet sich nun ganz klar vom übrigen Land. Wir haben es genau voraus, wenn auch noch nichts Genaues zu erkennen ist. Der weiße Fleck ist wieder dort, wo er vorhin verschwand. Keine Einzelheiten sind auf der Insel zu erkennen. Weil die Sonne schon oben drüber nach Westen gegangen ist, bietet sich nur ein blaugrauer Scherenschnitt dar. Es ist die Zeit, etwas zu essen, bevor der nächste Schauer kommt, der schon in der Ferne zu sehen ist.

Eine schottische Gemüsesuppe aus der Dose mit den ersten Frankfurter Würstchen dieser Reise – so einfach ist das Mahl an diesem Feiertag. Stehend, hinter dem Steuerrad, um ja nichts zu versäumen, löffle ich den Teller leer. Der Wind wird immer schwächer. Heute ist es kein Kunststück, im Cockpit stehend satt zu werden. Wir machen kaum noch einen Knoten Fahrt, weil wieder eine Böenwolke den Wind für sich behält. Dabei treiben wir noch näher ans Land heran, aber leider immer noch auf der falschen Seite. Green Island mit dem Man-of-War-Point trennt wie ein Keil den ostwestlichen Strom. Wir sind leider noch im nördlichen Arm; English Harbour liegt am südlichen. Ich muß den Motor anwerfen, wenn ich nicht in Grundsee und Brandung geraten will, die nur noch einige Seemeilen entfernt sein können. Die ganze, langgestreckte Insel liegt jetzt übersichtlich da. Ich möchte nicht für eine halbe Stunde im nächsten Schauer eingehüllt sein und nicht mehr wissen, wohin die Reise dann führt. Sicherheit geht vor. Wenn wir uns beeilen, sind wir vor der Bö am Man-of-War-

Point. Merkwürdigerweise hat auch die Böenwolke in ihrem Lauf angehalten und wird nur höher und höher. Ihr Blumenkohlkopf wächst sich zu einem blendend weißen Schneegebirge aus. Der Wind bleibt gänzlich weg. Soviel Höflichkeit gibt es doch gar nicht! Es ist ganz deutlich, diesmal will die Schauerwolke mir den Vortritt lassen.

Das rätselhafte weiße Viereck, das wir schon lange sehen, gibt uns jetzt sein Geheimnis preis. Es ist kein Haus, sondern eine große zementierte Fläche, die wie ein Handtuch am Hang liegt. Auf Antigua gibt es noch mehr davon. Hier sammelt sich das Regenwasser und wird in unterirdischen Zisternen gespeichert.

Aus der Riesenbö, die immer noch wartet, bis wir vorübermotort sind, haben sich einzelne Wolkentürme abgetrennt, die sich jetzt allein auf den Weg machen. Aber sie gehen schon achtern vorbei. Jetzt sind es nur noch ein paar hundert Meter bis Green Island. Mit dem Glas ist jede Einzelheit an Land zu erkennen. Eigentlich hatte ich mir eine tropische Insel anders vorgestellt. Über Felswänden, an die Dünung schlägt, steigt der Inselsaum steil an. Rötliche, ausgetrocknete Erde, teils von immergrünen Hecken verdeckt, zwischen denen lange Stiele emporragen. Das sind wohl die Blütenstände der Agaven, die es in großen Mengen zu geben scheint. Sonst ist gar nichts da. Vielleicht ein Säulenkaktus noch. Die Landschaft, soweit man sie vom Meer aus einsehen kann, streckt sich langsam ansteigend bis zu größeren Erhebungen hin, die alle nichts mit der uns gewohnten geologischen Form eines sogenannten Hügels zu tun haben. Das sind keine Erhebungen, die durch Abtragung, durch Ausspülung oder durch Ablagerung eiszeitlichen Moränenschutts entstanden sind. In diesen Hügeln steckt gar kein Prinzip, es sei denn, ein sehr verwirrtes.

Ohne Begründung ragt hier und dort ein kleiner Knott auf (Knott ist Bergsteigersprache!), dick überwachsen mit undurchdringlichem Gestrüpp. Bergsteiger bekommen wohl einen anderen Blick für Berge. Sie sehen das innere Gerüst und blicken hindurch wie ein Architekt, der am fertigen Bau nicht nur die äußere Erscheinung erkennt, sondern auch das darunterliegende Stahlbetongerippe. Uns gefallen diese Berge einfach nicht. Eine erstarrte Lavalandschaft sieht so aus, eine Erdkruste, die sich unter dem Druck von innen aufgeworfen und hier und da mit erstarrten Beulen bedeckt hat. Nicht die Eiszeit hat diese Landschaft geschaffen mit dem gewaltigen Hobel ihrer Gletscher, sondern gerade das Gegenteil: unterirdische Hitze. An diese Ordnungslosigkeit muß sich das Auge erst gewöhnen. Ein Alpental gibt kein Problem auf. An seiner tiefsten Stelle kann man ganz sicher sein, einen

Fluß oder Bach zu finden, vielleicht auch nur ein ausgetrocknetes Geröllbett. Hier dagegen mag es ein Tal geben, das die Frage nach der Mündung und dem Talhintergrund offen läßt. Unter Umständen ist es an beiden Seiten verschlossen und gleicht einer großen Wanne.

Das Echolot schnurrt jetzt nach fünf Wochen wieder los und zeigt achtundzwanzig Meter an. Gestern noch über fünftausend, und nun dieser Sprung nach oben. Achtundzwanzig Meter ist gar nichts mehr. Da kann man schon beinahe hindurchwaten nach allem, was zurückliegt! Und wohin soll ich nun die letzte Würstchendose werfen? Ich kann doch nicht »achtundzwanzig Meter« bedeutungsvoll hinterherrufen!

Am Ende eines langen Weges

Zehn Minuten nach eins, diesmal Ortszeit, segelten und motorten wir gleichzeitig am querab liegenden Green Island vorbei. Dreihundert Meter waren es bis dorthin. Was mochte hier für eine Grundsee stehen, wenn die Atlantikroller am Ende ihrer langen Reise auf diese kurze Bank gehoben wurden, bevor sie dann gegen die ausgewaschene Felswand knallten? Nichts davon war heute zu sehen. Selbst die Böen hatten sich verzogen. Der Himmel war blau wie im Hochgebirge. Die übriggebliebenen Wolkentürme sahen aus wie Schmuckstücke. Der Wind besaß nur noch geringe Kraft. Deshalb war es jetzt so heiß. Es hätte ein Tag mitten im August sein können.

Einer jener Sonntagnachmittage war angebrochen, die in der Erinnerung an den Segelsommer noch den ganzen Winter über lebendig bleiben: ein Zuckertag. Alles hatte sich verbündet, mir die Ankunft zu verschönern oder, wenn man will, den Abschied schwerzumachen. Die acht Seemeilen, die jetzt noch vor mir lagen, bis sich die Bucht von English Harbour an Steuerbord öffnen würde, segelten wir in aller Gemächlichkeit ab. Keine zweihundert Meter waren wir von der felsigen, tief zum Meeresboden abfallenden Riffküste entfernt. Wie an einer Kette reihte sich jetzt Erlebnis an Erlebnis beim Blick aufs nahe Land: Buchten mit kleinen vorgelagerten Inseln, vorspringende Riffe, nichtssagender Hügelsaum, manchmal ein kleines Haus auf einer Kuppe über dem Meer, aber mit verschlossenen Fensterläden. Segelten wir vor der Öffnung zu einer der vielen Buchten vorbei, lockten reizende

Einblicke. Da war ein schmaler Sandstrand, blendend weiß, von hohen Kokospalmen umstanden, darunter flache, vielfenstrige Gebäude, die sich später als Hotels ausweisen sollten. Am Ufer parkten einige Autos, im Wasser spielten Kinder, und ein Segelbrett mit rotweißen Segeln überquerte langsam die fast stille Wasserfläche. Niemand wagte sich jedoch aus der Bucht heraus, denn es stand hoher Schwell über einer unsichtbaren Korallenbarriere.

Die Kleine und die Große Deep Bay waren die ersten, die wir erspähten, mit dem winzigen York Island davor. Die Halbmondbucht und die Exchange Bay folgten. Dann warfen wir einen kurzen Blick in den schmalen Hudson Cove, der wirklich nicht mehr als ein tiefer Schlupf zwischen steilen Felsen war, in dem HOBBY gerade Platz gehabt hätte. Keine Antilleninsel hat so viele Buchten wie Antigua. Die größte auf dieser Seite ist die Willoughby Bay. Sie erinnert an Lord Willoughby, der ein Jahr nach der Besitznahme durch die Engländer von König Charles II. mit der Insel belehnt wurde. Ich zählte alle diese Buchten im Vorbeisegeln und strich sie auf der Karte ab. Die Einfahrt nach English Harbour sollte mir nicht entgehen. Es hieß ja, sie sei schwer zu finden.

Irgend jemand, erinnerte ich mich, hatte geschrieben, sie wäre ganz versteckt. Ich war nicht gerade in Sorge, aber nach dem Bild, das ich mir im Kopf danach zusammengestellt hatte, glaubte ich, es ginge zwischen schmalen Felswänden gewunden um viele Ecken, und von See sei überhaupt nicht zu sehen, was dahinter lag. Das würde auch mit der sagenhaften Hurrikansicherheit übereinstimmen. Offensichtlich wollte der Betreffende aber seine Ankunft nur spannender beschreiben, als sie in Wirklichkeit war. Wie kann man um Kap Hoorn und die ganze Welt segeln – und das reicht der Ruhmredigkeit immer noch nicht. Da schreibt er, man müsse wenige Meter von der Riffküste entfernt entlangsegeln, um den schmalen Kanal zu finden, der sich hinter einem Einschnitt öffnet! Noch eindrucksvoller war jedoch sein Abgang. Empört über die Forderung, eine Landegebühr zu zahlen, setzte er sofort wieder Segel und kreuzte vor den erstaunten Augen der am Ufer Zurückgebliebenen durch denselben schmalen Kanal hinaus. Sei es auch nur gewagt, so schreibt er, um den Königen der Meere zu beweisen, daß die Franzosen auch noch da sind!

Damit hat er seinen segelnden Landsleuten keinen guten Dienst erwiesen. Was da steht, ist furchtbar lächerlich. Aber Franzosen sollten vielleicht überhaupt besser um English Harbour einen Bogen machen. Man soll an Geschwüren nicht herumdrücken, auch wenn sie hundertfünfzig Jahre alt sind. English Harbour ist nicht der Invalidendom; es steht der St.-Pauls-Kathedrale näher. Der Steindruck im kleinen Museum, die Niederlage Admiral Villeneuves bei den Saintes-Inseln darstellend, hätte den Franzosen wenig später wieder zur Raserei gebracht. Das wäre die Landegebühr wirklich nicht wert gewesen.

Im Westindienbuch ist die Hafeneinfahrt wiedergegeben, leider auch in der neuen Ausgabe wieder auf die veraltete Weise. Die Gartenmauer auf Dow Hill ist hinter Gestrüpp nicht zu sehen und auch kein Haus. Wo das Haus gestanden haben mag, erhebt sich jetzt eine hohe Radarantenne. Auch nach dem englischen Pilotbuch soll immer noch die linke Ecke der Gartenmauer mit Freeman Point in Deckung gebracht werden, um die rechte Ansteuerung zu finden. Diese Segelanweisungen sind bestimmt so alt wie die Erinnerung an Nelsons Flotte. Von Osten sich nähernd, darf man die Ecke bei Charlotte Point nicht schrammen. Das ist alles, denn eine flache Landzunge erstreckt sich unter der Oberfläche gegen die Mitte der Einfahrt zu. Aber die Einfahrt in die Bucht regt keinen Yachtschiffer mehr auf. Es ist ein unvergeßliches Bild, wenn LORD JIM oder YANKEE CLIPPER unter Vollzeug die Einfahrt entern, in der ein paar hundert Meter breiten Freeman Bay in den Wind schießen, die Segel bergen und sich zur gleichen Zeit langsam rückwärts an die Mole treiben lassen, bis der Anker fällt. Das ist der schmale Kanal! Die beiden schwarzen Pelikane, die auf den Ruinen der alten Helling an einer bestimmten Stelle ihren Stammplatz haben und ins Wasser starren, ob sich kein unvorsichtiger Fisch zeigt, drehen nicht einmal den Kopf dabei, sondern schütteln höchstens die letzten Wassertropfen aus ihrem Frack. Bald werden sie jedoch verjagt werden, denn eine neue Helling ist an der gleichen Stelle geplant, und viele Segler begrüßen das.

Ein Handbuch, das heute noch die Hafeneinfahrt nach English Harbour beschreibt, tut das ausschließlich für Segler. Deshalb können auch die Berichtigungen nur von Seglern kommen. Es ist sehr wichtig, sich an die Radarantenne auf Dow Hill zu erinnern. Sie trägt nachts ein rotes Warnlicht, genauso wie die weiter westlich auf dem Boggy Peak liegende Fernsehantenne. Als ich vor der Willoughby Bay vorbeisegelte und diese Radarantenne von der Rückseite her sah, war ich auch einen Augenblick beunruhigt, weil ich glaubte, ich sei nun doch an English Harbour vorbeigesegelt und schon beim Boggy Peak. Nachts kann die Verwechslung fatal werden.*

Besonders hübsch ist im Handbuch die Erwähnung der Stadt Falmouth, die gleich in der Nachbarbucht liegt. Sogar auf der englischen Karte sind ein paar rechtwinklige Straßenzüge eingezeichnet. Man sieht vom Auto im Vorbeifahren die St.-Pauls-Kirche und in der Landschaft verstreut ein paar der üblichen Gartenlauben. Das ist alles. Ich hätte gern ein Foto davon gemacht. Aber ich wußte nicht, wohin die Kamera richten.

Wenn ich noch einen letzten praktischen Hinweis geben darf: Westindiensegler verwenden amerikanische, französische und englische Karten, und zwar alle drei gleichzeitig. Das wird niemals eintönig. Die sind untereinander alle drei so verschieden, daß der Phantasie eine Menge Spielraum bleibt, wo man denn nun zu segeln hat, wo die Wracks liegen, welche noch da sind, welche nicht mehr da sind und welche von einer Auflage zur anderen einfach vergessen wurden, obwohl die Aufbauten noch an die Wasseroberfläche heranreichen.

Es hilft nichts, wir müssen noch einmal hinaus. Immer reißt uns das Temperament zu weit nach vorn. Dabei ist diese letzte Segelstunde so unbeschreiblich schön! Immer noch segeln wir und genießen es in vollen Zügen. Als beim Vorbeisegeln an der Halbmondbucht die Hotels und Autos auftauchten, nahm ich Abschied vom Paradies. Es lag woanders. Jenseits der Willoughby Bay brach sich die geringe Dünung in hohen Gischttürmen an den steilen Klippen von Standfast Point. Bei diesem Hochsommerwetter mußte es Spaß machen, sich dort abzukühlen. Indian Creek war der letzte schmale Einriß ins Land, wo man mit einem kleinen Boot Zuflucht finden konnte. Da war ich noch auf der anderen Seite des Atlantiks, als ich schon davon träumte, einmal nach Indian Creek hineinzusegeln.

Dann folgte noch ein kurzes gerades Uferstück, die Flanke von Shirley Heights mit den Festungsruinen am Gipfel, die man auch von unten nur noch erkennt, wenn man vorher mal oben war. Wo dann der Berghang wieder zum Wasser hinabstößt, läuft er über eine breite Rippe nach Harman Point und Charlotte Point aus. Grell leuchten die ockerfarbenen Uferklippen in der Sonne. Dahinter liegt die von Wasser bedeckte Landzunge; die Einfahrt von English Harbour ist erreicht.

---

* Die Radarantenne ist nach dem Ende des Apollo-Raumfahrtunternehmens wieder verschwunden; Richtfeuer werden später die Einfahrt markieren.

So weit sind wir schon, und das ist schade. Das Tonband hat diesen Augenblick verewigt, während ich die Einfahrt im Lichtbild festhalte: »Was kann ich bloß tun, um hier nicht hineinzumüssen? Weitersegeln? Ich will diese Mausefalle nicht betreten! Kalterer See am Abend. Segeln darf doch jetzt nicht zu Ende sein! Enfach aus und vorbei und gewesen? Alles vorüber und nur noch Vergangenheit? Und doch ist es wohl so. Wenn ich heute abend anlege, dann werde ich wieder dasitzen, wie ich am Bootssteg des Kalterer Sees saß. Fünf Wochen reichen nicht, um genug davon zu kriegen. Ich weiß, ich muß jetzt da hinein, es bleibt mir kein anderer Ausweg. Aber ich weiß auch, daß das der einzige Augenblick auf der ganzen Reise ist, auf den ich, weiß Gott, verzichtet hätte. Zwei Herzen, die wissen, daß sie zusammengehören und sich doch freiwillig Lebewohl sagen – so ist das. Ich werde jetzt die vorletzte Logbucheintragung machen und dann den Bug da hineinlenken. Aber das Herz bleibt draußen, wo die Weite und die Freiheit ist!«

Es war wirklich unbegreifbar für mich, daß es nun zu Ende sein sollte. Wahrscheinlich hätte mich eine dicke Regenbö schnell auf vernünftigere Gedanken gebracht. Aber das war es ja eben! Zum Abschluß nun auch noch diese unvergeßliche Sonntagssegelei an der Küste entlang. Es war jedoch nötig, diesen Hafen anzulaufen. HOBBY blieb mir ja, das Meer würde auch nicht weglaufen. Wie sagte ich doch? Den Bug jederzeit umdrehen können und wieder hinaussegeln! Ja, es sollte nur für eine kurze Weile sein. Ich würde zwar nach Europa zurückmüssen. Aber vielleicht ließen sich meine Gedanken über ein zweites Boot verwirklichen. Dann würde sich wieder ein Hafen öffnen, und es durfte weitergesegelt werden.

Bevor wir in den flachen Hafen segeln, hole ich jetzt auch die Logleine ein, eine traurige Handlung. Wie sieht es darauf aus? Dreitausendsiebenhundertundneunzig Seemeilen haben wir laut Logangabe seit Cherbourg zurückgelegt. Das sind Angaben, die ich auch ins Logbuch eingetragen habe. Ich hätte von einem Mittagsbesteck zum anderen die genaue Entfernung aus der Seekarte entnehmen können. Aber was wäre damit gewonnen? Wir sind ja doch nicht schnurgerade auf der Kurslinie das Etmal abgesegelt. Die dreitausendsiebenhundertneunzig Seemeilen beziehen sich also auf die Fahrt durchs Wasser. Die geographische Entfernung mag etwas geringer sein. Aber auch das ist unwichtig, denn durch mitlaufenden Strom verschieben sich die Werte. Es ist denkbar, daß die geographische Länge des Etmals sogar größer ist als jene am Log, weil diese ja nicht die Fahrt über Grund mißt, den Strom also unberücksichtigt läßt. Tatsächlich ergibt ein

Nachmessen der Kurslinie eine Entfernung, die bei dreitausendneun-hundert Seemeilen liegt. Der Nordäquatorialstrom hat also das Seine dazugetan.

Voraus verengt sich nun die Einfahrt zur inneren Bucht auf neunzig Meter. Eine kleine weiße Ketsch kommt gerade um die vorspringende Mole herausgesegelt. Graue, schwerfällige Steingebäude, die mit den grauen Schindeldächern sehr gepflegt aussehen, gar nicht nach Haus-bock und unaufhaltsamem Verfall, beherrschen die linke Seite der Verengung. Am rechten Ufer hocken die beiden Schwarzröcke mit dem unergründlichen Kehlsack. Wenn man morgens sehr früh baden geht, sieht man große Scharen dieser Vögel die Küste entlangfliegen. Da trifft sich jedesmal die ganze Eilandsippe zu einem gemeinsamen Morgenrundflug. Ich lasse sie nie aus den Augen, weil manchmal einer wie ein Sturzbomber aufs Wasser losstößt, um ein Frühstück her-auszuholen.

Würde zwischen diesen Häusern jemand sein, der mir Landeerlaub-nis gab? Ich hatte bereits von draußen über den Dächern Masten gese-hen. Als ich die vorspringende Mole gerundet hatte, wußte ich es bes-ser. Hier lag ja ein Dutzend Boote! Zum Teil vor Anker, zum Teil an der Ufermauer. Freundliche Sommerhäuser umstanden die Bucht. Das letzte Gebäude auf dem alten Werftgelände links schien ein Gast-haus zu sein, wenn die Tische und Stühle davor nicht täuschten. Dort würde ich einmal vor Anker gehen. Der Wind war in der Abdeckung von Shirley Heights sehr gering. Ich ließ mich treiben, bis das Lot nur noch drei Meter zeigte. Dann gingen Anker und lange Kette über Bord, seit Studeland Bay das erste Mal wieder, und faßten leicht in dem lehmigen Grund.

Das wäre geschafft!

Ein Eingeborener stand auf dem Landungssteg vor dem Gasthaus und winkte mir mit einem Papier in der Hand zu. Ich deutete aufs Bei-boot, das ich erst ins Wasser lassen müsse. Okay! Er schien der Hafen-meister zu ein. Vielleicht ließ sich auch heute noch aus St. John's ein Zollbeamter zum Einklarieren herbeitelefonieren? Ich wußte noch nicht, daß Antigua bereits unabhängig war. Wer wußte das schon in Europa?

Eine Viertelstunde später waren die Segel aufgetucht, war das Boot im Wasser, und ich ruderte an Land. Die erste Überraschung: Es war gar kein Unterschied, im Cockpit oder hier auf dem Landungssteg zu stehen. Er ging nicht mit mir auf und ab, mir wurde nicht schwindlig, und ich schwankte nicht wie ein Schilfrohr. HOBBY sei's gedankt! Mal sehen, wie das mit der Unterhaltung klappt! Wir schüttelten uns die Hand, und ich sagte ihm, er sei der erste Mensch seit mehr als fünf Wochen, dem ich die Hand schüttle.

»Oh, dann herzlich willkommen!« sagte er im noch unbekannten Antigua-Englisch. Es war der Polizeibeamte vom Dienst. Ob ich einen Hund dabei hätte? (Segeln denn wirklich so viele Segler mit einem Hund über den Atlantik?) Nein, ich sei allein. Nur eine kleine französische Puppe sei an Bord; sie könne mit den Augen rollen und mich unter ihrem Blondhaar anlächeln. (Sie hing die ganze Reise über neben meinem Kartentisch). Dann sei er zufrieden.

Er riß fast feierlich einen linierten Briefbogen in die Hälfte und bat mich, mangels Kohlepapier meinen Namen zweimal darauf zu schreiben, zweimal den letzten Hafen und daß ich »crewless« gekommen sei, also ohne Mitsegler. Das war wegen der Einwanderungsvorschriften. Er bestand darauf, daß ich nicht nur meinen Namen darunter setzte, sondern gewissermaßen zur Bestätigung meiner Aussagen auch noch das Wort Captain davor. Ein Schiff ohne Kapitän, das gäbe es doch nicht. Also schön! Ein Glas französischen Kognak an Bord? Ein Blick auf das wacklige Gummiboot: Nein, danke, vielleicht später einmal!

Damit war ich wieder in die Gemeinschaft der Menschheit aufgenommen. Der Empfang gefiel mir. Wollen doch mal sehen, ob das dort drüben wirklich ein Gasthaus ist und was es da zu trinken gibt!

Und was für eins es war! Da hingen an rohen, alten Ziegelsteinwänden vergoldete Spiegellampen aus dem achtzehnten Jahrhundert – als ich mal allein damit war, sah ich dann, daß es auch in New York ganz geschickte Schnitzer gibt –, dann hingen da alte Bilder an den Wänden, Nelson natürlich, Schiffsrisse, Stander von anderen Booten, die wohl hier zu Gast gewesen waren. In großen Blumenvasen steckten leuchtende Hibiskusblüten. Gegenüber war die schwere, hölzerne Bar, die aus dem Holz eines zerfallenen Segelschiffs gezimmert sein mochte. Das war mit Geschmack gemacht. Ich fühlte mich zu Hause. Es war vielleicht ein Dutzend Gäste da. Ich habe sie nicht gezählt. Sie sind mir auch nicht weiter aufgefallen, weil ich in Ruhe gelassen wurde. Niemand kümmerte sich um den anderen.

»Haben Sie ein Bier?« fragte ich das gutmütige, dunkle Gesicht hinter den Flaschen, das sich später als Philip vorstellen sollte.

»Tuborg oder Heineken?«

»Wie bitte?«

»Tuborg oder Heineken?«

Holla, das ging ja gut los! »Heineken, please!«

Beim Zahlen geriet ich in die Klemme. Englische Pfund? Nein, die seien aus der Mode. »Seit wir unabhängig sind, bitte US-Dollars oder Biwis.«

»Biwis?« Ja, Westindian Dollars, Verhältnis 100 zu 160 für die besseren, das heißt für US-Dollars. Nur einschenken! Das war eine Labe! So ein Landfall zwischendurch ist doch nicht ganz zu verachten! Zahlen konnte ich nicht. Reiseschecks mochte er nicht. Ich sei doch eben mit dem Katamaran angekommen. Ich solle nur unterschreiben und könne morgen zahlen. Wie sei doch mein Name?

»Rudi!«

»Okay, Rudy, you're welcome!«

Wie sich das anhörte! Das waren unverbildete Leute, die keine Umstände machten.

Dann trat ich auf der anderen Seite ins Freie mit der Absicht, ein bißchen über das Werftgelände zu bummeln. Aber ich kam nur an der alten Ziegelsteinmauer mit den lachsroten und fleischfarbenen Hibisken vorbei, die in der Windstille heute gar nicht auf den langen Stielen wippten. Dann trat mir eine schwarze, dickliche Großmama in den Weg. Wenn ich Wäsche zu waschen hätte, solle ich sie ihr bringen. Ja, Leintücher hätte ich, sonst nichts. Ich konnte ihr nicht sagen, wie problemlos das Kapitel Wäsche bei mir behandelt worden war. Noch schwärzer als die Oma waren die kleinen Enkelkinder, die halbnackt herumstanden und mit den braunen Kugelaugen zu mir aufstarrten. Eins war im Gesicht ganz gelb verschmiert. Da wußte ich noch nicht, was Mangos sind und daß man die nur unter der Dusche essen kann. Ich konnte nicht anders, als das Nächststehende mit den Händen zu greifen und mir auf den Arm zu setzen.

Langsam fiel die See von mir ab. Der Drang aus der wochenlangen Einsamkeit heraus zum Mitmenschen brach sich Bahn. Aber auch die Füße wieder Schritt für Schritt nach vorne zu setzen und nicht mehr in dem kleinen Geviert des Cockpits eingesperrt zu sein, war ein in Vergessenheit geratenes Erlebnis.

Ich schlenderte die Mole entlang. Da lag sogar ein großer Aluminium-Katamaran vertäut. Was für Beschläge! Die gab es im Handel gar nicht. Wahrscheinlich alles Einzelanfertigung. Das war Pieters STRANGER, wie ich später am Abend erfahren sollte. Ein einzelnes Ehepaar kam mir entgegen, Besucher wohl von Übersee, die auch die Erinnerungen aus der alten Seglerzeit betrachteten, die hier aus jedem Gebäude greifbar ans Licht treten. Wir sagten höflich »Hallo!« zueinander, als seien wir alte Bekannte. Das klang wie »Grüß Gott!« in Tirol.

Dann kamen wir doch ins Gespräch. Ob ich auch auf Besuch hier sei? Ich mußte wohl oder übel mit der Geschichte herausrücken. Nein, so was, da dürfte er wohl ein Foto von mir machen! Ja, aber nicht allein! Bitte nur mit Ihrer Gattin an meiner Seite! Sie tat mir den Gefallen. Hoffentlich hat Mr. Becker das Bild nicht verwackelt, als er im Sucher sah, wie Seglerarme drücken können, wenn die Beine das erste Mal wieder festen Boden spüren! Es war eine nette Begegnung. Sein Job: Coca-Cola in Argentinien. Mir fiel die Schachtel mit den zwanzig Dosen wieder ein, die wohl inzwischen den sechstausend Meter tiefen Fall überstanden hatten.

Auf dem Rückweg lernte ich beim großen Tor auch Mr. Lloyd kennen, den Großvater der rabenschwarzen Mädchen mit den weißen Zähnen. Wir kamen ins Gespräch. Weil er sich gerade anschickte, die Flagge einzuholen, begleitete ich ihn. Am hohen Mast wehte sie auf der Mole; ich hatte sie schon von draußen erblickt. Ich half ihm beim Einholen. Wir falteten gemeinsam das große Tuch, und es war, als hätte ich damit auch meine Flagge das letzte Mal eingeholt. Dann kehrten wir zu seiner Wohnung zurück, die auch das kleine Postamt enthält. Wohl in Erinnerung an den Besuch anderer Yachten aus Deutschland sagte er mir zum Abschied: »It's good dealing with Germans!«

Ich wollte ihm morgen einen Korb voll Äpfel bringen für die Kleinen. Das kannten sie bestimmt nicht. Ich hatte noch fünfzehn Kilo an Bord, und hier waren sie unerschwinglich, wenn es überhaupt welche gab. Ich wollte dafür auch einmal so ein gelbverschmiertes Gesicht haben, wenn er mir eine Mangofrucht beschaffen konnte.

Während wir noch so standen, trat in langer Hose und offenem Hemd ein anderer auf mich zu, von oben bis unten triefend naß, offensichtlich in voller Kleidung unter der Brause gestanden, die Haare im Gesicht. Sein Name sei Desmond, erfuhr ich. Nicholson im übrigen. Er habe schon gehört. Ich auch, gestand ich. Auf der Überfahrt hatte ich eine alte englische Yachtzeitung dabei und eine Werbeanzeige gefunden, wo es auf Antigua Boote zu mieten gäbe: bei Desmond Nicholson. Ich solle nur einen Augenblick warten. Ich müsse mit ihm nach Hause kommen und einen Drink nehmen. Aber er habe vorher noch im Admiral's Inn Eiswürfel in die großen Thermosbehälter zu füllen.

Ganz kam ich da nicht mit. Warum sollte ich bei ihm zu Hause einen Drink nehmen? Den gab es doch hier auch! Eine Einladung von jemandem, der wie aus dem Wasser gezogen vor mir stand, unrasiert war und mich zu einem klapprigen Auto bugsierte, das ich vorher anschieben mußte, weil es sonst nicht ansprang. Vorsichtig erkundigte ich mich, ob ich denn auch wieder zurückkäme. Ich hätte für acht das Abendessen bestellt. Klar! Über einen gewundenen steilen Pfad erreichten wir in wenigen Minuten sein Heim, einen wunderschönen Platz auf der Höhenrippe zwischen dieser Bucht und Falmouth Bay. Der Aufenthaltsraum lag mehr im Freien als hinter Gemäuer. Der Abendwind strich hindurch. Hier stand ein Klavier, an der Wand hing eine sehr alte Landkarte von Antigua. Bücher, die nach Klassikern aussahen, auf Regalen, dazwischen kleine farbige Keramikgegenstände, Zinnsachen und Silberleuchter. Desmond hatte sich seine charmante Hausfrau aus den Staaten geholt, und nun waren hier oben schon mehrere Kinder zur Welt gekommen. Ich war verliebt in dieses kleine Heim mit dem großen Mobile an der Decke, an dem Muscheln und ausgetrocknete Seesterne sich die Waage hielten. Hier war mit fast nichts Wohnkultur gezaubert. Als noch mehr Gäste kamen, die ihren Charterurlaub beendet hatten, und wir alle in ein lebhaftes Gespräch gerieten, erfuhr ich dann auch, daß Desmond unten im Hafen der aktivste war, daß die Fäden der Charterflotte in seinen Händen zusammenliefen, daß er den Funkdienst besorgte und auch noch den Admiral's Inn sein eigen nennen durfte. Da konnte man schon großzügig mit der Dusche und mit der Eiswürfelmaschine umgehen. Wahrscheinlich gab es hier oben noch nicht einmal einen Tropfen Wasser, es sei denn, er hatte ein eigenes Pumpwerk, was ihm ohne weiteres zuzutrauen war.

Aber das schien hier oben keine Sorge zu sein. Das hohe Glas füllte sich immer wieder mit einer Mischung aus Rum und Ingwerbier. Noch wußte ich nicht, wie spottbillig Rum hier war. Der einzige Weg, den Schmuggel von den anderen Ruminseln zu unterbinden und dem eigenen Inselrum eine gute Verkaufsaussicht zu bieten, bestand darin, den billigen Schmuggelrum noch zu unterbieten. Auch so läßt sich dem Schwarzhandel beikommen. Ich muß betonen, daß dieser Rum nicht im entferntesten eine Ähnlichkeit mit dem hat, was man in Europa darunter versteht, auch nicht mit Jamaika-Rum. Das hier ist wirklich ein süffiges Getränk.

Um acht saß ich dann an einem weißgedeckten Tisch, eine brennende Kerze in der Mitte, und wartete auf das Essen. Das war genau, wie ich es liebte, wie ich auch an Bord die Überlieferung fortgesetzt hatte und wie ich sie unvermutet hier wiederfand.

Etheline begrüßte mich, und ich sagte ihr etwas über den geschmackvollen Raum. Dann gab es Suppe, panierten Fisch mit einem leckeren Salat, dessen Bestandteile allesamt neu für meinen Gaumen waren. Zuletzt Eis. Eine junge Frau trat vom gegenüberliegenden Tisch auf mich zu und sagte, sie hätte gehört, ich sei heute mit dem Katamaran angekommen. Ob ich nicht an ihren Tisch kommen wollte? Gerne! Das war Pieters Frau Jo. Wir lernten uns kennen und gerieten gleich ins Fachsimpeln. Pieter war also der Skipper von dem 16 m langen Aluminiumkatamaran, der an der Mole lag. Er sei sozusagen mit STRANGER groß geworden. Die Eigner hätten ihn vom ersten Tag an auf der Werft beim Bau dabeisein lassen, damit er später das Boot wirklich in- und auswendig kennen sollte. Ich hielt das für eine gute Idee. Aber wie sich seine Batterien auf rätselhafte Weise entluden, hatte er noch nicht herausgefunden. Hier wird immer nur von Booten geredet, wenn nicht gerade ein ganz hanebüchener Eilandtratsch die Runde macht. Zum Beispiel, wenn jemand mit jemand um Mitternacht zu einem Picknick nach Shirley Heights hinaufgefahren ist. Inzwischen waren fünf lustige Musikanten aus der Nachbarschaft mit ihren Instrumenten aufgetaucht und begannen, viel zu laut für meine Ohren, die Luft zum Schwingen zu bringen. »Fire, Fire« war das beliebteste Lied, das sie endlos wiederholten. Es versetzte alle, die dazu tanzten, mit seinem Rhythmus in Taumel. Da tauchte Dennis auf. Ich hatte ihn im letzten Herbst in England kennengelernt, als er seinen Bobcat ausrüstete. Er verschiffte ihn dann mit einem billigen Bananendampfer nach Barbados und lebte nun darauf. Ohne Telefon, das bekanntlich nur ein Nippes ist, hatte er am anderen Ende der Insel von der Ankunft eines deutschen Katamarans gehört, der wie seiner ein Bobcat sei. Das könne nur ich sein, dachte er sich, und suchte mich auf. Er war ein lebenslustiges Haus. Sein Boot sollte eigentlich »Pussycat« heißen. Aber ein anderer Eigner hatte ihm die Mieze schon weggenommen. So machte er einfach PUDDYTAT daraus, und das dumme Wort bürgerte sich ein. Da gab es auch an diesem Abend einen wilden Tanz, in dem immer wieder Pussycat vorkam. Aber alle sangen »Puddytat« dazu.

Es war übrigens nicht ganz richtig, daß nur ich im Bobcat hätte ankommen können. Im Juni segelte Neville Westwood in SUSU von Las Palmas mit einer Crew an Bord nach Barbados. Wie ich hörte, kam er mit hundertvierzig Liter Wasser in Bridgetown an. Da war ich noch bescheiden dagegen. Sie hatten unterwegs wenig Wind und segelten zuerst zu den Kapverdischen Inseln, um ihn zu finden. So kamen sie nach neunundzwanzig Tagen an. Nur die letzte Woche hatten sie so etwas wie Passatwind gehabt!

An diesem ersten Abend im Admiral's Inn lernte ich bereits den Großteil der Bewohner der Bucht kennen, wenn ich mir auch erst mit der Zeit die verschiedenen Vornamen merkte. Von Dennis weiß ich heute noch nicht, wie er sonst heißt. Das waren alles sehr nette Leute. Man nahm das Leben leicht, so schien es wenigstens. Wer Sorgen hatte, dem stand es im Gesicht geschrieben, und Etheline erkundigte sich als erste teilnehmend danach. Sorgen gab es, wenn am Boot der Motor zu reparieren war oder die Batterien sich heimlich von allein entluden. Vorwiegend wurde jedoch getanzt und Rumpunsch getrunken.

Der Übergang war brüsk, ja eigentlich brutal für mich. Nach soviel Wasser nun stundenlang nichts als Feuer, Feuer! Das war eine Schocktherapie. Aber ich überstand sie. Vielleicht war es der beste Weg, wieder mit beiden Beinen Boden unter die Füße zu kriegen. Gegen Mitternacht ruderte ich an Bord zurück. Es war ein Erlebnis. Das zischte nur so von feurigen Schweifen, die knapp unter der Oberfläche entlangschossen. Später gewöhnte ich mich daran, aber in dieser ersten Nacht wäre ich beinahe über Bord gefallen, weil zwischen meinen nackten Beinen plötzlich eine Handvoll Fische im Boot herumschoß. Nicht viel größer als eine Sardine, aber mit einer langen, langen Nase. Legte ich die nasse Hand auf den Gummischlauch vom Boot, blieb dort eine Weile ein leuchtender Abdruck der Hand zurück. Es wurde ein Spaß, die Hand ins Wasser zu tauchen und dann lebende Bilder auf die Bootshaut zu zeichnen. Auch auf den Knien und im Gesicht – überall leuchtete es, wo die Hände hingriffen.

Hier draußen, fern von Rumpunsch und Puddytat, war doch alles noch beim alten geblieben. Ich war froh, daß sich hier nichts verändert hatte und daß ich wieder gern an Bord zurückkehrte. Was war das für eine Ruhe! Wenigstens schien es mir zuerst so. Dann hörte ich, was die Baumfrösche und die Grillen für ein fürchterliches Konzert veranstalteten. Aber das war auch ein Glück. Sonst hätte ich die Fallen losbinden oder das Sonnensegel aufspannen müssen, wie ich es dann die folgende Nacht trotzdem tat, weil ich den gewohnten Geräuschhintergrund brauchte, ohne den ich nicht mehr schlafen konnte. Aber auch das sollte sich in einigen Tagen geben. Dann hatte ich endgültig den Ozean abgestreift.

Die Trauminsel bleibt immer hinter der Kimm

Damit ist die Niederschrift dieser Reise beendet. Als ich vor Monaten damit begann, geschah es, weil ich glaubte, es würde mir Spaß machen, den Ablauf dieser fünf Wochen in einer Reihe ansprechender Bilder zu schildern und sonst nichts. So würde ich auch demjenigen etwas davon abgeben, der – aus was für Gründen auch immer – nicht selbst auf eine solche Reise gehen kann. Aber wie das so oft ist, wenn man mit einer nur unbestimmten, ja beinahe verträumten Absicht an etwas herangeht, schwingt sich das ursprüngliche Thema über seinen Schöpfer hinweg und schreibt selbst die Richtung vor und die Art und Weise, wie es behandelt sein will. Die anfängliche Absicht ist vergessen oder nicht mehr wirksam; das Werk schreitet nach eigenen Gesetzen weiter und zwingt den Schreibstift in eine vorbestimmte Bahn, und zwar immer mehr, je höher der Berg an vollgeschriebenen Seiten wird und je klarer sich herausschält, was das eigentlich Wichtige ist, vielleicht auch, je klarer die Erkenntnis wird, was im tiefsten Innern der Antrieb war, diese lange Geschichte zu schreiben. Je länger sich die Gedanken mit allen auftauchenden Fragen und Begleitumständen beschäftigen, um so nachdrücklicher wird der Wunsch und auch der Zwang, nicht auf halbem Weg stehen zu bleiben, sondern das Lot bis auf den Grund sinken zu lassen.

Ich habe diese jungen Bühnenstücke gern, in denen der Spielleiter oder der Autor neben seinen Figuren vor den Zuschauern Platz nimmt und sich mit diesen über jene unterhält. Ich mag die Stücke und die Bücher nicht, deren Autor sich versteckt oder gar verstellt. Nur weil ich glaube, daß der Leser den Anspruch hat, alles zu wissen, wie es sich zugetragen hat, mischte ich mich selbst mit einigen gar nicht leichten Aussagen mit ins Spiel. So anregend für den Leser die vordergründige Erzählung eines Erlebnisses sein mag, glaube ich doch, wenigstens nach meiner eigenen Erfahrung, daß gerade beim näheren Umgang mit diesen seltsamen Einhandseglern immer wieder der Wunsch offenbleibt, etwas mehr darüber zu erfahren und, wenn auch nur durch einen schmalen Spalt und im Dämmerlicht, ein bißchen tiefer in deren Welt einzudringen. Der Außenstehende sieht von fern vielleicht sogar deutlicher auf den Grund als der, auf den sich alle Blicke richten.

Aber ich wollte noch etwas mehr. Ich habe ein paarmal einen Seitensprung gewagt, habe von Dingen und Erlebnissen geschrieben, die nur am Rand zur Reise und zu ihren Vorbereitungen gehörten. Zur

Abrundung mögen sie jedoch nicht fehl am Platze sein und dem Leser, der kein Segler ist, willkommen. Leider gelingt es mir nicht, so zu schreiben, wie ich es gerne möchte und wie es meinen Vorbildern mit so leichter Hand gelingt.

Seitensprünge in andere Richtung führten ins Handwerkliche, in den Umgang mit meinem Katamaran. Es geht beim Segeln in Mehrrumpfbooten um eine moderne Sicht des Yachtsports und um einen verhältnismäßig jungen Zweig, besonders in Deutschland. Es gibt in Büchern noch nicht viel Niedergeschriebenes über Erfahrungen mit Katamaranen, und bei der großen Anzahl an unterschiedlichen Bootsformen mögen diese Erfahrungen auch gar nicht übereinstimmen. Manchmal führe ich da eine scharfe Klinge; aber ich hoffe, niemand eine Schramme damit versetzt zu haben. Sonst darf er zu mir kommen und sich, einen Tag lang segelnd, davon erholen. Was vom Bug bis zum Heck zu sagen war, durfte nicht verschwiegen bleiben. Es ist ein Hauptanliegen meiner Arbeit. Der Nächste baut immer auf den Erfahrungen des Vorgängers weiter. So hoffe ich, daß ich es verantworten durfte, meine Leser, die ja bei der Niederschrift der Erlebnisse Mitsegler waren, manchmal verweilen zu lassen und ihnen dieses und jenes so zu erklären, wie ich es sehe, erlebt oder gehandhabt habe. Ich weiß nicht, ob das alles mitteilenswert war; hoffentlich war es wenigstens nicht langweilig.

Da ist noch eine Frage. Nicht selten hört man sagen, es geschehe aus einer gewissen Weltflucht, wenn sich jemand allein oder mit Freunden auf ein Boot begibt und dann zu einer weiten Reise auf die See hinaussteuert. Ich glaube, Weltflucht ist nicht der richtige Ausdruck für diesen Entschluß, eine Weile anders zu leben. Ich halte es im Gegenteil für eine Art Weltsuche. Was sich uns so heute als die Welt darstellt, in der wir leben, ist nicht die Welt an sich, sondern eine Zivilisationsform – und zwar eine ziemlich üble. Welt als moderne Umwelt verstanden, mag häufig der Anfang zu einem Fluchtgedanken sein. Es sind nicht nur die Segler, denen die heutige Welt manchmal zum Hals heraushängt. Andere betrinken sich, nehmen Rauschgift, feiern ausgelassene Orgien und versuchen auf den merkwürdigsten Wegen, sich wie Sektenbrüder davonzustehlen auf der Suche nach einem wirklichen Glück. Oder auch nur, um zu vergessen, daß es gar kein rechtes Glück mehr geben kann.

Die Schar ist kaum zu übersehen, die sich für diesen einsamen Weg auf dem Wasser entschieden hat. Aber ich glaube fest daran, daß der Trend dazu hyperbelähnlich ins Breite gehen wird. Er liegt in der Luft wie der Dunst und Smog über unseren Häusermeeren und gehört als Merkmal in unsere Zeit. Je mehr die Vermassung fortschreitet, die Technisierung aller Lebensabläufe; je mehr die Einordnung in vorgeschriebene Arbeitsgänge, das Umsichgreifen der Automatisierung dem einzelnen die Möglichkeit vorenthält, sich nach seinem besten Können und Gutdünken zu entfalten, sich selbst seinen Weg zu schaffen – um so häufiger wird sich einer abspalten, aus der eintönigen Karawane heraustreten und wieder für sich selbst verantwortlich sein wollen. Nicht als Vorbild für die anderen, nicht als Rufer in der Wüste, sondern nur auf der Suche nach dem eigenen kleinen Glück, und mag er dieses Glück auch nur darin finden, einmal im Leben die brachliegenden und ungenutzten Gaben und Begabungen für eine außergewöhnliche Sache belebt zu haben. Wieder einmal fühlen, was es heißt zu leben, immer wieder einen neuen Tag zu erleben – und das alles aus eigener Kraft!

Der Mensch ist nicht nur zu stumpfsinniger Tätigkeit erschaffen, wenigstens der nicht, der unter der Einengung seiner Persönlichkeit leidet. Ob dann nur der Weg das Ziel in sich schließt oder das Ziel irgendwo am Ende dieses Weges liegt, das läßt sich nicht genau entscheiden. Sicher ist der Traum von der einsamen Insel genauso alt wie die schmutzigen Fabriken aus den Anfängen des industriellen Aufbruchs. Ich glaube nicht, daß es die Romantik ist, die heute noch den Wandertrieb für viele Fernsegler liefert. Wo ist schon wirkliche Romantik heute noch unterwegs zu finden? Wir müssen an uns halten, um nicht manchmal die echte Romantik des letzten Jahrhunderts in ihren krankhaften Erscheinungsformen für Kitsch zu erklären. Nein, der Mensch von heute lebt sich anders aus.

So ist es auch auf dem Wasser. Selbst für den, der nicht weit segeln kann, ist es ein verlockendes Wunschbild, einmal im Leben etwas ganz aus Eigenem geleistet zu haben. Soweit es in meinem Vermögen lag, habe ich hier auf dem Papier versucht, dieses Wunschbild in einer seiner möglichen Verwirklichungen farbig und greifbar auszubreiten. Da liegt es nun hinter uns und mag für den einen und anderen neuen Stoff zum Träumen bilden mit allen Möglichkeiten, die darin eingeschlossen sind und die in langen Jahren heranreifen.

HOBBY schaukelt unterdessen immer noch vor seinem Anker auf drei Meter Wassertiefe in der Mangrovenbucht. Eine Handvoll Entenmuscheln hat sich entlang der Wasserlinie angesiedelt, die ersten, die seit HOBBYS Dasein auf dem Meer den Mut dazu aufbrachten. Trotz des Sonnensegels ist es nötig, bald eine neue Lackschicht auf das blanke Holz im Cockpit aufzutragen. Die Wochen sind wie im Flug vergangen. Es wäre genauso treffend zu sagen, wie vor Anker in einer Tropenbucht. Ich weiß nicht, warum die Zeit hier so schnell vergeht. Vielleicht ist da die Ursache zu finden, warum Südländer gern eine Arbeit auf den nächsten Tag verschieben. Die Zeit schrumpft zusammen, und der nächste Tag ist gar nicht so weit weg. Ich habe mich beim Gedanken ans Cockpitlackieren, das in der Hitze keine schöne Arbeit ist, sogar beim Vorsatz ertappt, diese Arbeit erst zu machen, wenn es wieder etwas kühler ist. Vielleicht in der nächsten Regenzeit . . .

Was soll nun werden?

Eines Morgens steht Joan aus Nelsons Zahlmeisterei drüben auf der Mole, ruft und winkt herüber. Lächelnd hält sie in der Hand ein Stück Papier.

Vielleicht ein Brief?

»Ich komme, Joan!«

Es ist ein Telegramm aus England, von der Werft, die auch schon HOBBY gebaut hat:

»Übernehmen größeren Neubau. Auslieferung bis April möglich. Erwarten Besuch. Jack Pike.«

Wie gut, daß Jack nicht gleich fragte: Versand als Decksladung auf Bananendampfer oder durch Selbstabholung? Das wäre zuviel auf einmal gewesen. Noch konnte ich nicht ganz fassen, daß jetzt ein Boot nach meinen eigenen Vorschlägen gebaut werden sollte. Ich würde es und alle seine Nachfolger EILANDHOPPER nennen nach der ihnen zugedachten Bestimmung, leichtfüßig zwischen tropischen Inseln hin und her zu springen. Der Bleistift, mit dem ich das Formular geöffnet hatte, strichelte ohne feste Führung übers Papier. Ich würde doch den Besanmast weglassen und bei der Slooptakelung bleiben. Der Besan wäre bloß der Windfahne im Weg, die diesmal dort in der Mitte aufgestellt werden sollte, wo bei HOBBY der Motor hing. Brauchte ich denn überhaupt noch eine Selbststeuerung? Würde ich dann auch wieder zwei lange Spinnakerbäume und ein Doppelgespann vor dem Mast brauchen? Das sind doch Passatwindsegel! Decksladung nach Westindien? Auf einem Bananendampfer? Ich kaufe doch keine Südfrüchte ein! Was da im frühen Entstehen war, würde noch viel mehr zu mir selbst gehören, als es HOBBY schon war.

Ich wollte noch darüber nachdenken. Es kam aber eigentlich gar nichts anderes in Frage, als selbst damit loszusegeln. Ob ich dann wieder der kleinen Schildkröte in der mittelalterlichen Rüstung begegnen würde, denselben neugierigen Tropikvögeln, angriffslustigen portugiesischen Galeeren und Fregattvögeln? Was war wohl bis dahin aus dem zerbrechlichen Glaskrebs geworden? Sicher wird er in einem halben Jahr sehr gewachsen sein. Ich erschrak vor diesen Gedanken. Es schien, als habe ich da draußen, östlich von Green Island, mehr zurückgelassen, als ich bisher wähnte. Da hing ja ein großes Stück Herz dran! Den hellblauen Himmel mit den ausgestopften Pudeln und Elefanten wiedersehen, inmitten dieser tintenblauen, großen See! Der Ruf war nicht zu überhören.

»Rudi, du träumst schon wieder!«

Gerard kam immer im rechten Augenblick. Ich hielt ihm das offene Telegramm entgegen. »Das ist ja phantastisch, Rudi!« rief er fröhlich. »Wenn das kein Grund ist, Karneval zu feiern! Laß mal das dumme Buch heute! Nicky wartet, um uns nach St. John's mitzunehmen. Du weißt doch, heute abend ist Calypso-Wettbewerb!«

Nun sitze ich bereits im Flugzeug. Als das Land unter uns wegfällt, werfe ich noch einen letzten Blick auf dieses smaragdgrüne Korallenmeer. Dann mischt sich das Pulsen des Motorenlärms mit dem »Feuer, Feuer« der Blechtrommeln zu einem begeisterten Freudentanz. Die See dort unten will mit ihrem wechselvollen Flimmern auch daran teilhaben. Vor dem Passat laufen in endloser Folge weiße Schaumkämme her. Goldgelbes Prozessionskraut zieht ganz sicher in langen Karawanen über diese Gebirge und schwingt im Tanz mit. Ebenso gewiß sehe ich über der östlichen Kimm ein einsames Segelboot der untergehenden Sonne nachstreben. Es ist auch ein Katamaran, derselbe, der bisher nur ein Traumgebilde war. Die dunkelblauen Vorsegel sind jetzt weit ausgebaumt. Es sieht so aus, als möchte einer schon von weitem mit ausgebreiteten Armen noch unsichtbare Trauminseln hinter der Kimm umfassen.

**Bitte beachten Sie
die folgenden Seiten**

Maritimes im Ullstein Buch

Bill Beavis
Anker mittschiffs! (20722)

Ernle Bradford
Großkampfschiffe (22349)

Dieter Bromund
Kompaßkurs Mord! (22137)

Fritz Brustat-Naval
Kaperfahrt zu
fernen Meeren (20637)
Die Kap-Hoorn-Saga (20831)
Im Wind der Ozeane (20949)
Windjammer auf großer
Fahrt (22030)
Um Kopf und Kragen
(22241)

L.-G. Buchheim
Das Segelschiff (22096)

Alexander Enfield
Kapitänsgarn (20961)

Gerd Engel
Florida-Transfer (22015)
Münchhausen im Ölzeug
(22138)
Einmal Nordsee linksherum
(22286)

Wilfried Erdmann
Der blaue Traum (20844)

Horst Falliner
Brauchen Doktor
an Bord! (20627)
Ganz oben auf dem
Sonnendeck (20925)

Gorch Fock
Seefahrt ist not! (20728)

Cecil Scott Forester
11 Romane um
Horatio Hornblower

Rollo Gebhard
Seefieber (20597)
Ein Mann und sein Boot
(22055)

**Rollo Gebhard/
Angelika Zilcher**
Mit Rollo
um die Welt (20526)

Kurt Gerdau
Keiner singt ihre Lieder
(20912)
La Paloma, oje! (22194)

Horst Haftmann
Oft spuckt mir Neptun Gischt
aufs Deck (20206)
Mit Neptun
auf du und du (20535)

Heinrich Hauser
Pamir – Die letzten
Segelschiffe (20492)

Alexander Kent
18 marinehistorische
Romane um Richard
Bolitho und 22 moderne
Seekriegsromane

Wolfgang J. Krauss
Seewind (20282)
Seetang (20308)
Weite See (20416)
Kielwasser (20518)
Ihr Hafen ist die See (20540)
Nebel vor
Jan Mayen (20579)
Wider den Wind
und die Wellen (20708)
Von der Sucht
des Segelns (20808)

Klaus-P. Kurz
Westwärts wie die Wolken
(22111)

Sam Llewellyn
Laß das Riff ihn töten (22067)
Ein Leichentuch aus Gischt
(22230)

Bernard Moitessier
Kap Hoorn –
der logische Weg (20325)

Wolfram zu Mondfeld
Das Piratenkochbuch
(20869)

Nicholas Monsarrat
Der ewige Seemann,
Bd. 1 (20227)
Der ewige Seemann,
Bd. 2 (20299)

C. N. Parkinson
Horatio Hornblower (22207)

Dudley Pope
Leutnant Ramage (22268)
Die Trommel schlug zum
Streite (22308)

Herbert Ruland
Eispatrouille (22164)
Seemeilensteine (22319)

Hank Searls
Über Bord (20658)

Antony Trew
Regattafieber (20776)

Karl Vettermann
Hollingers Lagune (22363)

Rudolf Wagner
Weit, weit voraus liegt
Antigua (22390)

James Dillon White
5 Romane um Roger Kelso

Richard Woodman
Die Augen der Flotte (20531)
Kurier zum
Kap der Stürme (20585)
Die Mörserflottille (20666)
Der Mann
unterm Floß (20881)
In fernen Gewässern (22124)
Der falsche Lotse (22375)